D1749204

SOCIÉTÉS CARCÉRALES

Relecture(s) de Surveiller et punir

SOCIÉTÉS CARCÉRALES

Relecture(s) de Surveiller et punir

Sous la direction de
Isabelle Fouchard et Daniele Lorenzini

mare & martin

Collection de l'Institut des sciences juridique et philosophique de la Sorbonne

Texte intégral
© Éditions mare & martin, 2017

ISBN 978-2-84934-327-2

Le Code de la propriété intellectuelle interdit les copies ou reproductions destinées à une utilisation collective. Toute représentation ou reproduction intégrale ou partielle faite par quelque procédé que ce soit, sans le consentement de l'auteur ou de ses ayants cause, est illicite et constitue une contrefaçon sanctionnée par les articles L. 335-2 et suivants du Code de la propriété intellectuelle. Pour les publications destinées à la jeunesse : application de la Loi n° 49-956 du 16 juillet 1949.

SOMMAIRE

Avant-propos
Isabelle Fouchard et Daniele Lorenzini

Préface
Adeline Hazan

PREMIÈRE PARTIE
MICHEL FOUCAULT, LES DISCIPLINES, LA PRISON

La société disciplinaire : généalogie d'un concept
Daniele Lorenzini

Foucault *versus* Kirchheimer et Rusche. Deux approches critiques de la peine
Isabelle Aubert

La technologie politique du corps et l'effet idéologique
Orazio Irrera

Surveillance et individualité
Piergiorgio Donatelli

DEUXIÈME PARTIE
LE DROIT À L'ÉPREUVE DE LA PRISON

Des luttes collectives au combat contentieux. Pour l'amélioration des conditions de détention
Delphine Böesel

Le panoptisme inversé : quand les politiques pénitentiaires se trouvent elles-mêmes sous surveillance judiciaire
Gaëtan Cliquennois

L'œil et le verbe. Anatomies du pouvoir en milieu carcéral
Corentin Durand

Actualité de l'analytique du pouvoir
Guy CASADAMONT

TROISIÈME PARTIE
LA CONDITION CARCÉRALE EN PERSPECTIVE(S)

Surveiller et punir, une maladie contagieuse
Cyrille CANETTI

La faille entre le pénal et le pénitentiaire. Remarques sur *La société punitive*
Paolo NAPOLI

Le droit à l'épreuve du Panoptique
Anne BRUNON-ERNST

L'industrialisation de la captivité
Jean-Marie DELARUE

La fabrique de l'individu productif
Judith REVEL

QUATRIÈME PARTIE
SÉCURITÉ ET SURVEILLANCE
DANS LE MONDE CONTEMPORAIN

Surveiller et anticiper : vers une justice pénale prédictive
Mireille DELMAS-MARTY

Brèves notations sur l'institution judiciaire dans une société de sécurité
Jean DANET

Surveiller et punir aux frontières de l'Europe
Luca D'AMBROSIO

Avec et après *Surveiller et punir*. De la discipline à l'exposition
Bernard E. HARCOURT

Sur les sociétés de ciblage
Grégoire CHAMAYOU

AVANT-PROPOS

Isabelle FOUCHARD et Daniele LORENZINI
Chargée de recherche CNRS,
Institut des sciences juridique et philosophique de la Sorbonne
Chercheur postdoctoral au Centre Prospéro
de l'Université Saint-Louis-Bruxelles

Paru en 1975, l'ouvrage de Michel Foucault *Surveiller et punir* a fait date : non seulement il a connu un immense succès lors de sa publication, mais il est aujourd'hui le livre le plus cité dans le domaine des sciences humaines et sociales. Quarante ans après, l'Institut des sciences juridique et philosophique de la Sorbonne a souhaité lui consacrer un colloque. Il ne s'agissait pas tant de le célébrer que de s'interroger, avec la lucidité que permet le recul, sur ses enjeux, sa fortune et sur la valeur heuristique et critique qu'il peut encore revêtir aujourd'hui.

Les attentats du 13 novembre à Paris ont contraint à reporter le colloque, qui devait initialement se dérouler les 19, 20 et 21 novembre 2015, aux 26, 27 et 28 mai 2016. Le contexte d'état d'urgence et de montée en puissance du pouvoir administratif en marge du judiciaire justifiait plus encore de confronter la pensée de Foucault aux réalités de ce jour. L'initiative a été portée par des philosophes et des juristes, ce qui peut sembler assez paradoxal pour au moins deux raisons.

D'une part, si *Surveiller et punir* suscite depuis sa parution des réactions, des débats et des controverses très animés, ce n'est guère grâce aux philosophes. Depuis quarante ans, *Surveiller et punir* est commenté, utilisé et critiqué par les historiens, les sociologues, les psychologues, les politistes, les criminologues et, bien entendu, les juristes ; il reste pourtant largement aux marges du discours philosophique. En effet, si la notion de pouvoir disciplinaire et les analyses que Foucault propose du Panoptique ont joué et jouent encore un rôle très important dans plusieurs champs disciplinaires, dont le plus récent est sans doute constitué par les *Surveillance Studies*, dans le domaine de la philosophie – et notamment de la philosophie politique contemporaine –, ce sont les notions de biopouvoir (ou de biopolitique) et de gouvernementalité qui ont monopolisé l'attention des chercheurs. Chercheurs qui n'ont que très rarement saisi le lien essentiel qui noue ces trois notions – pouvoir disciplinaire ou « anatomo-politique », biopolitique et gouvernementalité – dans les travaux de Foucault. De ce point de vue, les choses sont pourtant en train de changer. On dispose aujourd'hui d'éléments inédits, susceptibles de contribuer à donner une nouvelle actualité à *Surveiller et punir*, également en tant qu'ouvrage *de philosophie*.

En effet, avec la publication récente des deuxième et troisième cours prononcés par Foucault au Collège de France au début des années 1970 (*Théories et institutions pénales* et *La société punitive*), il est désormais possible de retracer avec davantage de précision non seulement le contexte historique et social qui est à l'origine de l'intérêt de Foucault pour l'« objet-prison » – traduit par son engagement « militant » au sein du Groupe d'information sur les prisons –, mais aussi et surtout l'arrière-plan spécifiquement philosophique de *Surveiller et punir*. Cet arrière-plan, comme les éditeurs de ces cours au Collège de France l'ont mis clairement en lumière, est notamment constitué par la confrontation serrée que Foucault y engage, entre autres, avec le marxisme de Boris Porchnev, Edward P. Thompson et Louis Althusser, avec l'analyse hobbesienne de la guerre civile en tant que guerre de tous contre tous, avec l'*Anti-Œdipe* de Deleuze et Guattari, ainsi qu'avec les thèses d'Erving Goffman à propos des *total institutions* et de Max Weber sur les rapports entre morale et économie. C'est pourquoi, quarante ans après sa parution, il convient de restituer à *Surveiller et punir* toute son épaisseur philosophique.

D'autre part, on sait que Foucault entretenait un rapport ambigu au droit, rapport qui a évolué au cours de son œuvre, mais qui a toujours été marqué par la méfiance. Méfiance liée aux risques d'instrumentalisation du droit, sous différentes formes : comme outil de *légitimation* du pouvoir (qui en fait l'instrument central de la domination), puis comme outil de *renforcement* des autres dispositifs de pouvoir (un instrument parmi d'autres du « quadrillage disciplinaire »), mais aussi, plus tard, comme outil potentiel de *limitation* du pouvoir (instrument de revendication sur le fondement des droits individuels). Or, depuis quelques années, et plus encore depuis novembre 2015 en ce qui concerne la France, la société de surveillance annoncée par Foucault se manifeste très concrètement à travers des préoccupations sécuritaires croissantes et la quête fantasmatique d'un risque zéro. Les réformes successives du droit pénal français traduisent une volonté forte de prévenir, voire de prédire à tout prix la réalisation des infractions. De même, les multiples restructurations des services de renseignement en matière de lutte contre le terrorisme ont sans cesse élargi non seulement les acteurs du renseignement mais aussi leurs pouvoirs. La surveillance se déploie donc à la fois dans l'enceinte carcérale et au-delà des murs. De « nouvelles prisons » sont conçues afin d'optimiser l'observation, jusqu'à introduire des systèmes de vidéo-surveillance à l'intérieur de l'intimité des cellules – paroxysme du Panoptique. Mais la surveillance par la pénalité se déploie également, désormais, hors les murs, avec notamment ledit « bracelet électronique » qui introduit l'enfermement à domicile.

La logique de prévention inspire aussi des mesures de neutralisation, parfois à durée indéterminée, destinées à éviter le renouvellement des comportements interdits. Est ainsi entretenue la confusion que dénonçait Foucault entre infraction à la loi et déviance, entendue comme écart à la norme de comportement. En témoigne notamment la diversification des mesures de sûreté qui contribue à l'admission de sanctions pénales échappant aux garanties fondamentales de la légalité criminelle. Une autre confusion à risque résulte des phénomènes de psychiatrisation de certains comportements criminels (crimes sexuels, mais aussi radicalisation religieuse) et, à l'inverse, de criminalisation de la maladie mentale.

Dans le même temps, le droit est de plus en plus présent, notamment en prison, et soumis aux exigences des normes européennes et internationales des droits de l'homme. Sous l'impulsion décisive des juges, notamment du Conseil d'État et de la Cour européenne des droits de l'homme, les droits individuels des personnes détenues comme les recours contentieux à leur disposition se sont multipliés. Des organes de contrôle indépendants ont été créés, au premier rang desquels le Contrôleur général des lieux de privation de liberté en 2008. Enfin, l'adoption de la loi pénitentiaire, le 24 novembre 2009, semblait avoir marqué une prise de conscience politique de la nécessité d'appréhender les questions pénales et pénitentiaires d'une manière globale et concertée. Les avancées concrètes semblent néanmoins limitées, dans un contexte de surpopulation carcérale sans précédent, dépassant le seuil des 70 000 personnes détenues au 1er avril 2017. Et les réformes pénales récentes sonnent parfois comme un aveu d'impuissance politique quant à l'amélioration du sort des personnes détenues. Il suffit pour s'en convaincre d'observer le report régulier de l'application de l'encellulement individuel, principe reconnu depuis 1875 et droit consacré par la loi pénitentiaire de 2009. Ces problèmes ne sont pas nouveaux mais font corps avec l'histoire même de l'institution carcérale, et écho aux réflexions menées par Foucault dans *Surveiller et punir*. Sa relecture par les juristes et au-delà semble donc non seulement utile mais nécessaire.

L'un des enjeux principaux du colloque de 2016 était de réfléchir sur la valeur – à la fois historique, philosophique, juridique et politique – des analyses foucaldiennes de la société punitive, de l'archipel carcéral, de la surveillance généralisée, du panoptisme, des illégalismes, de la délinquance, afin d'en mesurer la portée réelle et de les mettre à l'épreuve de notre présent. Pour ce faire, il a paru essentiel de mobiliser une pluralité d'approches différentes et de favoriser le dialogue entre plusieurs disciplines (philosophie, droit, science politique, histoire, sociologie, anthropologie, géographie), mais également avec des acteurs de terrain (Contrôleur général des lieux de privation de liberté, représentants du monde associatif, médecins psychiatres, avocats). Leurs regards croisés démontrent, s'il en faut, toute l'actualité des analyses proposées par Foucault dans *Surveiller et punir*. Ces contributions ont été regroupées ici, moins par champs disciplinaires que par champs d'analyse, autour de quatre parties. Une première partie s'attache à replacer *Surveiller et punir* dans l'œuvre et la pensée de Foucault, en confrontant cette dernière aux perspectives développées par d'autres philosophes. La deuxième partie vise à rendre compte des évolutions du droit national et européen à l'égard de la prison et de la manière dont les acteurs du monde carcéral s'en saisissent.

La troisième partie propose, quant à elle, une mise en perspective multiple de la condition carcérale. Enfin, la dernière partie envisage les questions de sécurité et de surveillance à l'aune des évolutions sociales et technologiques et de leur impact à la fois sur le système judiciaire et sur la société dans son ensemble.

Nos remerciements s'adressent bien sûr à l'ensemble des intervenants au colloque qui ont accepté de contribuer à cet ouvrage. Ils vont également à ceux qui ont permis son organisation (à deux reprises !) : Dominique Rousseau, directeur de l'ISJPS, le comité d'organisation (Jean-François Braunstein, Orazio Irrera, Sandra Laugier, Judith Revel et Anne Simon), la Cour de cassation, l'Association pour le Centre Michel Foucault, l'Université Paris 1 Panthéon-Sorbonne et Sophie Guy, Secrétaire générale de l'ISJPS.

PRÉFACE

Adeline HAZAN
Contrôleure générale des lieux de privation de liberté

Selon une formule très provocante de Michel Foucault : « Sont intolérables : les tribunaux, les flics, les hôpitaux, les asiles, l'école, le service militaire, la presse, la télé, l'État. »

« Intolérable », c'était le titre de cette première brochure publiée en mai 1971 par le Groupe d'information sur les prisons (GIP), citée par Didier Eribon dans sa biographie de Michel Foucault. Elle dit bien l'état d'esprit du philosophe et de ce moment si particulier de la réflexion et des luttes pour les droits des détenus.

Avec cette espèce de férocité jubilatoire qui s'emparait de lui lorsqu'il plongeait dans les mondes du caché, du secret – celui de la folie d'abord, celui des prisons ensuite – Michel Foucault a pris le sujet de l'enfermement à bras le corps, après avoir montré comment les asiles étaient devenus très vite après leur création, à peu près concomitante de celle de la prison, à la fin du XVIIIe siècle, des lieux de « relégation » et d'« enfermement ».

Quand paraît *Surveiller et punir* en 1975, la France pour un peu moins de 53 millions d'habitants compte... 25 000 détenus, dont on ne sait alors presque rien, sinon qu'il leur arrive parfois de monter sur les toits au cours de révoltes vite réprimées. Forcer cette « chambre noire de la légalité », la prison, à cracher ses secrets par la voix même de ceux qu'elle enferme : c'est la mission que s'assignent à l'époque Foucault et les militants de la question carcérale, détenus, anciens détenus, femmes et hommes de loi, visiteurs de prison.

Et c'est leur obstination qui va briser le silence. De quelle façon ? Par l'enquête : une forme d'enquête bien particulière où l'on se méfiait des sachants, des experts si souvent autoproclamés, des spécialistes de la spécialité. Ce qui en devait sortir, c'était du vrai, du brut : « Ces enquêtes sont faites, non pas de l'extérieur par un groupe de techniciens : les enquêteurs, ici, sont les enquêtés eux-mêmes »[1], annonçait Foucault. Et dans quel but ? « Non pour accumuler des connaissances mais pour accroître notre intolérance et en faire une intolérance active. » Il s'agissait d'« actes politiques » qui visaient à attaquer le système, non à l'amender. Nous ne sommes évidemment pas dans cette démarche qui était à la fois philosophique, mais aussi profondément militante et politique.

---

1. *Intolérable*, n° 1, mai-juin 1971, p. 3-5.

Il n'empêche, la formule d'« intolérance active » est magnifique. Elle n'a pas pris une ride. « Intolérance » au sens où il ne faut pas tolérer ce qui ne peut l'être quand les libertés sont bafouées. Intolérance, oui, et toujours, lorsque les droits fondamentaux ne sont pas respectés. Intolérance, lorsque les pratiques, mais aussi les textes les mettent à mal. Nous sommes alors dans notre fonction de Contrôleur général des lieux de privation de liberté (CGLPL), dans la mission que la loi nous a confiée en 2007.

Quelles que soient les divergences, et elles sont nombreuses (Michel Foucault était ainsi par exemple favorable à la suppression du casier judiciaire et hostile aux peines alternatives), le grand mérite de Michel Foucault aura été de lever le voile sur les lieux d'enfermement et de faire entendre l'effroyable silence pénitentiaire. Les actes et l'œuvre de Foucault ont tracé un chemin sur lequel, nous, contrôleurs du CGLPL, avons à notre tour posé nos pas, en veillant très scrupuleusement à rester dans le cadre de notre rôle bien spécifique.

Il faut rappeler qu'avant le Manifeste du GIP en 1971, le premier ouvrage important de Michel Foucault écrit en 1961 concernait l'histoire de la folie, du Moyen Âge à la naissance de l'asile au XIXe siècle[2]. Il y montre que la création de l'Hôpital général à Paris en 1656 avait été un événement historique marquant l'ère du « grand renfermement » qui a rassemblé les fous, les délinquants et les marginaux. Nous n'irons pas jusqu'à affirmer, comme Michel Foucault que la création de l'asile et la reconnaissance de la maladie mentale a constitué une régression car l'individu, libéré de ses chaînes, sera désormais asservi au regard médical. Nous n'irons pas non plus jusqu'à dire avec lui : « Quoi d'étonnant si la prison ressemble aux usines, aux écoles, aux casernes, aux hôpitaux, qui tous ressemblent aux prisons ? »[3]

En revanche, le lien qu'établit Michel Foucault entre les prisons et les « asiles » ne peut qu'interpeller une institution comme le CGLPL, qui a pour mission de vérifier si dans ces lieux de privation de liberté, ainsi que dans quelques autres (commissariats, centres de rétention administrative pour étrangers, etc.), les droits fondamentaux des personnes sont respectés.

Nous ne sommes ni une association, ni une organisation non gouvernementale, pas plus qu'une inspection. Nous sommes une autorité administrative indépendante, avec ce que cela implique de réserve par rapport aux engagements politiques, de recul et de rigueur aussi dans l'expression tant privée que publique. Mais cette « intolérance active » lorsque les droits fondamentaux ne sont pas respectés, nous la faisons nôtre.

Et il en aura fallu du temps pour que notre institution puisse voir le jour. Sans Michel Foucault, aurait-elle pu exister ? Rien n'est moins sûr. Aujourd'hui, alors que plus de 70 000 personnes sont détenues dans un pays de 66 millions

---

2. M. Foucault, *Folie et déraison. Histoire de la folie à l'âge classique*, Plon, 1961.
3. M. Foucault, *Surveiller et punir. Naissance de la prison*, Gallimard, 1975, p. 229.

d'habitants, on n'a décidément pas fini d'enfermer, et toujours davantage. Bien loin des rêves de ceux qui préconisaient la suppression de la prison, le CGLPL est devenu – et nous en sommes fiers – la vigie du monde carcéral.

Faisant suite à de nombreux rapports dans le cadre national, et après la ratification du protocole facultatif se rapportant à la Convention contre la torture et autres peines et traitements cruels, inhumains et dégradants adoptée par l'Assemblée générale des Nations Unies le 18 décembre 2002, le législateur français a institué, par une loi du 30 octobre 2007, un Contrôleur général des lieux de privation de liberté et lui a conféré le statut d'autorité administrative indépendante. En neuf années, nous avons visité, souvent plusieurs fois, l'ensemble des établissements pénitentiaires et de nombreux hôpitaux psychiatriques. Après chacune de nos visites, nous interpellons les pouvoirs publics et nous leur adressons des recommandations afin que cessent les dysfonctionnements constatés.

Et depuis cette date, c'est sans relâche, sans céder sur les principes, avec une obstination sans faille, que nous aussi nous dénonçons l'intolérable et que nous faisons des propositions de réformes.

Et depuis huit ans nous dénonçons le fait que, malgré certaines avancées consacrées par la loi, et notamment la loi pénitentiaire de 2009, les objectifs affichés de resocialisation, de travail, de réinsertion, de maintien des liens familiaux, d'expression collective des détenus, de préparation à la sortie, en d'autres termes de renforcement des liens entre « le dedans » et « le dehors », sont loin d'être atteints.

Nous n'irons pas jusqu'à affirmer, comme l'a fait Michel Foucault, que la production de la délinquance ne doit pas être lue comme un échec de la justice pénale mais comme une stratégie, comme une tactique participant de ce qu'il appelait « la fabrication de l'individu disciplinaire ».

Mais en tout cas on peut (on doit) parler d'échec. Échec en ce qui concerne la surpopulation carcérale qui mine l'ensemble de la question pénitentiaire. Au 1er avril 2017, on comptait 70 230 personnes détenues – un record sans précédent – pour 58 670 places. 1 883 détenus dormaient sur des matelas par terre. Cette situation est inadmissible. Elle constitue un traitement inhumain et dégradant au sens de l'article 3 de la Convention européenne de sauvegarde des droits de l'homme et des libertés fondamentales. Dans l'ensemble des maisons d'arrêt, le taux de surpopulation carcérale est de 137 %. Certains établissements, tels que ceux de Fresnes ou Fleury-Mérogis, atteignent des taux record de 200 % ! Les détenus cohabitent à trois ou quatre dans des cellules de deux, ou cinq ou six dans des cellules de trois, et on rajoute des matelas au sol.

Cette situation, les pouvoirs publics semblent en avoir pris conscience mais ils sont incapables d'y apporter des réponses satisfaisantes, même s'il faut saluer l'adoption de la loi du 15 août 2014 dont certaines dispositions sont de nature à faire baisser le nombre d'entrées en prison. Mais cette loi n'a toujours pas eu, trois ans après sa promulgation, les effets escomptés. Or cette surpopulation a un impact direct sur la prise en charge des détenus : promiscuité, violences, accès aux soins difficile, parloirs plus compliqués à mettre en place, diminution des possibilités d'accès au travail et de chances de réinsertion, etc. Aujourd'hui, malgré des progrès législatifs, il n'existe toujours pas d'expression collective des détenus, peu de travail, pas assez d'unités de vie familiale, un accès à la santé totalement insuffisant, etc.

Face à cet échec, dans la dénonciation et dans les propositions, il arrive que l'on se sente bien solitaire et en tout cas insuffisamment entendus. Qui, hormis les associations qui font un travail remarquable, s'intéresse aux prisons sinon pour les remplir et en construire de nouvelles ?

Aujourd'hui la prison fait l'objet de débats politiques, philosophiques et syndicaux. Mais, hormis le travail de quelques philosophes, sociologues, de quelques hommes ou femmes politiques engagés, elle reste trop absente d'un véritable débat d'idées, d'une pensée qui permettrait de prolonger les réflexions lancées dans les années 1970 par Michel Foucault et ses amis.

Le contexte actuel et ses conséquences sur le débat qui nous occupe aujourd'hui hui nous en donnent malheureusement des preuves supplémentaires, ô combien criantes !

L'année 2015 avait démarré par les attentats des 7, 8 et 9 janvier qui ont entraîné le débat sur la question de la radicalisation islamiste en prison. Elle s'est terminée par les terribles attentats de novembre et par le vote de la loi du 20 novembre 2015 relative à l'état d'urgence.

L'année 2016 nous a donné de nouveaux motifs d'inquiétude et même d'indignation concernant le domaine pénal : prolongation de l'état d'urgence, débat sur l'extension de la rétention de sûreté aux délits, rétablissement des fouilles systématiques, et bien d'autres encore.

Que la gravité de la situation ait conduit les pouvoirs publics à vouloir renforcer la sécurité des citoyens, il y a là un souci légitime. Mais à chaque fois, c'est le difficile équilibre entre les droits fondamentaux et la sécurité qui est mis à mal. Et face à cette nouvelle donne nationale et internationale, le curseur penche toujours vers l'impératif de sécurité au détriment du respect des droits fondamentaux.

L'actualité nous le rappelle de jour en jour, particulièrement en ces temps troublés. Certains sont enclins à justifier des mesures restrictives de liberté, présentées comme provisoires, mais qui, on ne le sait que trop, une fois adoptées, s'impriment à jamais.

Plusieurs motifs d'inquiétude, voire d'indignation, existent actuellement, mais je voudrais m'arrêter quelques instants sur l'un d'entre eux, très significatif à mes yeux de la dérive actuelle. C'est la question de la rétention de sûreté. Je veux en parler ici car, dans ce concept de rétention de sûreté, l'on retrouve précisément la notion de dangerosité explorée et dénoncée par Michel Foucault.

Dans *Michel Foucault et les prisons*, François Boulland explique avec précision comment Michel Foucault va démanteler le concept de dangerosité : avec le Moyen Âge dominait la théorie de la responsabilité, la pénalité ne sanctionnant que les actes ; puis au XVIIIe siècle l'accent se déplace du crime au criminel, ce n'est plus l'acte lui-même qui est répréhensible mais son auteur et alors il y a nécessité de conduire des investigations sur sa personnalité et son profil psychologique et la psychiatrie devient un vecteur prédominant ; depuis 1832, souligne Michel Foucault, le psychiatre a un rôle judiciaire, il apparaît comme un second juge, au rôle décisif dans l'attribution de la peine, le pouvoir judiciaire se voit dépossédé au profit du pouvoir psychiatrique et le cadre de la responsabilité pénale, fondée sur l'imputabilité des actes à un auteur, vole en éclats.

Et aujourd'hui, après certaines évolutions que, contrairement à Michel Foucault, l'on peut juger positives (comme le développement des peines alternatives), une loi du 25 février 2008 est venue contrecarrer cette tendance et gravement entacher le droit pénal français, comme l'ont excellemment montré à la fois Robert Badinter et Mireille Delmas-Marty lors du Colloque : c'est la mesure de rétention de sûreté.

Cette loi va permettre, pour la première fois, l'enfermement pour une durée indéterminée d'une personne condamnée ayant purgé sa peine en raison de sa dangerosité, dangerosité définie par « une probabilité très élevée de récidive parce qu'elle souffre d'un trouble grave de la personnalité » ; dans les faits, la dangerosité pourra se présumer à partir du seul prononcé d'une peine pour un crime répertorié dans une liste énumérative d'infractions (en l'occurrence, peine de quinze ans de réclusion pour des crimes particulièrement graves).

En fait il s'agit bien là de la création d'une nouvelle catégorie de délinquants et l'on a créé l'emprisonnement pour raison de dangerosité, ce qui a constitué un « tournant très grave de notre droit » comme l'a dit Robert Badinter en introduction du Colloque.

On a réintroduit la notion de dangerosité, mais à la différence de ce qui existait auparavant, il s'agit là d'une dangerosité dite criminologique, concept encore plus vague que la dangerosité psychiatrique liée à la maladie mentale ; ici la dangerosité est purement et simplement caractérisée par une « probabilité très élevée de récidive ». Comme certains l'ont parfaitement dit à l'époque, on a créé une nouvelle catégorie de délinquants, le « récidiviste virtuel ». On se trouve là exactement dans ce que Michel Foucault qualifiait de « passage de la punition à la surveillance ».

Malgré les très nombreuses critiques émises à l'occasion des débats parlementaires précédant la promulgation de cette loi, malgré les prises de positions du CGLPL en février 2014, cette mesure existe toujours dans le droit pénal français ; c'est pourquoi j'ai souhaité le 5 novembre 2015 rendre un avis préconisant l'abrogation de cette mesure qui permet de maintenir un condamné en rétention, après exécution de sa peine, pour une durée d'un an renouvelable indéfiniment, sur le seul critère de sa dangerosité supposée.

Et aujourd'hui certains souhaitent l'étendre aux auteurs de délits !

Je l'ai dit plus haut, le contexte que nous vivons actuellement rend malheureusement difficilement audible le discours, pourtant essentiel, sur les libertés individuelles ; et la question va continuer de se poser de manière cruciale dans les mois et les années à venir.

Et pourtant nous ne devons pas renoncer :

Ne pas renoncer à parler d'équilibre entre sécurité et libertés.

Ne pas accepter que la notion de danger, de guerre, puisque l'on en parle à nouveau depuis quelques mois, ne détruise encore davantage cet équilibre sécurité/libertés, à l'instar de ce qui s'est produit aux États-Unis après le 11 septembre 2001 avec le *Patriot Act*.

Ne pas accepter que la seule réponse à l'insécurité soit la peur et le renoncement aux principes fondamentaux de notre droit pénal.

Et c'est précisément ce qu'observait Michel Foucault à la fin de *Surveiller et punir* : il disait que quelque chose est en train de changer, que les mécanismes de surveillance s'intensifient dangereusement.

Dans un texte intitulé « Lettre à quelques leaders de la gauche », il annonçait le danger de ces mécanismes toujours plus sécuritaires qui apparaissaient dans la société française des années 1970 et il nous mettait en garde : « Nous risquons d'entrer dans un régime où la sécurité et la peur vont se défier et se relancer l'une l'autre. »

Nous y sommes malheureusement aujourd'hui.

Et si l'on ne peut contester les évolutions législatives, philosophiques et doctrinales depuis l'époque de l'écriture de *Surveiller et punir*, le climat actuel rend peu probable dans les mois et années à venir une réflexion progressiste en matière de respect des droits fondamentaux dans les prisons ou dans les hôpitaux psychiatriques.

Et si l'on peut considérer *Surveiller et punir. Naissance de la prison* comme l'histoire du regard que la société porte sur ceux qu'elle qualifie comme « délinquants » ou « déviants », le regard posé actuellement sur ces derniers n'est pas de nature à nous rassurer.

Et aujourd'hui, si Michel Foucault nous manque, c'est parce qu'il nous rappellerait encore et encore la nécessité d'interpellation, d'indignation, afin de « dénoncer l'intolérable ». C'est ce que nous a permis le Colloque marquant les quarante ans de *Surveiller et punir*, et à sa suite cet ouvrage.

PREMIÈRE PARTIE

MICHEL FOUCAULT, LES DISCIPLINES, LA PRISON

LA SOCIÉTÉ DISCIPLINAIRE :
GÉNÉALOGIE D'UN CONCEPT

Daniele LORENZINI
*Chercheur postdoctoral au Centre Prospéro
de l'Université Saint-Louis-Bruxelles*

L'objectif de cet article est de retracer certains des présupposés philosophiques qui permettent à Michel Foucault d'élaborer, à partir de 1973, une analyse du type de pouvoir et du genre de société qu'il appelle « disciplinaires ». Une telle analyse se trouve au cœur même de sa démarche dans *Surveiller et punir*[1], mais aussi entre autres dans la série de conférences qu'il prononce à Rio de Janeiro sur « La vérité et les formes juridiques »[2] et dans ses cours au Collège de France *La société punitive*[3] et *Le pouvoir psychiatrique*[4].

Dans la littérature consacrée à ce thème, il y a une assez forte tendance à privilégier la dimension « locale » des mécanismes disciplinaires de pouvoir, en se concentrant donc sur leur fonctionnement au sein par exemple de l'école, de l'usine, de l'hôpital ou de la prison, alors que Foucault formule de manière très explicite la thèse d'une « diffusion » de ces mécanismes à l'échelle de la société tout entière. Cette tendance s'explique sans doute par (et s'appuie sur) la valorisation presque exclusive des analyses foucaldiennes des dispositifs de sécurité et des « contrôles régulateurs » s'appliquant à la population, analyses qui sont chronologiquement postérieures à celles du pouvoir disciplinaire et qui, pourtant, s'articulent sur elles de façon précise et étroite[5]. En effet, les travaux de Foucault qui sont le plus souvent utilisés pour étudier la société contemporaine sont ceux consacrés à la biopolitique et à la gouvernementalité, et non pas ceux qui analysent les disciplines. On ne fait d'ailleurs que prolonger une idée formulée par Gilles Deleuze en 1990 : les « sociétés disciplinaires » ont été remplacées

---

1. M. Foucault, *Surveiller et punir. Naissance de la prison*, Gallimard, 1975.
2. M. Foucault, « La vérité et les formes juridiques » (1973), in *Dits et écrits I, 1954-1975*, Gallimard, 2001, p. 1406-1514.
3. M. Foucault, *La société punitive. Cours au Collège de France. 1972-1973*, Seuil-Gallimard, 2013.
4. M. Foucault, *Le pouvoir psychiatrique. Cours au Collège de France. 1973-1974*, Seuil-Gallimard, 2003.
5. *Cf.* D. Lorenzini, *Éthique et politique de soi. Foucault, Hadot, Cavell et les techniques de l'ordinaire*, Vrin, 2015, p. 49-57.

– *définitivement* remplacées – par les « sociétés de contrôle ». La différence entre ces deux types de sociétés réside, selon Deleuze, dans le fait que, d'une part, les premières procèdent à l'organisation de grands milieux d'enfermement clos, tandis que les secondes développent des formes ultra-rapides de contrôle « à l'air libre » ; et que, d'autre part, dans les sociétés disciplinaires l'individu ne cesse de passer d'un milieu clos à un autre, chacun avec ses lois visant à répartir, ordonner, composer des singularités somatiques et leurs forces, tandis que dans les sociétés de contrôle l'individu devient un « *dividuel* », gouverné par un système « à géométrie variable » dont le langage est *numérique* et qui permet une *modulation* constante s'appliquant, presque sans discontinuités, à tous les aspects de la vie quotidienne des êtres humains[6].

Ainsi, en retraçant les conditions d'élaboration de l'analyse foucaldienne des disciplines, je me propose aussi de problématiser l'idée d'après laquelle la société disciplinaire correspondrait à une société organisée en grands milieux d'enfermement clos – une société qui, d'ailleurs, aurait été complètement remplacée, à l'heure actuelle, par une société de contrôle. Or, dans les travaux de Foucault, disciplines et contrôles s'avèrent en réalité étroitement liés. En suggérant qu'une société disciplinaire élabore également des formes de contrôle « à l'air libre » s'appliquant à la totalité de la vie quotidienne des êtres humains, je voudrais donc en même temps suggérer qu'une société de contrôle – si c'est bien dans une société de ce type que nous vivons aujourd'hui – ne peut jamais se débarrasser entièrement des institutions et des mécanismes disciplinaires de pouvoir. Pour ne citer ici qu'un seul exemple, le placement sous surveillance électronique mobile, loin de constituer une preuve du « recul » du disciplinaire, contribue au contraire à une *diffusion* des logiques proprement disciplinaires bien au-delà des murs de la prison[7]. Pour penser les formes contemporaines de contrôle, il n'est donc sans doute pas possible de mettre entre parenthèses et d'étiqueter comme « dépassés » les mécanismes du pouvoir disciplinaire.

La thèse de cet article est que les conditions de possibilité de l'étude foucaldienne d'un pouvoir et d'une société de type disciplinaire sont à rechercher dans trois déplacements conceptuels opérés entre le cours au Collège de France de 1971-1972, *Théories et institutions pénales*[8], et celui de 1972-1973, *La société punitive*[9]. Ces deux cours constituent précisément le « chantier » au sein duquel Foucault inaugure les analyses qu'il allait développer ensuite en 1975 dans *Surveiller et punir*. Les trois déplacements que j'aimerais mettre en lumière

---

6. G. Deleuze, « Post-scriptum sur les sociétés de contrôle », *in Pourparlers. 1972-1990*, Les Éditions de Minuit, 1990, p. 240-247.
7. *Cf.* O. Razac, « La matérialité de la surveillance électronique », *Déviance et Société*, vol. 37, n° 3, 2013, p. 389-403.
8. M. Foucault, *Théories et institutions pénales. Cours au Collège de France. 1971-1972*, Seuil-Gallimard, 2015.
9. M. Foucault, *La société punitive, op. cit.*

portent sur trois notions qui jouent un rôle majeur dans *Théories et institutions pénales* et qu'en revanche Foucault remet radicalement en question dans *La société punitive*, où – et ce n'est pas un hasard – les concepts de pouvoir et de société disciplinaires émergent pour la première fois de façon explicite et réfléchie. De manière synthétique, je vais donc traiter tour à tour des notions de *répression*, d'*exclusion* et de *transgression*, en mettant en lumière le rôle qu'elles jouent dans *Théories et institutions pénales*, et en me concentrant ensuite sur la critique que Foucault en propose dans *La société punitive*.

I. RÉPRESSION

Premièrement, la notion de répression. Dans *Théories et institutions pénales*, où l'on chercherait en vain les mots « discipline » ou « disciplinaire », l'hypothèse générale qui organise le discours de Foucault est la suivante : à travers une analyse des institutions judiciaires médiévales et des nouvelles institutions judiciaires qui sont mises en place au XVIIe siècle, il se propose d'interroger la naissance de la justice pénale en tant que système *répressif* dont le cœur allait être constitué par la prison en tant que moyen principal de punition du crime et de la déviance sociale. En d'autres termes, Foucault y étudie la naissance de la « justice » comme appareil répressif d'État, c'est-à-dire comme un système ayant pour fonction d'assurer la répression des séditions populaires par la ségrégation des êtres humains. Quoique, dans son analyse de ces systèmes répressifs, Foucault précise déjà qu'ils « répondent à des intentions stratégiques dans des rapports de force »[10], son insistance sur la notion même de répression est évidente.

Cette insistance ne peut que surprendre les lecteurs de Foucault, habitués à le considérer comme l'un des penseurs qui a le plus clairement critiqué une description du fonctionnement du pouvoir en tant que pure instance répressive, et qui n'a jamais cessé d'insister sur le caractère *productif* du pouvoir – ou mieux, qui n'a jamais cessé de dénoncer le piège consistant à penser le pouvoir comme quelque chose de simplement répressif, comme une instance qui ne viserait qu'à dire « non », à interdire, à empêcher, à punir. Si tout cela fait bien entendu partie du fonctionnement du pouvoir (y compris du pouvoir disciplinaire), l'un des objectifs principaux de *Surveiller et punir* était précisément de démontrer qu'il ne s'agit que d'outils et de tactiques dans une stratégie beaucoup plus large visant à extraire le maximum de forces du corps des individus et, de manière encore plus fondamentale, à forger, à façonner, à *produire* des sujets assujettis[11].

Or, dans *Théories et institutions pénales*, Foucault soutient que réinscrire l'analyse de la pénalité dans une étude des systèmes de répression possède l'avantage

---

10. M. Foucault, *Théories et institutions pénales*, op. cit., p. 3.
11. M. Foucault, *Surveiller et punir*, op. cit., p. 166-171 et *passim*.

considérable d'éviter de poser le problème en termes de morale (bien ou mal), ou en termes sociologiques (déviance ou intégration), ou en termes psychologiques (délinquance, etc.)[12]. On tombe d'ailleurs ici sur ses premières considérations à propos de la naissance de la prison : loin de faire partie du système pénal, elle est liée, d'après Foucault, à la mise en place d'un appareil répressif d'État centralisé et destiné essentiellement à la prévention des séditions qui ont lieu au XVIIe siècle[13]. Mais ce n'est pas seulement sur la prison que se concentre Foucault. En effet, il y a trois institutions qui constituent le cœur du nouveau système répressif d'État : une *justice centralisée*, placée directement entre les mains du roi et chargée de réprimer les séditions aussi bien que de contrôler les individus mêmes qui sont chargés du contrôle ; la *police*, c'est-à-dire une force de répression à la fois non coûteuse et préventive (par opposition à l'armée) ; l'*enfermement*, enfin, c'est-à-dire une forme de punition qui consiste à prélever une partie de la population et dont le sens est très explicitement répressif, « anti-sédition »[14].

Dans un contexte socio-politique qui a été efficacement décrit par les éditeurs du cours, caractérisé par la répression de plusieurs formes de résistance faisant suite aux événements de Mai 68 (et notamment le mouvement maoïste de la Gauche prolétarienne, dont de nombreux dirigeants et militants avaient été emprisonnés), Foucault retrace donc l'émergence du système répressif d'État en étudiant les conflits qui, au XVIIe siècle, ont contribué à la naissance d'une justice centralisée, de la police et de la prison. Le début du manuscrit de *Théories et institutions pénales* – « Pas d'introduction. La raison d'être de ce cours ? Il suffit d'ouvrir les yeux, ceux qui y répugneraient s'y trouveront dans ce que j'ai dit »[15] – établit un lien très étroit entre les formes de répression que Foucault voit à l'œuvre dans la société française du début des années 1970 et celles qu'il explore dans son cours, où il soutient que c'est notamment contre les luttes populaires que l'appareil répressif d'État s'est constitué, en organisant des modalités de prévention, de précaution, d'intervention préalable et de surveillance constante. Toutes « les grandes phases d'évolution du système pénal », ici explicitement identifié au système répressif, constituent donc, d'après Foucault, une manière de répondre à des luttes du peuple contre le pouvoir[16]. Le nouveau système répressif institutionnalisé au XIXe siècle sous la forme des tribunaux, de la police, des prisons et du Code pénal ne fait pas exception[17]. On est encore très loin de l'opposition frappante que Foucault allait établir dans *Surveiller et punir* entre le supplice de Damiens et le règlement rédigé par Léon Faucher pour la Maison des jeunes détenus à Paris[18].

---

12. M. Foucault, *Théories et institutions pénales*, op. cit., p. 4.
13. *Ibid.*, p. 96.
14. *Ibid.*, p. 101-102.
15. *Ibid.*, p. 3.
16. *Ibid.*, p. 102.
17. *Ibid.*, p. 106.
18. M. Foucault, *Surveiller et punir*, op. cit., p. 9-13.

Le cours au Collège de France de l'année suivante, *La société punitive*, est en revanche entièrement organisé autour d'une critique radicale de la notion même de répression. Dès la première leçon, Foucault insiste sur l'aspect *productif* du pénal : le système pénal produit, et produit notamment une gestion différentielle des illégalismes qui s'articule sur le mouvement social et économique plus large de production d'une force de travail (cette idée était déjà ébauchée dans *Théories et institutions pénales*, mais elle ne pouvait pas y être formulée de manière philosophiquement cohérente car elle requiert justement d'en finir avec une conception répressive du pouvoir). Dans la leçon du 21 mars 1973, Foucault problématise plus particulièrement la thèse de la répression de la sexualité dans les collèges au XIXe siècle. Le terme de « répression », affirme-t-il alors, « me paraît plus gênant qu'exact », car il risque de masquer le fonctionnement très complexe d'un pouvoir qui fait autre chose et davantage que réprimer et empêcher. La restriction de la sexualité au sein des collèges relève en effet plutôt d'un double mécanisme : d'une part, l'empêchement strict, *physique*, de l'hétérosexualité (s'agissant d'institutions monosexuelles) ; de l'autre, l'interdiction de l'homosexualité, qui ne peut pourtant jouer véritablement que dans la mesure où une « homosexualité latente » est effectivement pratiquée jusqu'à un certain point, de manière qu'elle puisse, à chaque instant, constituer le support d'une intervention du pouvoir. D'après Foucault, ce double mécanisme d'empêchement de l'hétérosexualité et d'interdiction de l'homosexualité ne vise pas seulement à établir une norme *interne* (aux collèges), mais aussi à diffuser dans la société tout entière l'idée que l'hétérosexualité est permise comme « récompense » alors que l'homosexualité doit être considérée comme marginale et anormale. Une « fiction sociale » est ainsi construite qui sert de norme *externe* et qui rend possible l'exercice du pouvoir non seulement à l'intérieur de l'institution, mais aussi en dehors d'elle : « l'institution de séquestration, dans un cas comme celui-ci, a pour fonction de fabriquer du social » – en d'autres termes, elle est une institution de *normalisation*[19]. Foucault allait revenir plusieurs fois, dans les années suivantes, sur cette critique de la notion de répression. Dans *Surveiller et punir*, par exemple, elle prend explicitement la forme d'une critique du modèle « juridique » du pouvoir : « Il faut cesser de toujours décrire les effets de pouvoir en termes négatifs : il exclut, il réprime, il refoule [...]. En fait le pouvoir produit ; il produit du réel. »[20]

II. EXCLUSION

Deuxièmement, la notion d'exclusion. Dans le manuscrit de la leçon du 9 février 1972 du cours *Théories et institutions pénales*, Foucault explore les

---

19. M. Foucault, *La société punitive*, op. cit., p. 219-220.
20. M. Foucault, *Surveiller et punir*, op. cit., p. 196.

différences entre le système pénal du Moyen Âge et « le nôtre », en soutenant que, si le premier a ses effets majeurs au niveau du prélèvement des biens, le second produit par contre ses effets principaux au niveau « de l'exclusion des individus ». C'est pourquoi, au lieu de se fonder sur une morale et une théologie de la faute, de la pénitence et du rachat, notre système pénal s'organise autour du problème de comment repérer les individus qu'il faut exclure : qui sont-ils en nature, en réalité, en secret ? Le système pénal moderne est donc « carcéraire », ce qui lui permet de jouer une fonction sociale anti-séditieuse. L'analyse des pratiques pénales modernes devrait par conséquent se pencher, d'après Foucault, sur la question de l'exclusion[21]. En juillet 1971 déjà, Foucault avait fait référence au « système d'exclusion et d'inclusion » mis en place par nos sociétés à travers l'internement ou l'emprisonnement de tout individu ne correspondant pas aux normes sociales et économiques établies[22].

Or, dans la première leçon de *La société punitive*, Foucault déclare vouloir se débarrasser de la notion d'exclusion en tant qu'elle a servi à désigner le statut qui est donné, dans nos sociétés, aux délinquants, aux malades mentaux, aux minorités ethniques, religieuses, sexuelles, bref, à tous ceux que l'on peut considérer comme étant « anormaux » ou « déviants ». Certes, Foucault reconnaît que cette notion a été utile et qu'à un moment donné elle a pu exercer une fonction critique ; mais à ses yeux elle est devenue insuffisante, car elle est restée prisonnière du champ des représentations sociales et ne permet donc plus de prendre en compte les luttes, les rapports et les opérations *spécifiques* à travers lesquels cette exclusion s'opère concrètement. La notion d'exclusion ne serait donc désormais que l'« effet représentatif général » d'une série de tactiques et de stratégies de pouvoir beaucoup plus fines que Foucault se propose d'étudier de manière analytique. En même temps, cette notion laisse porter sur la société en général la responsabilité de l'exclusion, qui semble faire référence à quelque chose comme un consensus social, alors qu'il serait crucial d'étudier dans le détail les instances parfaitement *spécifiées* et *définissables* de pouvoir qui sont responsables des mécanismes concrets d'exclusion. Enfin, Foucault soutient que la notion d'exclusion ne s'oppose pas à celle d'inclusion : les procédures d'exclusion ne se trouvent pas dans un rapport d'opposition vis-à-vis des techniques d'assimilation, car exclusion et inclusion, rejet et assimilation, se renforcent mutuellement. « Il n'y a pas d'exil, de renfermement qui ne comporte, outre ce qu'on caractérise de manière générale comme expulsion, un transfert, une réactivation de ce pouvoir même qui impose, contraint et expulse. »[23] Les principes méthodologiques de l'analyse « microphysique » du pouvoir que Foucault allait développer dans les années suivantes sont ainsi clairement posés.

---

21. M. Foucault, *Théories et institutions pénales, op. cit.*, p. 138-139.
22. M. Foucault, « Je perçois l'intolérable » (1971), *in Dits et écrits I, op. cit.*, p. 1072.
23. M. Foucault, *La société punitive, op. cit.*, p. 4-5.

III. TRANSGRESSION

Troisièmement, la notion de transgression. Cette notion sous-tend en large partie l'étude développée par Foucault dans *Théories et institutions pénales*, et notamment ses analyses des luttes populaires, des révoltes et des séditions en réponse desquelles s'est constitué un système répressif d'État. Par ailleurs, dans un entretien publié quelques mois avant le début du cours, Foucault annonçait déjà son intérêt pour le problème de la naissance et de la définition du système pénal dans les termes suivants : « Telle est donc ma préoccupation : le problème de la transgression de la loi et de la répression de l'illégalité. »[24] Dans le manuscrit de la leçon du 1er mars 1972 de *Théories et institutions pénales*, Foucault soutient que, « si le pouvoir se trouve lésé par le crime, le crime est toujours dans l'une au moins de ses dimensions attaque contre le pouvoir, lutte contre lui, suspension provisoire de ses lois »[25]. Le crime, ici, est donc explicitement pensé en termes de transgression, si l'on définit celle-ci comme ce qui rend « un instant, en un lieu, pour une personne, la loi irréelle et impuissante »[26].

Or, au début de *La société punitive*, Foucault précise que tout comme il lui semble nécessaire de critiquer la notion d'exclusion, il conviendrait aussi de mettre en question une notion dont la fortune lui a été corrélative : celle de transgression. La notion de transgression reste en effet, elle aussi, prisonnière du système général de représentations contre lequel elle était pourtant tournée, alors que Foucault ne veut plus poser le problème de la loi et de la représentation, mais celui du pouvoir et du savoir[27]. En outre, dans la leçon du 7 février 1973, Foucault trace ce qu'il définit comme « une espèce de symétrie historique » entre la dissidence religieuse au XVIIIe siècle, qui se proposait de moraliser la société et qui a fini par étatiser la morale, et les mouvements de « dissidence morale » qui, au XXe siècle, en Europe et aux États-Unis, luttent pour le droit à l'avortement, à l'homosexualité, à la constitution de groupes sexuels non familiaux, etc. Ceux-ci font aux yeux de Foucault un travail symétrique et inverse par rapport aux dissidents du XVIIIe siècle : ils luttent pour la déculpabilisation des infractions pénales, en tâchant de *défaire*, de *dénouer* le lien entre morale, défense des rapports de pouvoir propres à la société capitaliste et appareils de contrôle assurés par l'État. Et Foucault de préciser qu'il ne s'agit pas du même travail que font les « non-conformistes », c'est-à-dire ceux qui, au nom de la *transgression*, ignorent la loi ou la considèrent comme irréelle, car entrer en « dissidence morale » en utilisant l'illégalité comme arme de bataille signifie attaquer directement la connexion entre morale, pouvoir capitaliste et État[28].

---

24. M. Foucault, « Je perçois l'intolérable », *op. cit.*, p. 1074.
25. M. Foucault, *Théories et institutions pénales*, *op. cit.*, p. 190.
26. M. Foucault, *La société punitive*, *op. cit.*, p. 116.
27. *Ibid.*, p. 7.
28. *Ibid.*, p. 115-116.

La critique de la notion de transgression opère donc à deux niveaux : d'une part, la notion de transgression est considérée par Foucault comme un « préjugé d'intellectuel » selon lequel il existerait *avant tout* des interdits et *puis* des transgressions, alors qu'« on ne peut analyser quelque chose comme une loi et un interdit sans les replacer dans le champ réel de l'illégalisme à l'intérieur duquel ils fonctionnent » ; d'autre part, la notion de transgression suggère l'existence d'une opposition binaire entre luttes et pouvoir, résistances et domination, alors qu'il n'y a pas de « dedans » et de « dehors », mais seulement des configurations tactiques mobiles où les résistances s'appuient sur les relations de pouvoir pour essayer d'en inverser le sens et le pouvoir se transforme afin de chercher à s'approprier les pratiques de résistance, à les plier à ses propres objectifs ou à les rendre inefficaces[29].

Ce sont précisément ces trois déplacements qui ouvrent à Foucault l'espace conceptuel nécessaire pour élaborer une redéfinition du concept de pouvoir lui permettant de forger les notions de pouvoir et de société « disciplinaires ». Ainsi, dans la dernière leçon de *La société punitive*, Foucault explique que l'objectif du cours était d'étudier une forme de société qu'au début il avait appelée « punitive », mais que finalement il vaudrait sans doute mieux appeler « disciplinaire »[30]. Cette notion est ici définie à travers une quadruple critique : critique du schéma de l'appropriation du pouvoir (le pouvoir n'est pas quelque chose qu'on « possède » mais quelque chose qui « se joue », « se risque », s'« exerce » dans l'épaisseur du champ social, selon tout un système de relais, de connexions, de points d'appui[31]) ; critique du schéma de la localisation du pouvoir (le pouvoir n'est pas localisé dans les appareils d'État, qui ne sont que des structures « concentrées » servant d'appui à un système de pouvoir qui les dépasse largement[32]) ; critique du schéma de subordination du pouvoir au mode de production (le pouvoir contribue plutôt à la *constitution* et au *maintien* des modes de production, en fonctionnant au cœur même de ces derniers[33]) ; critique, enfin, du schéma de l'idéologie (le pouvoir ne produit pas, dans l'ordre de la connaissance, des effets « idéologiques », car tout point d'exercice du pouvoir est en même temps un lieu de formation du savoir – savoir et pouvoir étant donc concrètement liés l'un à l'autre selon un jeu complexe qu'il s'agit d'analyser en détail[34]). Ainsi, Foucault définit la prison comme une « forme sociale » qu'on ne devrait pas étudier à partir des théories pénales ou des conceptions du droit, pas non plus à partir d'une sociologie historique de la délinquance, mais en posant la question du « système de pouvoir » dans lequel elle fonctionne[35].

---

29. *Ibid.*, p. 148-149.
30. *Ibid.*, p. 240.
31. *Ibid.*, p. 231-232.
32. *Ibid.*, p. 233.
33. *Ibid.*, p. 234-235.
34. *Ibid.*, p. 236-237.
35. *Ibid.*, p. 230-231.

En même temps, dans *La société punitive*, le pouvoir disciplinaire est caractérisé par Foucault à travers une étude de la notion d'*habitude* : les mécanismes du pouvoir disciplinaire constituent en effet le socle de l'acquisition des habitudes comme « normes sociales ». C'est grâce à ces mécanismes que les habitudes sont formées par un jeu de coercitions et de punitions, d'apprentissages et de châtiments, et que les individus sont fixés à l'appareil de production. Ainsi, le pouvoir disciplinaire, et notamment le pouvoir de séquestration et d'internement, fabrique de la *norme*, c'est-à-dire « un tissu d'habitudes par quoi se définit l'appartenance sociale des individus à une société »[36]. Et d'après Foucault, c'est précisément à partir du moment où le pouvoir acquiert la forme insidieuse, quotidienne, habituelle de la norme, qu'il se cache comme *pouvoir* et se donne comme *société*[37].

Si la prison et l'analyse de la prison jouent dans ce cadre un rôle crucial pour Foucault, sa définition du pouvoir disciplinaire ne peut donc pas y être réduite, tout comme elle ne devrait pas être réduite à une simple analyse des milieux d'enfermement clos qui caractérisent notre société. Comme Foucault l'écrit dans *Surveiller et punir*, on ne peut parler de la formation d'une société disciplinaire que « dans ce mouvement qui va des disciplines fermées, sorte de quarantaine sociale, jusqu'au mécanisme indéfiniment généralisable du panoptisme »[38]. En effet, ce sont *les mêmes* mécanismes fonctionnant à l'intérieur des milieux d'enfermement qui se diffusent aussi à leur extérieur et qui façonnent la société dans son entier. Le pouvoir disciplinaire articule les unes sur les autres des pratiques de contrôle, de surveillance et de punition qui ne fabriquent pas seulement des *individus* – des sujets assujettis –, mais qui produisent de manière encore plus fondamentale du « social », des normes sociales. Il s'agit justement des normes que la sociologie durkheimienne se propose d'étudier dans leur statut et leur nature propres (en reconnaissant leur caractère contraignant) sans s'apercevoir qu'elles mériteraient plutôt d'être étudiées au niveau des processus mêmes de leur *production*, c'est-à-dire au sein du système de pouvoir qui les a rendues et qui ne cesse de les rendre possibles[39].

---

36. *Ibid.*, p. 240 et p. 242.
37. *Ibid.*, p. 243.
38. M. Foucault, *Surveiller et punir*, *op. cit.*, p. 217.
39. M. Foucault, *La société punitive*, *op. cit.*, p. 243.

FOUCAULT *VERSUS* KIRCHHEIMER ET RUSCHE.
DEUX APPROCHES CRITIQUES DE LA PEINE

Isabelle Aubert
*Maître de conférences en philosophie du droit
à l'Université Paris 1 Panthéon-Sorbonne*

Les pages que consacre Michel Foucault dans *Surveiller et punir* à une certaine histoire critique antérieure des systèmes de sanctions pénales, alors que les références aux autres philosophes restent brèves et allusives dans cet ouvrage, ne peuvent qu'éveiller la curiosité[1]. Paru en 1939 aux États-Unis, *Peine et structure sociale. Histoire et « théorie critique » du régime pénal* est le résultat d'une collaboration (difficile) entre l'économiste Georg Rusche et le juriste Otto Kirchheimer, tous deux membres plus ou moins proches de l'*Institut en recherche sociale* de Francfort. Le retentissement que connut l'ouvrage à sa publication fut malheureusement de courte durée car les horreurs du nazisme et du fascisme absorbèrent vite les esprits à la même date. La dernière phrase lapidaire du fragment intitulé « Extrait d'une théorie de la délinquance » de l'ouvrage coécrit par Theodor Adorno et Max Horkheimer, *La dialectique de la raison*, résume cette situation : « La privation de liberté que représentait l'incarcération n'est rien comparée à la réalité sociale. »[2] Avant de comprendre comment Foucault s'est tourné vers *Peine et structure sociale*, il n'est pas inutile de rappeler l'importance que revêt la réflexion sur la criminalité et la délinquance pour l'École de Francfort durant les premières années de sa constitution comme groupe de recherche.

C'est initialement au début des années 1930, peu après avoir pris les fonctions de directeur de l'*Institut für Sozialforschung* de Francfort, que Max Horkheimer ressent la nécessité de mener à bien un programme de recherche sur la criminalité et le milieu carcéral. Pour ce faire, il entreprend lui-même un travail sur la

---

1. M. Foucault, *Surveiller et punir. Naissance de la prison*, Gallimard, 1975, p. 29-30, puis p. 58. Sur l'usage des références de Foucault, il y aurait bien à dire. Il est intéressant de noter que Rusche et Kirchheimer ont droit à une longue réponse dans le corps du texte, alors que Gilles Deleuze et Félix Guattari, envers lesquels Foucault exprime sa très grande dette, ne sont nommés que dans un remerciement en note de bas de page (*ibid.*, p. 29 : « Je ne saurais mesurer par des références ou des citations ce que ce livre doit à G. Deleuze et au travail qu'il fait avec F. Guattari »).
2. M. Horkheimer et T.W. Adorno, « Extrait d'une théorie de la délinquance », *in La dialectique de la raison* (1944), Gallimard, 2011, p. 246.

délinquance et il demande, dans le même temps, à Georg Rusche de procéder à une analyse systématique des liens qui relient les différents régimes de peines et le marché du travail.

Les travaux de Horkheimer avaient vocation à trouver une explication au fait qu'un autoritarisme politique apparaissait à cette époque au sein de régimes démocratiques ayant reconnu des droits de l'homme : le traitement de la criminalité et la manière dont la prison avait généralisé la peine privative de liberté dans des sociétés bourgeoises étaient des pistes à explorer. Alors que la période moyenâgeuse offre des exemples d'incarcération d'aristocrates menaçant le pouvoir, la société bourgeoise, si attachée au principe de la liberté, est paradoxalement une société qui étend potentiellement la privation même de liberté à tout un chacun – et ce paradoxe est ce qu'incarne la prison. Rattrapé par l'actualité de la Deuxième Guerre mondiale et la manière dont le modèle carcéral est supplanté par les camps de travail et les camps de concentration qui ne visent pas à réprimer la criminalité mais à amasser des populations diverses « tel un butin », Horkheimer interrompt l'écriture de sa théorie du délinquant pour s'intéresser au *racket* (caractéristique selon lui des gouvernements fascistes) : « Comparé au camp de concentration, le pénitencier ressemble à un souvenir du bon vieux temps »[3], écrit-il alors. Seule l'esquisse ou plutôt un « extrait » de l'étude sur la criminalité qui avait l'ambition d'être très vaste est délivré finalement dans la *Dialectique de la raison* en 1944.

Le travail de Rusche était pensé quant à lui comme complémentaire aux recherches de Horkheimer. L'analyse de l'évolution des systèmes de punitions à laquelle procède, à travers un prisme marxiste, l'économiste exilé en Angleterre, avait été mandatée par Horkheimer ; de la même manière que – toujours intéressé par cette problématique – il demanda au juriste Otto Kirchheimer de réviser le manuscrit de Rusche. *Peine et structure sociale* parut ainsi, après bien des remaniements et des querelles entre les deux auteurs, en langue anglaise en 1939. Après une influence restreinte, due en partie à la guerre, l'ouvrage connaît un vrai retentissement lors de sa republication en 1968 (il est même traduit en allemand en 1974, et en italien en 1978)[4].

C'est à ce moment-là que l'écrit des théoriciens critiques croise le parcours de Foucault. La réédition de *Peine et structure sociale* coïncide avec les recherches de Foucault qui, dès 1971, a créé (avec Pierre-Vidal Naquet et Jean-Marie Domenach) le Groupe d'information sur les prisons, dont l'intention est de faire en sorte « que les prisonniers puissent dire ce qui est intolérable dans le système de la répression pénale »[5]. Foucault a manifestement lu avec intérêt

---

3. *Ibid.*
4. *Cf.* l'introduction de René Lévy et Hartwig Zander *in* G. Rusche et O. Kirchheimer, *Peine et structure sociale. Histoire et « théorie critique » du régime pénal*, Cerf, 1994, p. 9-82.
5. « Qu'est-ce que le GIP ? », *Magazine littéraire*, n° 101, 1975, p. 13, cité par G. Casadamont, « Michel Foucault et le champ carcéral », *Sociétés & Représentations*, n° 3, 1996, p. 290. Je remercie Guy Casadamont de m'avoir communiqué son article.

Peine et structure sociale, qui est le seul livre de philosophie auquel il consacre de si longs passages dans *Surveiller et punir* et dont il reconnaît en même temps le mérite d'avoir inauguré une étude systématique et critique sur l'évolution des systèmes de punition[6].

Avant de se plonger dans le détail de ces deux théories qui se nourrissent d'éléments sociologiques et historiques, quelques éléments de contexte peuvent encore être éclairants. Il y a des similitudes frappantes, à quarante ans d'intervalle, entre le contexte d'écriture du livre de Rusche et Kirchheimer et celui de *Surveiller et punir*. Comme le souligne Anne Guérin dans *Prisonniers en révolte*, les années 1970 représentent une période de bouleversements et de sursauts dans les prisons : on assiste à une série de mutineries et de révoltes, en particulier durant l'été 1974, qui poursuivent l'esprit de Mai 68 dans le milieu carcéral[7]. *Surveiller et punir* paraît en 1975. Lorsque Rusche entreprend ses recherches sur les systèmes des peines, au début des années 1930, c'est également dans un contexte de révoltes pénitentiaires aux États-Unis. De 1927 à 1931, des émeutes très violentes se sont propagées dans différents États (en Californie, à New York, au Kansas, dans le Colorado, l'Ohio, etc.). Rusche réagit directement à une situation dont il juge l'importance sous-estimée par le Gouvernement fédéral et qui aurait dû conduire à une révision en profondeur du régime américain des peines. Il exprime sa position dans deux articles de cette période : « Révoltes pénitentiaires ou politique sociale. À propos des événements d'Amérique » et « Marché du travail et régime des peines. Contribution à la sociologie de la justice pénale »[8]. La dégradation de la vie en prison est à l'image de la paupérisation de la société lors de la Grande Dépression et les émeutes de détenus s'inscrivent dans le droit fil des mouvements ouvriers qui s'élèvent contre le chômage de grande ampleur. Il est intéressant de noter que les luttes sociales des années 1930 ou de Mai 1968 se prolongent chaque fois dans les prisons. Cette continuité entre le milieu carcéral, fonctionnant en apparence en vase clos, et la société dans laquelle il est implanté est soulignée par les analyses de Foucault aussi bien que par celles de *Peine et structure sociale*. La prison semble être un microcosme particulier qui a ses propres règles de fonctionnement sans pour autant être coupé de son environnement ; elle reflète à sa manière la situation sociale générale.

La confrontation entre l'analyse de *Surveiller et punir* et celle de *Peine et structure sociale*, que se propose de mener cet article, est appelée par la manière dont Foucault est soucieux de situer son propre travail par rapport à Rusche et Kirchheimer. Le philosophe français vante les mérites de cette théorie critique

---

6. M. Foucault, *Surveiller et punir*, op. cit., p. 29-30 et p. 58.
7. A. Guérin, *Prisonniers en révolte. Quotidien carcéral, mutineries et politique pénitentiaire en France (1970-1980)*, Agone, 2013.
8. Les deux articles sont publiés en ouverture du livre de G. Rusche et O. Kirchheimer, *Peine et structure sociale*, op. cit., p. 85-113.

du régime pénal qui ne se contente pas d'étudier l'organisation interne des systèmes de sanctions pénales (ou de répressions), mais qui met en évidence également les liens étroits qui existent entre les formes de pénalité et les processus sociaux ambiants. Les auteurs de *Peine et structure sociale* et de *Surveiller et punir* se rejoignent dans l'intérêt qu'ils portent aux motifs extra-juridiques des peines ou, plus exactement, ils partagent l'idée selon laquelle les modalités des punitions trouvent une explication dans des causes et circonstances sociétales. Rusche et Kirchheimer sont les premiers, déclare Foucault, à étudier la « punition comme une fonction sociale complexe »[9]. C'est là une caractéristique qu'il estime essentielle et qui rompt avec les études sectorielles des criminologues, centrées sur les rapports des administrations judiciaires et pénitentiaires et sur une connaissance statistique des délits.

À propos du « grand livre » des deux théoriciens critiques, Foucault dit qu'il convient de « retenir un certain nombre de repères essentiels »[10]. Ces auteurs ont déjoué l'illusion selon laquelle les peines ont pour objectif de *réprimer les délits*. La rupture avec les interprétations traditionnelles sur l'utilité sociale des peines est en effet bien consommée par *Peine et structure sociale*. C'est l'une des thèses fortes de cet ouvrage que d'affirmer et de démontrer ensuite, grâce à une étude historique systématique, que les objectifs qui sont fixés explicitement à la peine, à savoir dissuader et réprimer la criminalité pour « effrayer des criminels potentiels »[11], ne constituent en réalité qu'un « déterminant négatif » et secondaire. La raison d'être positive de la peine se trouve ailleurs.

Foucault est également sensible au fait que Rusche et Kirchheimer ont prêté attention à des systèmes punitifs *concrets* au lieu de s'en tenir comme le sociologue Émile Durkheim à des « formes sociales générales »[12]. Les Francfortois ont situé les régimes des peines dans leur contexte social opératoire, dans leur « champ de fonctionnement » afin de comprendre comment les mesures punitives servent aussi à produire des « effets positifs et utiles » pour la société[13]. Tels sont les mots par lesquels ils expliquent eux-mêmes ce choix méthodologique :

> « La peine en soi n'existe pas : il n'existe que des systèmes de peines concrets, ainsi que des pratiques pénales particulières. L'objet de notre étude est donc la peine dans ses manifestations spécifiques, les causes de ses transformations et développements, ainsi que les raisons de l'utilisation ou du rejet de certaines formes de punition à des époques historiques données. »[14]

Cette position invalide bon nombre de travaux de sociologie criminelle et de théories du droit criminel qui ont peu utilisé la dimension historique et qui n'ont

---

9. M. Foucault, *Surveiller et punir*, op. cit., p. 28.
10. *Ibid.*, p. 29.
11. G. Rusche et O. Kirchheimer, *Peine et structure sociale*, op. cit., p. 124.
12. M. Foucault, *Surveiller et punir*, op. cit., p. 28.
13. *Ibid.*, p. 29.
14. G. Rusche et O. Kirchheimer, *Peine et structure sociale*, op. cit., p. 123.

pas essayé, en tous les cas, de comprendre la situation pénale contemporaine à la lumière d'une histoire critique des systèmes de pénalités des époques antérieures[15]. Les deux théoriciens critiques sont très clairs là-dessus, le matériau historique a une vertu explicative du présent à quoi rien ne saurait se substituer : « Notre théorie économique doit être complétée par une analyse historique, sans laquelle le système répressif contemporain reste incompréhensible »[16]. On trouve quelques années plus tard, chez Foucault, la même volonté de combiner le travail d'archives et la reconstitution de l'évolution des techniques punitives avec une analyse du présent, travail qui débouche sur une généalogie critique du pouvoir disciplinaire.

Enfin, dernier point relevé par Foucault, ces auteurs ont dégagé une *économie politique des peines*. Le prisme de lecture marxien de Rusche et Kirchheimer s'attache à montrer en effet comment l'évolution des systèmes répressifs correspond à une histoire des besoins économico-politiques. C'est ce qu'illustre, par exemple, le recours moins fréquent à la peine de mort lorsque l'on passe d'une économie féodale bénéficiant d'un fort taux démographique à une économie de type industriel en manque de main-d'œuvre[17].

Si les avancées théoriques et critiques de *Peine et structure sociale* sont évidentes pour Foucault, ses faiblesses le sont tout autant. Il convient, d'après lui, de prendre ses distances par rapport à une méthode d'analyse néomarxiste qui resterait réductrice, qui serait aveugle à certaines causes sociales. Il est certain que Rusche et Kirchheimer, en suivant là-dessus les recommandations de Horkheimer, inscrivent leur analyse dans la continuité d'une ligne de lecture marxienne. Leur propos est de révéler la pertinence explicative de cette dernière face aux divers régimes pénaux qui ont successivement dominé dans les sociétés occidentales depuis l'époque féodale. *Peine et structure sociale* a explicitement pour vocation de dégager la coévolution des peines et des conditions économiques dues aux rapports de production dans le marché du travail. Pour les Francfortois, « à une phase donnée du développement économique correspond un mode spécifique de punition »[18]. De façon systématique, leur histoire critique des pratiques pénales depuis le Moyen Âge jusqu'à la fin des années 1930 en Occident fait de la logique économique le « déterminant positif » des peines[19]. Ce point est en partie suivi par Foucault, qui leur rend hommage à propos de l'explication qu'ils donnent des supplices : « Rusche et Kirchheimer ont raison d'y voir l'effet d'un régime de production où les forces de travail, et donc le corps humain, n'ont pas l'utilité ni la valeur marchande qui leur seront conférées dans une économie de type industriel. »[20] Mais Foucault ne s'en tient pas uniquement à ce récit fondé sur une

---

15. *Ibid.*, p. 121 *sq.*
16. *Ibid.*, p. 105 *sq.*
17. *Ibid.*, p. 66.
18. *Ibid.*, p. 124.
19. *Ibid.*
20. M. Foucault, *Surveiller et punir, op. cit.*, p. 58.

histoire des déterminants économiques. La suite de *Surveiller et punir* indique comment il décèle une strate explicative supplémentaire : « Si le supplice est si fortement incrusté dans la pratique judiciaire, c'est qu'il est révélateur de vérité et opérateur de pouvoir. »[21]

Si l'on résume le point de vue de Foucault sur l'ouvrage de 1939 afin de comprendre la distance qu'il prend par rapport à lui, on retient que Rusche et Kirchheimer présentent l'esquisse d'une « économie politique du corps »[22]. *Peine et structure sociale* explique ainsi comment les systèmes punitifs emploient des corps utiles en période de manque de main-d'œuvre avec le travail carcéral, ou au contraire écartent des corps excédentaires en période de chômage avec la prison. Mais – et c'est le point de désaccord avec Foucault –, Rusche et Kirchheimer laissent poindre une économie politique du corps *à l'intérieur* d'une économie politique des peines, alors qu'un examen de l'ensemble des rapports entre société et systèmes de pénalités montre que l'économie politique des peines est *le résultat* de l'économie politique du corps. Aux yeux de Foucault, l'approche de *Peine et structure sociale* reste partielle parce qu'elle réduit la logique du pouvoir à une évolution des systèmes de production. Elle découvre un pouvoir qui produit des corps utiles en omettant que cela n'est possible que si le pouvoir constitue d'abord des « corps assujettis »[23].

Fort de cette découverte, Foucault suit, dans *Surveiller et punir*, une voie inverse à la direction prise par *Peine et structure sociale*. Il examine la production de « corps assujettis et de corps productifs » en rétablissant l'ordre de leur relation : l'utilisation économique est subordonnée à un investissement des corps par le système de pouvoir. Tel est le programme de *Surveiller et punir* : « Il s'agit de replacer les techniques punitives – qu'elles s'emparent du corps dans le rituel des supplices ou qu'elles s'adressent à l'âme – dans l'histoire de ce corps politique »[24]. L'idée d'une « technologie politique du corps »[25] serait à même de saisir comment le pouvoir investit les corps à travers les systèmes punitifs dont les transformations permettent de tracer ainsi « une anatomie politique »[26] et de découvrir l'évolution conjointe du pouvoir et du savoir.

Tout en soulignant le travail pionnier de Rusche et Kirchheimer, Foucault indique sans ambiguïté que leur traitement des rapports entre régimes des peines et structures sociales demeure partiel et que cette incomplétude invite à mener une approche plus générale et compréhensive encore des lignes de force qui traversent la société et modèlent les systèmes répressifs selon un certain continuum. Foucault prétend donc dépasser la conception de *Peine et structure sociale*.

---

21. *Ibid.*, p. 59.
22. *Ibid.*, p. 30.
23. *Ibid.*, p. 30-31.
24. *Ibid.*, p. 33.
25. *Ibid.*, p. 35.
26. *Ibid.*, p. 33.

Ce point de départ étant clarifié, je m'attacherai par la suite à répondre à la question suivante : de quelle manière la confrontation avec l'ouvrage de Rusche et Kirchheimer est-elle instructive de quelque chose sur *Surveiller et punir* ? Je montrerai comment la lecture foucaldienne de *Peine et structure sociale* est sélective et comment elle met au jour des éléments manquants chez Foucault tout autant qu'elle fait ressortir les apports indéniables de sa théorie des institutions pénales à une critique de la pénalité et du pouvoir.

Il n'échappera à aucun lecteur du livre de Rusche et Kirchheimer que le résumé proposé par Foucault de *Peine et structure sociale* comporte un biais de lecture. À en croire *Surveiller et punir*, les deux théoriciens critiques auraient montré, documents à l'appui, comment l'on passe d'un système fondé sur les châtiments corporels au Moyen Âge à la maison de correction et au travail carcéral à l'époque industrielle. Et la maison de correction serait l'ancêtre de la forme moderne de la prison, panoptique et munie de cellules, qui est adoptée à la fin du XVIIIe siècle dans toute l'Europe et aux États-Unis. Cette lecture simplifie beaucoup trop les longs développements et hypothèses de *Peine et structure sociale* pour être exacte. L'analyse sociohistorique de cet ouvrage fait état d'une transformation des systèmes pénaux beaucoup plus complexe, en examinant divers aspects – elle étudie « l'origine et le destin des systèmes pénaux, ainsi que l'utilisation ou le rejet de certaines peines et l'intensité des pratiques pénales »[27] – et en employant divers critères : si les déterminations issues des « forces sociales, économiques d'abord et fiscales ensuite », sont privilégiées en tant que déterminant positif des punitions, « une telle interprétation ne signifie pas qu'il faille se désintéresser des objectifs fixés à la peine mais plutôt que ces derniers constituent un déterminant négatif »[28].

Cela étant dit, il n'importe pas tant ici de savoir si Foucault présente une restitution fidèle du livre de Rusche et Kirhcheimer (dont il a pris soin de lire des chapitres aux thèmes très distincts si on en juge par ses remarques), mais de découvrir la signification d'une telle reconstruction – lacunaire. De façon intéressante, elle fournit autant de renseignements sur la thèse de *Surveiller et punir* que sur l'analyse de *Peine et structure sociale*. Si Foucault conteste la filiation directe entre la maison de correction et le système carcéral, les peines qu'il retient de *Peine et structure sociale* sont celles que son propre ouvrage développe et qui permettent d'expliquer la naissance de la prison. Foucault écarte en effet des pratiques pénales importantes étudiées par Rusche et Kirchheimer, des pratiques qui avaient cours dans toute l'Europe et qui ont duré pendant des siècles, sous l'Ancien Régime aussi bien qu'à l'époque moderne : les galères, les déportations et le système des amendes.

Foucault n'a pas pu ignorer l'étude de ces peines auxquels des chapitres entiers de *Peine et structure sociale* sont consacrés : le chapitre IV comporte trois sections

---

27. G. Rusche et O. Kirchheimer, *Peine et structure sociale*, *op. cit.*, p. 123.
28. *Ibid.*, p. 124.

qui examinent chacune l'apparition simultanée d'un type de peines – les galères, la déportation des criminels et le système pénitentiaire –, le chapitre VII porte à nouveau sur les déportations et les changements qu'elles connaissent jusqu'à leur abolition, enfin le chapitre X s'intitule « Le rôle de l'amende dans la pratique pénale récente ». C'est donc de façon délibérée que Foucault omet de mentionner ces pratiques pénales qui, dans le cas des galères et des déportations, sont aussi importantes que l'emprisonnement jusqu'au XIXe siècle et qui, en ce qui concerne les amendes, sont d'un usage très repandu même lors de la multiplication des peines carcérales et continuent toujours de l'être encore aujourd'hui. S'attarder sur ces peines-là aurait obligé Foucault à nuancer sans nul doute son approche sur les prisons et son interprétation de l'évolution des sociétés occidentales qui, à partir de la fin du XVIIIe siècle, adopteraient progressivement, selon lui, « le principe de l'incarcération comme schéma général de la punition »[29]. Il est vrai que le cours au Collège de France de 1972-1973, *La société punitive*, fait état de théories cherchant des peines alternatives à l'emprisonnement (sanction pécuniaire, travail forcé et public), mais Foucault ne semble les évoquer que pour mieux insister sur la manière dont le modèle de l'emprisonnement carcéral s'est imposé sur elles[30]. Sans aller jusqu'à invalider sa thèse, la prise en considération de l'importance réelle des déportations ou des amendes eût supposé néanmoins de mettre davantage en avant des raisons économiques et fiscales, et donc d'accorder du crédit à une ligne d'analyse marxienne que le philosophe essaie de mettre de côté. En effet, l'esclavage des galères et la déportation, qui ont eu cours de la fin du XVe siècle à la fin du XVIIIe siècle, semblent, comme toute privation de liberté à l'époque, s'inscrire dans le spectre étendu des châtiments corporels – sur ce point, on rejoint la perspective foucaldienne. Mais à la différence des supplices, les galères et les déportations répondent avant tout à un motif d'utilité économique : les métropoles européennes s'efforcent de tirer profit des colonies.

Le silence de Foucault sur le système des amendes est encore plus surprenant puisque celui-ci non seulement a toujours fonctionné en parallèle du régime traditionnel des peines, mais il est de surcroît étendu et raffiné au début du XXe siècle. Ce silence, qui ne peut être que délibéré, met à nouveau en exergue la focalisation de l'auteur sur certaines techniques punitives (supplices et autres châtiments corporels) qui ont été supplantées par la généralisation du modèle carcéral. À propos des amendes, une explication de type foucaldien paraît très peu pertinente : cette sorte de punition n'est reliée que de façon éloignée à une entreprise de contrôle et de surveillance. Selon Rusche et Kirchheimer, l'amende montre que l'État réprouve une activité délictueuse mais qu'il n'essaie pas véritablement de mettre fin à celle-ci. Grâce au prélèvement d'argent, les autorités publiques tirent à leur avantage l'existence de certains délits qu'elles tolèrent en définitive en les régulant de façon douce. En procédant ainsi, elles n'essaient pas

---

29. M. Foucault, *La société punitive. Cours au Collège de France. 1972-1973*, Seuil-Gallimard, 2013, p. 66.
30. *Ibid.*, p. 67-71.

non plus d'avoir une emprise totale sur les individus, contrairement à la relation que fait apparaître Foucault entre la cartographie des peines et l'expansion diffuse d'un pouvoir sur les corps (avec les supplices et les châtiments), puis sur les âmes (avec la prison). Rusche et Kirchheimer le constatent : « À la différence de la peine de prison, l'amende n'a pas pour effet négatif d'imprégner l'ensemble de l'existence. »[31] Même si réunir la somme d'argent exigée s'avère souvent difficile pour les classes populaires et même si cette difficulté matérielle explique que beaucoup de petits délinquants soient finalement emprisonnés faute de pouvoir s'acquitter de leur dette, le sentiment de culpabilité lié à la transgression d'une règle sociale s'évanouit lorsque la punition est quantifiable en monnaie. C'est comme si une sorte de marché était conclu avec les autorités : tel délit a un prix qu'il suffit de payer, non pas de sa personne mais avec des devises, pour être quitte.

De façon stratégique, Foucault omet d'étudier trois pratiques pénales majeures (les galères, les déportations, les amendes) car elles l'obligeraient à dévier de sa ligne directrice. Ces trois sortes de punitions ne trouvent pas en effet de prolongement direct dans un pouvoir disciplinaire émergeant en renvoyant d'abord à une logique économique et fiscale – interprétation écartée par Foucault au motif qu'elle est insatisfaisante. Manifestement, les peines dont les modalités s'appuient en priorité sur la recherche d'une certaine rentabilité économique restent dans l'ombre de la lecture de *Surveiller et punir*.

La lecture que propose Foucault de *Peine et structure sociale* invite également à se replonger dans *Surveiller et punir*. Certaines hypothèses de Foucault paraissent plus manifestes par contraste avec la ligne d'analyse économique qu'il récuse. Je me contenterai de souligner deux apports de l'étude critique des pratiques pénales menée par Foucault.

Le principal apport de *Surveiller et punir* se trouve dans sa manière de montrer le caractère obsolète et inadéquat des approches sur le pouvoir qui ont été développées jusqu'à présent en sciences humaines, et cela à partir d'une généalogie qui met en relief, derrière l'étude des pénalités, la face cachée de l'iceberg : les structures profondes de la société. Foucault renouvelle les recherches sur le pouvoir en mettant en exergue les diverses manières dont les régimes des peines sont investis par les stratégies des systèmes de pouvoir : les supplices découvrent la ritualisation et le spectacle du pouvoir, la séquestration des corps met au jour le système de normalisation et de discipline qui est à l'œuvre dans les prisons[32], etc. Ce point est bien connu des études foucaldiennes ; plutôt que de le développer davantage ici, ce qui nous écarterait de la comparaison entre l'approche de Foucault et celle de Rusche et Kirchheimer, je souhaiterais attirer l'attention sur l'une de ses conséquences.

La redéfinition foucaldienne du pouvoir révèle les limites de toutes les conceptions antérieures soutenues à diverses époques en philosophie et en théorie

---

31. G. Rusche et O. Kirchheimer, *Peine et structure sociale, op. cit.*, p. 333.
32. M. Foucault, *La société punitive, op. cit.*, p. 235.

politique : l'image souverainiste du pouvoir politique (dont la meilleure illustration se trouve chez Hobbes), l'idée du pouvoir-possession selon laquelle on s'approprie le pouvoir comme d'une chose (définition métonymique inspirée sans doute de la conception romaine de la propriété qui consiste notamment en un droit d'user et de disposer d'une chose, droit qui confère un pouvoir sur elle), la figure contractualiste du pouvoir (qui fait du pouvoir politique le produit d'un accord des volontés à l'époque moderne), l'idée de la localisation du pouvoir (expliquant la constitution d'appareils d'État), le rapprochement établi entre pouvoir et idéologie (Marx, Althusser), la réduction du pouvoir à un système de domination d'une classe sociale sur une autre (Marx) et enfin, c'est ce qui nous intéresse ici, l'idée marxiste selon laquelle le pouvoir politique et social est subordonné à une structure économique que caractérise l'accumulation du capital[33]. L'analyse de la microphysique du pouvoir menée par Foucault révèle quelle est la modalité prise par la dimension économique des « appareils de séquestration »[34]. Le pouvoir n'est plus considéré comme la « garantie du mode de production »[35] qui permet son maintien et sa reproduction ; le pouvoir est perçu comme étant « constitutif » de la structure économique elle-même. Tandis que *Peine et structure sociale* s'efforce de montrer, dans le droit fil de la pensée de Marx, comment des paramètres économiques transforment, à travers les systèmes punitifs, « la force de travail des individus en force productive », Foucault dégage un phénomène préalable qui oblige à reconsidérer cette hypothèse. Il appert que la structure de pouvoir qui est centrée sur la discipline et « qui prend la forme de la séquestration a pour but de transformer, *avant ce stade*, le temps de la vie en force de travail »[36]. Ainsi, Foucault fait ressortir, dans le détail, l'imbrication des mécanismes du pouvoir et des orientations capitalistes de l'économie à travers l'étude de la discipline et de la surveillance. En rapprochant étroitement le pouvoir social et politique de la structure économique, la lecture des théoriciens de Francfort aurait manqué la dernière strate explicative du système de répression actuel.

La discipline fabrique des corps dociles, selon Foucault, et cela en parvenant à concilier les objectifs apparemment contraires de l'économie, qui veut majorer les forces des corps[37], *et* du politique, qui veut diminuer les forces des corps. La contrainte disciplinaire réussit donc à canaliser l'utilité des corps en vue de leur obéissance. Foucault peut déceler comment la discipline, qui ne peut être saisie par une approche purement économique mais suppose de revenir sur la coévolution du pouvoir et des savoirs scientifiques (en particulier des sciences humaines, telles que la psychiatrie), met l'économie au service de la tactique politique, de l'art de gouverner. La discipline permet un accroissement « économique » même

---

33. *Ibid.*, p. 230-240.
34. *Ibid.*, p. 235.
35. *Ibid.*
36. *Ibid.* (je souligne).
37. M. Foucault, *Surveiller et punir, op. cit.*, p. 140.

du pouvoir en augmentant son efficacité sur les âmes[38] grâce à des appareils de surveillance sophistiqués dont le parangon est le Panopticon[39] de Jeremy Bentham.

L'extension de la surveillance depuis le XVIIIe siècle permet d'accroître l'efficacité du pouvoir et de lier pleinement le pouvoir disciplinaire à l'économie[40]. Foucault définit la surveillance comme un « opérateur économique décisif »[41], dans la mesure où il est également essentiel au système de production et au pouvoir disciplinaire. Et, chose inattendue, le philosophe cite le *Capital* de Marx qui définit la fonction de surveillance comme étant une fonction du capital. *Surveiller et punir* mentionne donc Marx au moment précis où son approche du pouvoir invalide l'analyse marxiste. Car loin de faire du pouvoir un moyen du capitalisme, Foucault a montré que le pouvoir disciplinaire oriente la logique capitalistique vers ses propres fins.

Le second aspect qui est bien mis en valeur dans *Surveiller et punir*, par contraste avec la théorie néomarxiste des peines de *Peine et structure sociale*, est la raison d'être des prisons. Comme Foucault, Rusche et Kirchheimer se sont étonnés de l'expansion de la prison moderne au XIXe siècle. L'histoire des systèmes punitifs n'annonce par aucun signe avant-coureur que cette pratique parviendra à s'imposer ensuite sur les autres. Les théoriciens de l'École de Francfort soulignent que les limites et même l'échec de la prison ont été très vite commentés par des recherches variées sur la justice pénale. Ils ne cachent pas leur étonnement. En somme, pourquoi les prisons se sont-elles imposées comme la peine centrale à partir du XIXe siècle ?

Pour répondre à cette question, le motif économique de Rusche et Kirchheimer n'est pas entièrement satisfaisant. Contrairement à la maison de correction, notent-ils, la prison ne fournit plus de travail utile aux détenus afin de ne pas nuire à la production industrielle. L'emprisonnement viendrait alors réguler la paupérisation et le chômage d'une population trop nombreuse, et, d'un point de vue fonctionnel, il faciliterait le contrôle des gardiens. Ce sont donc des raisons négatives qui sont données par Rusche et Kirchheimer pour expliquer la généralisation de la prison comme type de peine central.

Les raisons exposées par Foucault sont plus convaincantes. Le modèle carcéral se serait inspiré d'institutions parapénales[42], telles que l'hôpital et l'école.

---

38. Une comparaison en passant. Dans *La dialectique de la raison* (*op. cit.*, p. 245), Adorno et Horkheimer affirment : « De même que, selon Tocqueville, les républiques bourgeoises – à la différence des monarchies – ne violentent pas le corps mais s'attaquent directement à l'âme, de même les châtiments qu'impose ce système attaquent l'âme. » Tout en constatant que l'âme est devenue la cible des prisons, ils tirent une autre conclusion que Foucault en adressant une critique à la modernité bourgeoise et à ses valeurs républicaines (illusoires).
39. Jeremy Bentham, *Ponoptique. Mémoire sur un nouveau principe pour construire des maisons d'inspection et nommément de maisons de force* (1791), Broché, 2012.
40. M. Foucault, *Surveiller et punir*, op. cit., p. 179.
41. *Ibid.*, p. 177.
42. M. Foucault, *Théories et institutions pénales. Cours au Collège de France. 1971-1972*, Seuil-Gallimard, 2015, p. 96.

En découvrant le développement de sociétés disciplinaires où le pouvoir passe par une surveillance constante et un savoir individualisant, Foucault dévoile une logique stratégique impersonnelle qui explique que l'emprisonnement cellulaire et l'architecture panoptique soient préférés à d'autres structures, et que la prison demeure prédominante malgré le constat de son échec. On comprend aussi comment l'individualisation des peines s'insère de façon naturelle dans une société disciplinaire à laquelle contribue le développement des sciences humaines : ce savoir, loin d'empêcher le discours moralisateur qui réduit l'être de l'individu à son acte criminel, prétend saisir l'identité psychologique du criminel selon les critères du normal et du pathologique et accroît l'extension insidieuse des processus de normalisation à ceux qui ont été classés comme anormaux. Par différence avec la raideur marxiste des deux théoriciens critiques de la société, Foucault montre comment s'opère, avec l'évolution des systèmes de pénalités, la transformation des assujettis sur lesquels s'exerce le pouvoir[43].

La lecture croisée de la théorie critique du régime pénal de Rusche et Kirchheimer et de *Surveiller et punir*, qui paraissent à trente ans d'écart dans des contextes semblables à la suite de mouvements de forte contestation des détenus, rend compte d'hypothèses différentes pour comprendre la généalogie des pratiques pénales : l'une est centrée sur les conditions économiques, l'autre sur l'évolution du pouvoir disciplinaire. De façon intéressante, il n'y a pas lieu de conclure que ces hypothèses s'excluent l'une l'autre, contrairement à ce que Foucault suggère. Dans la mesure où ces deux lignes d'analyse convoquent pareillement le matériau historique et conçoivent l'étude des techniques punitives en rapport avec l'évolution des structures sociales, il semble possible de les combiner. Et dans la mesure où elles éclairent chacune certaines évolutions des systèmes pénaux mieux que d'autres, il s'avère en outre fécond d'essayer de les associer. Rappelons à ce sujet que si la transition vers la prison est incontestablement mieux saisie par la thèse foucaldienne (qui en avait fait d'emblée son objet), la persistance de certaines peines comme les amendes oblige à retenir également des éléments d'explication fournis par des motifs économiques et fiscaux.

J'aimerais, pour terminer, revenir sur la question de l'échec de la prison qui est soutenue avec autant de vigueur par Rusche et Kirchheimer que par Foucault. Les deux études sont d'accord pour reconnaître que le système pénal parvient à une absurdité qui a été résumée en ces termes dans un des articles de Rusche : « Une société ne peut assigner au régime des peines le but précis d'encourager le crime. »[44] S'ils notent de la même manière que les prisons, au lieu de dissuader la criminalité, contribuent à la faire prospérer, force est de constater que les théoriciens francfortois et Foucault ne désignent pas le même type d'échec.

D'après Rusche et Kirchheimer, le plus grave est que les modalités des peines, leur degré de sévérité ou leur durée, n'aient pas d'effet significatif sur le taux

---

43. *Cf.* les deux derniers chapitres de *Surveiller et punir*, *op. cit.*, p. 261-315.
44. G. Rusche, « Marché du travail et régime des peines », *op. cit.*, p. 101.

de criminalité. *Peine et structure sociale* s'achève par un appel à la responsabilité sociale ; les auteurs accusent les sociétés modernes d'utiliser la répression comme une échappatoire à leurs propres maux et de se complaire dans une idéologie sécuritaire au lieu de mener une véritable politique sociale :

> « L'absurdité de peines lourdes et de traitements cruels pourrait être démontrée mille fois, tant que la société ne sera pas en mesure de résoudre ses problèmes sociaux, l'échappatoire de la répression sera acceptée, parce qu'elle dissimule les symptômes des maladies sociales sous un système de représentations morales et juridiques, créant ainsi une illusion de sécurité. »[45]

À propos de l'échec du système carcéral, *Surveiller et punir* ajoute des éléments supplémentaires en liant l'évolution de la prison-Panoptique à l'« infra-pénalité »[46] que constitue la discipline. Foucault renouvelle la question de la fabrication des délinquants par la prison, question déjà posée magistralement par Thomas More dans son *Utopie* : « Que faites-vous d'autre que de fabriquer vous-mêmes des voleurs que vous pendez ensuite ? »[47] Par rapport à cette question devenue classique, Foucault introduit un changement significatif. Il ne s'agit plus de savoir comment la production de la délinquance par la prison justifie sa répression tel un cercle vicieux infernal, il s'agit de comprendre *à quoi* sert le « système couplé prison-délinquant », et surtout *à qui* il sert.

La délinquance est définie par Foucault comme une forme d'illégalisme bien circonscrite que le pouvoir investit selon la modalité « punition-reproduction »[48]. Or, parmi toutes les formes d'illégalisme existantes, le nouveau mode du gouverner cible uniquement celle qui est susceptible de provenir d'individus appartenant aux classes populaires. La peur de la délinquance rejoint de la sorte la peur des révoltes politiques. La délinquance, dont la réalité et sa représentation ont été fabriquées par les sciences humaines et le pouvoir normalisateur, devient selon Foucault un instrument pour gérer l'ensemble des illégalismes. Et, tel un dernier coup de théâtre, avec une tonalité marxiste inattendue, *Surveiller et punir* s'achève en signalant que cette manière de se focaliser sur l'illégalisme populaire sert l'illégalisme de la classe dominante. Chose remarquable, la fin de *Surveiller et punir* retrouve une hypothèse marxiste de *Peine et structure sociale*, l'idée selon laquelle, selon les mots de Rusche et Kirchheimer, « le régime des peines cherche à dissuader les classes *inférieures* de devenir criminelles »[49]. Ainsi, par un effet de renversement, les traces persistantes d'un Marx écarté et refoulé refont surface

---

45. G. Rusche et O. Kirchheimer, *Peine et structure sociale, op. cit.*, p. 373.
46. M. Foucault, *Surveiller et punir, op. cit.*, p. 180.
47. T. More, *L'Utopie ou Le traité de la meilleure forme de gouvernement* (1516), Les classiques des sciences sociales, 1927, p. 17.
48. *Cf.* le chapitre « Illégalismes et délinquance », *in* M. Foucault, *Surveiller et punir, op. cit.*, p. 261-299.
49. G. Rusche et O. Kirchheimer, *Peine et structure sociale, op. cit.*, p. 103 (je souligne).

dans les dernières pages de *Surveiller et punir*[50]. Au sujet des systèmes de pénalités, la dette de Foucault envers les thèmes marxistes paraît donc plus grande qu'il ne le prétend à la lumière de cette confrontation avec le livre de Rusche et Kirchheimer. Étant donné ces passerelles implicites jetées par Foucault lui-même, les dernières raisons qui motivaient l'exclusivité d'une ligne d'analyse (foucaldienne ou marxiste) pour rendre compte des systèmes des peines ne peuvent que s'évanouir.

---

50. Même s'il serait très tentant de qualifier ce geste de « marxisme hétérodoxe » (certes différent de celui d'Althusser), le terme paraît excessif : la présence d'un motif ne justifie pas pour autant une ligne systématique. Sur cette question, *cf.* J. Revel, « Foucault, marxiste hérétique ? Histoire, subjectivation et liberté », *in* C. Laval, L. Paltrinieri et F. Taylan (dir.), *Marx et Foucault. Lectures, usages, confrontations*, La Découverte, 2015, p. 154-172.

LA TECHNOLOGIE POLITIQUE DU CORPS ET L'EFFET IDÉOLOGIQUE

Orazio IRRERA
*Maître de conférences en philosophie
à l'Université Paris 8 Vincennes-Saint-Denis*

La publication de *Surveiller et punir* en 1975 est, entre autres, l'énième occasion que Foucault a de préciser la spécificité de son angle d'attaque sur la question du pouvoir, en s'écartant par le même geste de certaines perspectives théoriques et politiques très répandues à l'époque. Ainsi, cette étude sur l'émergence de la forme prison donne à Foucault l'opportunité de revenir sur les thèses de Louis Althusser autour de l'idéologie qui avaient déjà fait l'objet de certaines réserves dans son livre précédent de 1969, *L'archéologie du savoir*. Foucault s'y engageait à critiquer la coupure épistémologique science/idéologie (« une science est la connaissance de sa préhistoire idéologique d'où elle sort par coupure »[1]) pour affirmer l'autonomie des règles de formation internes à tout discours scientifique. Certes, il s'agissait d'une autonomie relative dès lors qu'une pratique discursive produit ses effets aussi dans un domaine non-discursif où le discours scientifique et l'idéologie peuvent de fait entrer en relation, sans que cela implique que la seconde puisse expliquer les mécanismes de formation et de fonctionnement internes au discours, ce qui amenait Foucault à affirmer que « l'idéologie n'est pas exclusive de la scientificité »[2]. Malgré cette critique de la coupure science/idéologie, il semblait encore possible à Foucault de réserver un rôle à l'idéologie, entendue comme une pratique discursive, rôle qu'elle aurait joué précisément « là où la science se découpe sur le savoir »[3].

---

1. L. Althusser, « Sur la dialectique matérialiste » (1963), *in Pour Marx*, Maspero, 1965, p. 168 : « [L]a pratique théorique d'une science se distingue toujours nettement de la pratique théorique idéologique de sa préhistoire : cette distinction prend la forme d'une discontinuité "qualitative" théorique et historique, que nous pouvons désigner, avec Bachelard, par le terme de "coupure épistémologique" […], c'est-à-dire du travail de transformation théorique spécifique qui l'instaure dans chaque cas, qui fonde une science en la détachant de l'idéologie de son passé, et en révélant ce passé comme idéologique. » La dernière partie de ce passage est reprise par M. Foucault, *L'archéologie du savoir*, Gallimard, 1969, p. 13.
2. M. Foucault, *L'archéologie du savoir*, *op. cit.*, p. 242.
3. *Ibid.*, p. 241. Ce passage est explicité de manière plus claire dans son cours de Vincennes sur la sexualité de la même année. *Cf.* M. Foucault, *Le discours de la sexualité*.

Comme on le sait, l'année suivant la publication de *L'archéologie du savoir*, Althusser propose une élaboration théorique bien plus sophistiquée (quoiqu'également problématique) du concept d'idéologie dans son célèbre article sur « Idéologie et appareils idéologiques d'État »[4]. En dépit de cette nouvelle formulation, cinq ans plus tard, dans *Surveiller et punir*, la notion d'idéologie est définitivement récusée par Foucault, puisqu'elle demeurerait incapable d'atteindre l'un des buts de ce livre : « une histoire corrélative de l'âme moderne et d'un nouveau pouvoir de juger »[5]. C'est précisément à partir de l'entrée de l'âme sur la scène de la justice pénale que Foucault élabore sa nouvelle critique de la conception althussérienne de l'idéologie, en interrogeant et en récusant la manière même de concevoir le processus de subjectivation ou d'assujettissement visant à fabriquer cette âme. La question de l'âme apparaît dans *Surveiller et punir* là où il s'agit d'expliquer pourquoi et comment, au cours du XVIIIe siècle, « sous la douceur accrue des châtiments, on peut [...] repérer un déplacement de leur point d'application »[6]. En effet, on passe des formes plus sévères de punition suppliciant le corps à des pratiques pénales beaucoup plus douces et respectueuses qui, pourtant, s'adressent à une cible différente dont la nature serait celle d'un incorporel :

> « À l'expiation qui fait rage sur le corps doit succéder un châtiment qui agisse en profondeur sur le cœur, la pensée, la volonté, les dispositions. Une fois pour toutes, Mably a formulé le principe : "Que le châtiment, si je puis ainsi parler, frappe l'âme plutôt que le corps." Moment important. Les vieux partenaires du faste punitif, le corps et le sang, cèdent la place. Un nouveau personnage entre en scène, masqué. »[7]

Un des objectifs principaux de *Surveiller et punir* est alors celui de retracer une généalogie de cette âme, généalogie qui, d'une part, devra éviter « de voir en cette âme les restes réactivés d'une idéologie » et de « dire que l'âme est une illusion, ou un effet idéologique »[8] et, de l'autre, ne devra pas correspondre à la « technologie de l'"âme" » dont ont parlé les éducateurs, les psychologues et les psychiatres[9]. À l'âme comme effet idéologique il faut donc opposer l'âme comme « le corrélatif actuel d'une certaine technologie du pouvoir sur le corps ». En même temps, il conviendra de circonscrire le rôle de cette « technologie de l'"âme" » en la subordonnant à une « technologie du pouvoir sur le corps » qu'elle « ne parvient ni à masquer ni à compenser, pour la bonne raison qu'elle n'en est

---

Cours de Vincennes (1969), Bibliothèque nationale de France, Fonds Michel Foucault, boîte LI, chemise 1, fol. 25.
4. *Cf.* L. Althusser, « Idéologie et appareils idéologiques d'État » (1970), in *Sur la reproduction*, PUF, 1995, p. 269-314.
5. M. Foucault, *Surveiller et punir. Naissance de la prison*, Gallimard, 1975, p. 27.
6. *Ibid.*
7. *Ibid.*, p. 22.
8. *Ibid.*, p. 34.
9. *Ibid.*, p. 35.

qu'un des outils » – ce que Foucault résume par la célèbre formule « l'âme est la prison du corps »[10].

Néanmoins, ces oppositions renvoient à une critique de la conception de l'idéologie qu'Althusser avait réélaborée dans son article de 1970. Cet article avait par ailleurs déjà fait l'objet de la critique de Foucault lors des cours au Collège de France qui ont constitué une sorte de « laboratoire » pour *Surveiller et punir*. Afin de saisir le sens des passages qu'on vient d'évoquer, il est utile de reconstruire la manière dont la critique de l'idéologie althussérienne se branche sur la recherche de Foucault visant à retracer comment l'institution de la prison et, avec elle, l'institution de la pratique de l'enfermement en tant que forme majeure de punition se sont affirmées à partir du début du XIXe siècle.

I. LA TECHNOLOGIE DE L'ÂME

En quel sens, en tant que discours des éducateurs, des psychologues et des psychiatres, cette technologie est-elle idéologique ? Pour le découvrir, il faut sortir du premier chapitre de la première partie de *Surveiller et punir* (« Le corps du condamné ») et explorer la transition entre le premier et le deuxième chapitre de la deuxième partie où, à partir du problème du quadrillage des illégalismes en vue de la généralisation et délimitation de la fonction punitive, Foucault remarque :

> « L'objectivation du criminel hors la loi, homme de nature, n'est encore qu'une virtualité, une ligne de fuite, où s'entrecroisent les thèmes de la critique politique et les figures de l'imaginaire. Il faudra attendre longtemps pour que l'*homo criminalis* devienne un objet défini dans un champ de connaissance. »[11]

Avant que l'*homo criminalis* remplace l'âme, au XVIIIe siècle il y a donc encore dans le discours juridique autour des punitions la permanence de ce que Foucault appelle « une sorte de recette générale pour l'exercice du pouvoir sur les hommes »[12]. Cette recette, au lieu de trouver dans le corps son champ principal d'application, le trouve plutôt dans l'esprit, ou mieux – faudrait-il dire –, dans la traditionnelle primauté de l'esprit sur le corps et dans l'ordre des rapports que cette primauté implique :

> « [L]'"esprit" comme surface d'inscription pour le pouvoir, avec la sémiologie pour instrument ; la soumission des corps par le contrôle des idées ;

---

10. *Ibid.* Sur ce point, *cf.* W. Montag, « Althusser and Foucault. Apparatuses of Subjection », in *Althusser and His Contemporaries. Philosophy's Perpetual War*, Duke University Press, 2013, p. 141-170.
11. M. Foucault, *Surveiller et punir, op. cit.*, p. 104.
12. *Ibid.*, p. 105.

l'analyse des représentations, comme principe dans une politique des corps bien plus efficace que l'anatomie rituelle des supplices […]. Écoutons encore une fois Servan : il faut que les idées de crime et de châtiment soient fortement liées et "se succèdent sans intervalle… Quand vous aurez ainsi formé la chaîne des idées dans la tête de vos citoyens, vous pourrez alors vous vanter de les conduire et d'être leurs maîtres…". »[13]

Ainsi, le thème de la technologie de l'âme prend la forme plus précise d'une « sémiotechnique punitive » et, en même temps, « l'art de punir doit donc reposer sur toute une technologie de la représentation »[14]. C'est ici que Foucault joue un peu avec les mots et, à partir de la considération – ou du prétexte – que ce discours, au fond, est celui des Idéologues[15], il finit pour désigner cette sémiotechnique des punitions comme un « pouvoir idéologique »[16]. Mais derrière cette référence, il est aisé de saisir aussi la référence à l'idéologie d'Althusser, ou plus précisément – et il s'agit de la première difficulté de cette critique foucaldienne de l'idéologie –, à une notion d'idéologie comme simple « système de représentations » qu'Althusser avait offerte en 1963 dans son article « Marxisme et humanisme »[17], et qui sera pourtant considérablement réélaborée et complexifiée dans son article de 1970 « Idéologie et appareils idéologiques d'État ». Dans le passage que l'on vient de citer, ce qui semble préoccuper Foucault est donc moins le dialogue théorique avec les dernières élaborations d'Althusser au sujet de l'idéologie qu'une autre question d'ordre généalogique et politique, c'est-à-dire quelque chose qui avait affaire à son présent où le type de position politique s'appuyant encore sur cette première définition de l'idéologie d'Althusser était encore assez répandu et en ce sens faisait problème. Cela est attesté de manière éclairante par un entretien paru en 1977, donc juste deux ans après *Surveiller et punir*, où Foucault critique :

> « une tendance qui, elle, est commune aux institutions, aux partis, à tout un courant de la pensée et de l'action révolutionnaires et qui consiste à ne voir le pouvoir que dans la forme et les appareils de l'État. Ce qui conduit, quand

---

13. *Ibid.*
14. *Ibid.*, p. 106.
15. Remarquons au passage que les sources dont Foucault se sert pour justifier cette attribution sont antérieures d'au moins une trentaine d'années par rapport à la constitution de la Société des Idéologues (à titre d'exemple, l'ouvrage de Servan date de 1767). Il s'agit donc ici moins d'une considération d'ordre historique que d'une ressemblance morphologique ou d'un antécédent conceptuel.
16. M. Foucault, *Surveiller et punir, op. cit.*, p. 105.
17. L. Althusser, « Marxisme et humanisme » (1963), in *Pour Marx, op. cit.*, p. 238 : « Une idéologie est un système (possédant sa logique et sa rigueur propres) de représentations (images, mythes, idées ou concepts selon les cas) doué d'une existence et d'un rôle historiques au sein d'une société donnée. Sans entrer dans le problème des rapports d'une science à son passé (idéologique), disons que l'idéologie comme système de représentations se distingue de la science en ce que la fonction pratico-sociale l'emporte en elle sur la fonction théorique (ou fonction de connaissance). »

on se tourne vers les individus, à ne plus trouver le pouvoir que dans leur tête (sous forme de représentation, d'acceptation, ou d'intériorisation). »[18]

Voilà le premier point problématique de cette critique de l'idéologie qui se trouve pour ainsi dire détournée, comme dans une sorte d'écart, de décalage, entre l'objectif de la généalogie et celui de la critique théorique : en faisant semblant de vouloir s'adresser à la conception la plus sophistiquée et actuelle de l'idéologie qu'Althusser avait déjà offerte, cette critique s'adresse plutôt aux positions politiques auxquelles une première version de la conception de l'idéologie semblait être associée et dont Althusser, malgré tout, resterait, pour ainsi dire, l'ancêtre théorico-politique.

II. L'EFFET IDÉOLOGIQUE

Passons maintenant à la deuxième figure conceptuelle que Foucault utilise pour critiquer l'idéologie, et notamment pour opposer l'investissement politique du corps et l'âme comme « effet idéologique ». Cette opposition se focalise sur le statut du sujet et du processus de subjectivation, et Foucault y revient de manière plus directe dans un autre entretien, paru cette fois en 1975 (la même année que *Surveiller et punir*), s'intitulant « Pouvoir et corps ». Foucault y affirme :

> « [J]e ne suis pas de ceux qui essaient de cerner les effets de pouvoir au niveau de l'idéologie. Je me demande en effet si, avant de poser la question de l'idéologie, on ne serait pas plus matérialiste en étudiant la question du corps et des effets du pouvoir sur lui. Car, ce qui me gêne dans ces analyses qui privilégient l'idéologie, c'est qu'on suppose toujours un sujet humain dont le modèle a été donné par la philosophie classique et qui serait doté d'une conscience dont le pouvoir viendrait s'emparer. »[19]

Cette manière de penser le sujet de l'assujettissement se trouve développée et ultérieurement éclairée dans le premier chapitre de *Surveiller et punir* d'où nous sommes partis, où la question est d'élucider les rapports entre savoir et pouvoir dont consiste une technologie politique du corps. Foucault y observe :

> « Ces rapports de "pouvoir-savoir" ne sont donc pas à analyser à partir d'un sujet de connaissance qui serait libre ou non par rapport au système du pouvoir ; mais il faut considérer au contraire que le sujet qui connaît, les objets à connaître et les modalités de connaissance sont autant d'effets de ces implications fondamentales du pouvoir-savoir et de leurs transformations

---

18. M. Foucault, « Non au sexe du roi » (1977), *in Dits et écrits II, 1976-1988*, Gallimard, 2001, p. 264.
19. M. Foucault, « Pouvoir et corps » (1975), *in Dits et écrits I, 1954-1975*, Gallimard, 2001, p. 1624.

historiques. En bref, ce n'est pas l'activité du sujet de connaissance qui produirait un savoir, utile ou rétif au pouvoir, mais le pouvoir-savoir, les processus et les luttes qui le traversent et dont il est constitué, qui déterminent les formes et les domaines possibles de la connaissance. »[20]

Il s'agit d'un type de critique que l'on ne comprendrait guère sans considérer que cette critique du sujet de la connaissance et de la coupure épistémologique apparaît à la fin des années 1960 déjà, donc même avant la publication d'« Idéologie et appareils idéologiques d'État ». En 1969, lors du cours de Vincennes sur la sexualité, Foucault remarque que l'idéologie « n'est pas une affaire de conscience ni, non plus, de science » ou encore « qui n'a pas son lieu dans une conscience, ni son point de référence dans un sujet [...]. Il faut donc démolir avec le plus grand soin l'idée que l'idéologie, c'est une sorte de grande représentation collective qui constitue, par rapport à la pratique scientifique, son extériorité et son obstacle, et dont la pratique scientifique devrait se détacher par une *coupure* »[21].

Si les rapports entre la coupure épistémologique et le savoir seront, comme on l'a déjà dit, ultérieurement repris dans *L'archéologie du savoir*, la question de la critique d'inspiration nietzschéenne du sujet de la connaissance, qui par nature tendrait librement à la contemplation de la vérité, introduit Foucault dans un ordre plus complexe de problèmes que ceux soulevés par une simple conception représentationnelle de l'idéologie. En particulier, à l'égard de l'idée de matrice lacanienne formulée par Althusser dans « Idéologie et appareils idéologiques d'État », selon laquelle la reconnaissance idéologique d'un sujet en tant que tel ne serait possible que sur fond d'une méconnaissance du processus qui le constitue comme sujet ; ce qui pour Foucault semble encore contestable, en dépit des nouvelles formulations d'Althusser, c'est que sortir de cette méconnaissance « n'est possible que sous la rétrospection d'une connaissance non idéologique »[22], c'est-à-dire d'une connaissance scientifique.

C'est justement ce genre de réserves que Foucault continuera à faire jouer dans les cours au Collège de France qui ont précédé et préparé *Surveiller et punir* et, plus précisément, dans la référence aux effets idéologiques dont nous sommes partis. Ainsi, dans la leçon du 8 mars 1972 de *Théories et institutions pénales*, Foucault propose d'opposer aux « effets de l'idéologie » des « effets de savoir » et de montrer comment ce qui était pensé comme idéologique opérerait en réalité sous le grand soleil de la vérité, à l'intérieur des rapports entre savoir et pouvoir, donc sans aucun besoin de ce renvoi à une dimension cachée ou méconnue. Dans la leçon du 28 mars 1973 de *La société punitive*, Foucault s'arrête en revanche sur le schéma « selon lequel le pouvoir ne peut produire dans

---

20. M. Foucault, *Surveiller et punir, op. cit.*, p. 32.
21. M. Foucault, *Le discours de la sexualité, op. cit.*, fol. 25-26.
22. L. Althusser, « Conjoncture philosophique et recherche théorique marxiste » (1966), in *Écrits philosophiques et politiques II*, Stock-IMEC, 1995, p. 409.

l'ordre de la connaissance que des effets idéologiques, c'est-à-dire que le pouvoir ou bien fonctionne de façon muette à la violence, ou bien de façon discursive et bavarde à l'idéologie »[23]. Il s'agit à peu près de la même ligne argumentative que Foucault développera dans *Surveiller et punir*[24].

Cette permanence des réserves liées à la conception althussérienne de la coupure épistémologique tout au long de la première moitié des années 1970 semble cependant témoigner d'un problème qu'Étienne Balibar n'a pas manqué de relever. En effet, en critiquant Althusser, Foucault ne semble pas considérer que celui-ci avait déjà publié des textes visant à se démarquer de l'idée de la coupure épistémologique et à politiser davantage le rapport de l'idéologie à l'histoire[25]. De ce point de vue, une critique conséquente de l'idéologie devrait prendre pour cible moins le « théoricisme » d'Althusser que la question de la matérialité de l'idéologie, posée à partir d'« Idéologie et appareils idéologiques d'État ».

III. LA MATÉRIALITÉ DE L'IDÉOLOGIE

Le fait même de parler d'« effet idéologique » présuppose d'ailleurs qu'on se réfère préalablement à une série d'opérations ou de pratiques propres à l'idéologie dont l'issu serait au juste un effet idéologique. Il s'agit de « pratiques » ou d'« opérations » dans la mesure où elles transforment le réel et accordent par là-même à l'idéologie un certain statut de matérialité – le même « matérialisme » que, non sans ironie, Foucault revendiquait dans l'entretien « Pouvoir et corps » pour la simple raison qu'il privilégie les effets de pouvoir sur les corps plutôt que ceux qui s'exerceraient au niveau de l'idéologie. Or, à ce propos, il faut remarquer que, depuis le début des années 1970, il est difficile d'affirmer que la production du sujet chez Althusser ne prend nullement en considération ce qui se passe au niveau du corps. Dans son article « Idéologie et appareils idéologiques d'État », en effet, l'idéologie ne renvoie pas – ou, du moins, pas seulement – à un simple système de représentations empêchant le sujet d'atteindre une vérité qui, quant à elle, se cacherait au-dessous de ce système et ne serait atteignable que grâce à la pratique scientifique.

Le type de sujet auquel Althusser se réfère n'est plus, ou mieux, est moins le sujet de connaissance impliqué par la coupure épistémologique qu'un sujet produit, quoique de façon encore très problématique, par l'articulation du côté représentationnel et imaginaire de l'idéologie sur le côté matériel. Dans cette

---

23. M. Foucault, *La société punitive. Cours au Collège de France. 1972-1973*, Seuil-Gallimard, 2013, p. 236.
24. M. Foucault, *Surveiller et punir, op. cit.*, p. 31-34.
25. É. Balibar, « Lettre à l'éditeur du cours », *in* M. Foucault, *Théories et institutions pénales. Cours au Collège de France. 1971-1972*, Seuil-Gallimard, 2015, p. 285-289.

articulation, le corps est un élément qui est bien loin de disparaître de la scène. En effet, si l'on analyse de près ce texte, on remarquera que si, d'une part, l'idéologie représente le rapport imaginaire des individus à leurs conditions réelles d'existence, de l'autre, l'idéologie est *aussi* matérielle, et non simplement spirituelle ou représentationnelle, dans la mesure où elle n'existe que sous la forme matérielle de pratiques, de conduites ou de dispositions socialement instituées, donc des rituels mis en place par les appareils idéologiques d'État.

Comme Althusser l'expliquera quelques années plus tard dans ses *Éléments d'autocritique*, une telle conception recoupe exactement la théorie du premier genre de connaissance de Spinoza, qui « refusait de tenir l'idéologie pour simple erreur ou ignorance nue, puisqu'elle fondait le rapport de cet imaginaire sur le rapport des hommes au monde [qui était] "exprimé" par l'état de leur corps »[26]. Ce détour par Spinoza, nécessaire à Althusser pour avancer la théorie d'un « matérialisme de l'imaginaire » qui serait au cœur de la matérialité de l'idéologie, finit par remettre sur le devant de la scène l'élément du corps que, d'après Foucault, Althusser négligerait. Par là, au sein de cette perspective idéologique, la matérialité des idées et des représentations d'un sujet dépend d'un corps inséré dans un ensemble de pratiques matérielles qui sont organisées par un appareil lui aussi matériel comme le sont les appareils idéologiques d'État.

Ainsi, du point de vue d'Althusser, le fait de maintenir le corps à l'intérieur d'une conception matérialiste de l'idéologie réduirait somme toute la divergence de perspective avec Foucault, comme l'atteste un passage tiré d'un inédit intitulé « Que faire ? » et composé vers 1978, où Althusser observe qu'il faut comprendre l'idéologie dans son activité de corps, donc même dans les corps. Dans une note de bas de page, Althusser ajoute encore plus explicitement que « [cela] Foucault l'a bien démontré, mais à travers un langage théorique différent qui évite de poser le problème de l'État, et donc même des Appareils Idéologiques d'État, et donc de l'idéologie »[27].

Par cette remarque, Althusser touche sans doute un des points les plus importants de sa tension théorique et politique avec Foucault. En effet, en 1970, par la question de la matérialité de l'idéologie et des pratiques qui opèrent son inscription dans le réel, Althusser posait un problème que Foucault lui-même (en termes, certes, différents) se posait, à savoir celui de comment articuler le discursif et le non-discursif, ou encore celui de la manière dont le savoir s'inscrit et fonctionne à l'intérieur du pouvoir, dans la matérialité de ses pratiques. Il va de soi que le rapport imaginaire des hommes à leurs conditions d'existence est bien différent de l'ensemble d'éléments discursifs du savoir pris dans leur

---

26. L. Althusser, « Éléments d'autocritique » (1972), *in Solitude de Machiavel*, PUF, 1998, p. 184-185.
27. L. Althusser, « Que faire ? » (1978), manuscrit inédit, p. 10, cité *in* F. Raimondi, *Il custode del vuoto. Contingenza e ideologia nel materialismo radicale di Louis Althusser*, Ombre corte, 2011, p. 177.

hétérogénéité. Néanmoins, aussi bien l'effet idéologique que les effets de savoir (mentionnés, comme on l'a vu, dans *Théories et institutions pénales*) posent le problème des pratiques qui les inscrivent dans le réel. Comme l'observait Althusser, ce qui est différent est plutôt la manière de penser cette matérialisation, ce qu'opère une telle matérialisation (et cela ne se limite pas à une simple affaire de « langage théorique », puisqu'il présente de nombreuses implications politiques).

Or, ce qui peut paraître surprenant, c'est qu'avant de récuser définitivement et énergiquement cette notion, dans son cours de Vincennes de 1969, Foucault lui-même tentait encore de penser l'articulation du discursif et du non-discursif en termes d'idéologie. Certes, il ne s'agissait pas de la même conception d'Althusser (qui faisait d'ailleurs déjà l'objet d'une critique), mais tout de même d'une « pratique de classe » qui, face à des éléments hétérogènes (discursifs et non-discursifs), visait à « montrer comment l'idéologie fait fonctionner ces éléments et les met en rapport. L'idéologie, c'est le système fonctionnel des éléments »[28].

IV. LES APPAREILS D'ÉTAT ET LA TECHNOLOGIE POLITIQUE DU CORPS

Cette attention pour la disposition organisée d'éléments divers autour et en vue d'un fonctionnement déterminé qui permet à des éléments discursifs de produire des effets non-discursifs (et vice-versa), donc de se matérialiser d'une manière encore plus évidente que celle d'une simple matérialité énonciative (la matérialité des choses dites), montre combien cette définition d'idéologie, avec tous ses codages particuliers, se rapproche de celle d'un appareil (ce qu'ensuite Foucault préférera désigner comme « dispositif »). C'est pourquoi la différence entre ces deux manières de penser la matérialisation porte moins sur l'appareil en soi que sur le fait que cette matérialisation s'opère, selon Althusser, par l'État et dans le cadre de l'État. Ce que Foucault cherche alors à mettre en discussion est le rôle de l'État en tant qu'opérateur privilégié de matérialisation. Cela est évident dans la leçon du 28 mars 1973 de *La société punitive*, où Foucault formule quatre schémas théoriques pour penser le pouvoir qu'il récuse ensuite soigneusement car ils seraient inadéquats pour expliquer la diffusion de l'institution carcérale. Ces schémas se réfèrent tous, plus ou moins directement, aux thèses avancées par Althusser dans « Idéologie et appareils idéologiques d'État », et c'est justement le rôle de l'État qui y est mis en question sur fond de considérations que Foucault reprendra par la suite, même dans *Surveiller et punir*.

Premièrement, Foucault critique le schéma de l'appropriation du pouvoir, selon lequel une classe dominante possède le pouvoir, ce qui veut dire aussi

---

28. M. Foucault, *Le discours de la sexualité, op. cit.*, fol. 15.

– du moins implicitement – que le pouvoir ne peut faire l'objet d'aucune prise de la part d'une classe. L'espace où le pouvoir se joue est toujours plus large que celui qui peut être exercé à partir d'une prise du pouvoir étatique. Deuxièmement, Foucault refuse de localiser le pouvoir dans des appareils d'État (c'est bien entendu là que sa critique à Althusser est la plus manifeste) : « [L]'appareil d'État est une forme concentrée, ou encore une structure d'appui, d'un système de pouvoir qui va bien au-delà et bien plus profond. Ce qui fait que, pratiquement, ni le contrôle ni la destruction de l'appareil d'État ne peuvent suffire à transformer ou à faire disparaître un certain type de pouvoir, celui dans lequel il a fonctionné. »[29] Troisièmement, Foucault critique le schéma de la subordination, selon lequel le pouvoir consiste à reproduire un mode de production. Au contraire, d'après lui, « le pouvoir est un des éléments constituants du mode de production et il fonctionne au cœur de ce dernier »[30]. Pour élucider ce point, Foucault se sert de la notion d'appareil, mais il ne s'agit pas des appareils d'État : ce sont plutôt des « appareils de séquestration, qui ne sont pas tous liés, loin de là, à un appareil d'État, mais qui, tous, que ce soient des caisses de prévoyance, des usines-prisons, des maisons de correction, jouent à un certain niveau, qui n'est pas celui de la garantie donnée au mode de production, mais bien celui de sa constitution »[31]. Ces appareils ouvrent donc la voie à ce que par la suite Foucault abordera en termes de discipline. Enfin, quatrièmement, Foucault critique le schéma de l'idéologie, « selon lequel le pouvoir ne peut produire dans l'ordre de la connaissance que des effets idéologiques, c'est-à-dire que le pouvoir ou bien fonctionne de façon muette à la violence, ou bien de façon discursive et bavarde à l'idéologie »[32]. En d'autres termes, la distinction althussérienne entre Appareil Répressif d'État et Appareils Idéologiques d'État n'a pour Foucault aucune raison d'exister.

La question du pouvoir telle qu'elle est traitée dans *La société punitive* est centrale car la matérialité des pratiques inscrivant le savoir dans la réalité est assurée non pas par l'État, comme chez Althusser, mais par la conflictualité belliqueuse et permanente d'inspiration nietzschéenne que l'on retrouve dans la grande multiplicité de « micro-instances » traversant sans cesse l'espace social, qu'il s'agisse de la famille, des communautés religieuses, des associations ouvrières et syndicales, etc. Par cette perspective sur le pouvoir fortement influencée par Nietzsche, Foucault continue à penser l'articulation du discursif et du non-discursif, l'agencement de matrices épistémologiques et de matrices juridico-politiques, les rapports entre savoir et pouvoir qui « passent à travers

---

29. M. Foucault, *La société punitive*, op. cit., p. 233.
30. *Ibid.*, p. 234. *Cf.* aussi J. Pallotta, « L'effet-Althusser sur Foucault : de la société punitive à la théorie de la reproduction », *in* Ch. Laval, L. Paltrinieri et F. Taylan (dir.), *Marx et Foucault. Lectures, usages, confrontations*, La Découverte, 2015, p. 132-133.
31. M. Foucault, *La société punitive*, op. cit., p. 234.
32. *Ibid.*, p. 236.

les corps » et exercent leurs effets à travers des mailles plus fines que celles des appareils d'État, et sans que cela dépende du jeu des intérêts des classes et des idéologies qui les expriment. C'est cette position que l'on retrouvera finalement dans *Surveiller et punir* où, au lieu d'une matérialisation assurée par les appareils d'État, apparaît plutôt ce que Foucault désigne comme une « technologie politique du corps » :

> « [O]n ne saurait localiser [cette technologie politique du corps] ni dans un type défini d'institution, ni dans un appareil étatique. Ceux-ci ont recours à elle ; ils utilisent, valorisent ou imposent certains de ses procédés. Mais elle-même dans ses mécanismes et ses effets se situe à un niveau tout autre. Il s'agit en quelque sorte d'une microphysique du pouvoir que les appareils et les institutions mettent en jeu, mais dont le champ de validité se place en quelque sorte entre ces grands fonctionnements et les corps eux-mêmes avec leur matérialité et leurs forces. »[33]

Dans ce passage, on voit comment la dimension où un savoir se matérialise en produisant des effets d'ordre extra-discursif reprend la question de la différence d'échelle par rapport à l'État que l'on trouvait dans les « micro-instances » du cours sur *La société punitive* et qui, dans *Surveiller et punir*, est présentée comme « microphysique du pouvoir ». En même temps, la question de la matérialisation est ici inscrite au sein d'une perspective qui conjugue les thèmes nietzschéens d'une volonté de vérité où la connaissance s'avère tramée de violence, toujours prise dans un rapport de forces, et de la *Zähmung*, du dressage, qui s'exerce directement sur le corps et sur ses éléments de naturalité. Cette forme paradoxale de matérialisation nietzschéenne, la « technologie politique du corps » qui replace les questions de la pénalité et de la punition dans un cadre plus large (celui des sociétés disciplinaires), où il s'agit de fixer le corps à un appareil de production et de transformer le temps de la vie en force de travail, anticipe d'ailleurs le thème plus général de la gouvernementalité, qui inscrit l'instance de la réflexion et de la rationalité au cœur de la pratique de gouvernement[34]. Si le corps est élu « à point d'application privilégié »[35] du pouvoir donnant lieu à ce que Foucault nommait, en 1974, « une somatocratie »[36], ce n'est pas à travers un rapport imaginaire exprimé par la disposition des corps qu'assure un appareil étatique, mais à partir d'une série de pratiques régies par une certaine rationalité investissant plus directement le corps.

---

33. M. Foucault, *Surveiller et punir, op. cit.*, p. 31.
34. Sur ce point, voir les riches analyses de Pierre Macherey sur le sujet productif. *Cf.* P. Macherey, *Le sujet de normes*, Éditions Amsterdam, 2014, p. 149-212.
35. M. Foucault, *Le pouvoir psychiatrique. Cours au Collège de France. 1973-1974*, Seuil-Gallimard, 2003, p. 15 : « Ce qu'il y a d'essentiel dans tout pouvoir, c'est que son point d'application, c'est toujours, en dernière instance, le corps. »
36. M. Foucault, « Crise de la médecine ou crise de l'antimédecine ? » (1976), *in Dits et écrits II, op. cit.*, p. 43.

CONCLUSION :
LANGAGE THÉORIQUE ET CONSÉQUENCES POLITIQUES

Ces différences de perspectives ne se réduisent pourtant pas seulement à une différence de « langage théorique », comme le pensait Althusser. Ce qui était clair pour Foucault en 1969 déjà, lors de son cours de Vincennes sur la sexualité, c'était que « la lutte idéologique ne peut pas être une lutte simplement théorique, au niveau des idées vraies », mais qu'elle est plutôt « une affaire de pratique sociale »[37] – une pratique sociale qui déborde le champ étatique et qui, d'après Foucault, rend inutile voire dangereuse la prise de l'État qui constituait la cible de plusieurs formations marxistes de l'époque et qui, entre autres, faisait bien partie du marxisme-léninisme prôné par Althusser. Au lieu de viser la prise de l'État, Foucault pense qu'il convient d'orienter la lutte politique vers les espaces de la quotidienneté les plus ordinaires mais, de ce fait même, les plus politiques. Il s'agit de microsites où les corps des individus sont pris et traversés par des technologies de pouvoir dont la rationalité opère dans un espace matériel d'agencement de pratiques bien plus large que celui des appareils d'État, comme le précise le passage de l'entretien « Non au sexe du roi » cité plus haut.

Enfin, cette manière différente de penser la matérialité des pratiques concerne encore plus directement la subjectivité collective impliquée dans une lutte politique qui, pour Foucault, doit en finir avec tout rôle d'avant-garde (comme celui qui prétendait avoir le PCF) pour se constituer de manière plus provisoire mais non moins efficace autour d'objectifs concrets et à partir d'une transversalité et d'une hétérogénéité de positions dont le Groupe d'information sur les prisons, avec ses « Enquêtes-intolérance » visant à créer un savoir collectif immédiatement politique, était le témoignage le plus visible. C'est en ce sens qu'il convient de relire l'invitation de Foucault à se concentrer davantage sur les effets de savoir qui se matérialisent dans une technologie politique des corps plutôt que sur des effets idéologiques produits par des appareils étatiques. Il ne faut donc plus attendre une instance politique qui démasquerait le pouvoir dans la tête des gens « sous forme de représentation, d'acceptation ou d'intériorisation »[38], et qui ferait cesser la domination idéologique de classe à travers la prise des appareils d'État.

---

37. M. Foucault, *Le discours de la sexualité, op. cit.*, fol. 26. On remarquera la référence à la célèbre définition althussérienne de la philosophie comme « lutte de classe dans la théorie » qui circulait déjà avant de la retrouver en 1972-1973 dans *Réponse à John Lewis*. *Cf.* L. Althusser, *Réponse à John Lewis*, Maspero, 1973, p. 11.
38. M. Foucault, « Non au sexe du roi », *op. cit.*, p. 264.

SURVEILLANCE ET INDIVIDUALITÉ

Piergiorgio DONATELLI
Professeur de philosophie morale à l'Université « La Sapienza » de Rome

Dans cet article, je voudrais proposer quelques brèves considérations en marge du chef-d'œuvre de Michel Foucault, *Surveiller et punir*. On trouve ici, tout comme dans d'autres textes, notamment à partir des années 1970, une méthode fertile que je me borne à indiquer : Foucault nous offre une lecture du transfert de schémas réflexifs. Les matériaux d'où viennent ces schémas se répètent – ce sont les monastères, les écoles, les armées, les prisons, les mouvements de la reforme chrétienne, et d'autres encore – ; ce qui change, ce sont les schémas et la lecture de leur transfert d'une scène à l'autre. Le transfert de schémas n'indique pas une évolution des arrière-plans culturels, productifs, anthropologiques : nous n'avons pas affaire à des évolutions historiques. La compréhension que Foucault vise est le résultat de la présentation de toute une série de schémas confrontés entre eux et mis en lien avec la réalité actuelle en tant que pierre de touche, par exemple la réalité de la prison et de la peine.

Dans cette perspective, ce qui m'intéresse, c'est la manière dont Foucault présente, dans *Surveiller et punir*, certains schémas à travers lesquels il montre le passage de la punition telle qu'elle était conçue au sein des États d'Ancien Régime aux nouvelles modalités punitives des États constitutionnels et donc démocratiques. Foucault ne fait pas confiance aux grands schémas politiques et juridiques. L'obéissance à la loi promulguée par la souveraineté est un fait crucial, mais sous le couvert de ce schéma il y a des paysages différents. Il y a par exemple la multitude désordonnée, confuse, par rapport à laquelle le pouvoir souverain a besoin de réactivations et de cérémonies qui opèrent à son niveau même. Les punitions atroces et scénographiques décrites par Foucault au début du livre sont aussi des occasions carnavalesques de défi et de lutte entre le pouvoir souverain et les gens communs[1]. Sont également cruciales les considérations de Foucault concernant la discontinuité du pouvoir punitif et la tolérance à l'égard des illégalismes qui garantissent la vie quotidienne, qui constituent les « conditions d'existence » des « couches populaires »[2]. Le pouvoir souverain apparaît

---
1. M. Foucault, *Surveiller et punir. Naissance de la prison*, Gallimard, 1975, p. 55 et p. 64.
2. *Ibid.*, p. 85.

ici comme étant externe au corps social qui possède une logique indépendante. C'est justement parce que le corps social n'est pas totalement soumis qu'il peut affronter le pouvoir souverain dans les illégalismes ou en participant au défi, à la lutte entre le bourreau et le condamné[3].

Or, avec la réforme du droit et des pratiques pénales, on introduit un nouveau genre de corps social, toujours sous le couvert du pouvoir souverain politiquement et juridiquement constitué : on introduit le pouvoir disciplinaire qui agit comme un mécanisme autonome et qui rejoint et transforme les corps et les âmes.

Avant de me pencher sur les disciplines, je voudrais brièvement revenir sur le pouvoir souverain. Foucault s'appuie sur l'image du contrat social. Il soutient qu'à côté du pouvoir souverain qui rejoint la personne par le biais de l'obligation, il y a un autre pouvoir : le pouvoir disciplinaire. Le schéma du contrat ne peut pas expliquer ce pouvoir différent, et pourtant il y a un lien. Comme Foucault l'indique en citant Rousseau dans une note, le contrat constitue un corps politique par rapport auquel le criminel devient un ennemi commun, un monstre[4]. Le schéma du contrat n'offre pas une scène dans laquelle ce monstre peut bouger : c'est le pouvoir disciplinaire qui l'offre, tout en définissant la normalité et l'anormalité, comme Foucault l'explique très bien dans son cours au Collège de France *Les anormaux*[5]. Il y a donc un dédoublement[6], un versant obscur – comme il l'appelle aussi – du régime politique, constitué par les pouvoirs disciplinaires[7].

Ici il est peut-être utile d'observer que le contrat social ne fonctionne pas toujours de cette manière. Chez Hobbes, le contrat a les mêmes buts, mais il ne constitue pas un corps politique par rapport auquel le rebelle serait un monstre : le rebelle est la voix de la nature qui est toujours active, en tant qu'insociabilité toujours prête à se réveiller mais aussi en tant qu'intérêt à sa propre conservation, lui aussi toujours actif contre les choix du souverain. Si l'on veut, chez Hobbes, la multitude n'est pas ramenée une fois pour toutes au peuple soumis ; au contraire, les sujets cachent toujours le visage de la multitude. Il s'agit d'une complication de l'explication de Foucault : le contrat social est lui aussi un schéma qui transite et se transforme. Le contrat social chez Hobbes parle encore aux multitudes que le pouvoir souverain gouverne selon un modèle dualiste.

Je voudrais maintenant me tourner vers les pouvoirs disciplinaires. On trouve également ici un schéma intéressant. Dans ses cours au Collège de France de la seconde moitié des années 1970 et après, Foucault met en lumière d'autres transferts – du pouvoir pastoral au pouvoir disciplinaire, et avant même, des techniques de gouvernement de soi dans le monde antique à leur réutilisation

---

3. *Ibid.*, p. 55 et p. 66-67.
4. *Ibid.*, p. 93.
5. M. Foucault, *Les anormaux. Cours au Collège de France. 1974-1975*, Seuil-Gallimard, 1999.
6. M. Foucault, *Surveiller et punir, op. cit.*, p. 23.
7. *Ibid.*, p. 223.

de la part du christianisme. Lorsqu'il écrit *Surveiller et punir*, ces comparaisons ultérieures ne sont pas encore accomplies, mais c'est intéressant de voir comment elles sont déjà préparées. En particulier, Foucault prépare la comparaison qu'on peut établir entre les disciplines et le gouvernement de soi. La notion de gouvernement de soi est forgée par Foucault à travers l'examen des textes anciens, mais lorsqu'il examine la nature du pouvoir disciplinaire, il arrive à la notion de conduite, élaborée au sein d'une trame dense de moments, de techniques, d'actions. Dans *Surveiller et punir*, la microphysique du pouvoir disciplinaire identifie des conduites, faites d'activités, d'identités, de gestes[8]. Cette microphysique a deux aspects. D'un côté, il y a le pouvoir : il s'agit de toutes les manières par lesquelles le pouvoir constitue les individus sur lesquels il s'exerce – quoique, peu après, dans d'autres textes et en particulier dans *La volonté de savoir*[9], émergera le thème de la résistance ponctuelle et locale aux mécanismes disciplinaires et celui de la résistance dans la forme de la contre-conduite. En bref, les êtres humains deviennent des individus dans la mesure où ils sont assujettis par ces pouvoirs fonctionnant comme appuis du pouvoir souverain, qui opère selon le schéma éthico-politique du consensus et de l'obligation. L'entraînement et la discipline fonctionnent parallèlement à l'obligation politique : ils la soutiennent et la colonisent.

De l'autre côté, il y a la trame quotidienne de nos existences. Comme Foucault le dit à plusieurs reprises, les « individus » émergent désormais dans les points de croisement des mécanismes de pouvoir et de savoir, alors qu'auparavant les sujets (assez peu « individualisés ») bougeaient dans des espaces physiques, corporels, culturels, émotifs très flous, à grandes mailles. Ces individus sont mus par des mécanismes de pouvoir qui agissent de façon indépendante : ce sont « des règles, des ordres, une autorité qui s'exerce continûment autour de [l'individu] et sur lui, et qu'il doit laisser fonctionner automatiquement en lui »[10]. L'individualisation est cruciale pour l'efficience du mécanisme.

Or, ce que je voudrais souligner, c'est que ce schéma disciplinaire peut être mis en comparaison avec le schéma des conduites et du gouvernement de soi. Dans cette autre perspective, on a affaire toujours à des individus, mais les deux aspects que je viens de décrire changent. D'un côté, le pouvoir est redéfini comme un ensemble de techniques que les gens peuvent s'approprier pour lutter et pour donner forme à leurs vies, pour inventer des manières de vivre. De l'autre, et par conséquent, dans le cadre de la vie quotidienne on voit apparaître des individus qui se soucient d'une multiplicité d'aspects qui ne sont plus les matériaux des pouvoirs disciplinaires, mais ceux de leur propre subjectivité.

Maintenant, on peut établir aussi une connexion avec le pouvoir souverain. Dans *Surveiller et punir*, Foucault parle du côté obscur des régimes parlementaires

---

8. *Ibid.*, p. 80 et p. 176.
9. M. Foucault, *La volonté de savoir*, Gallimard, 1976.
10. M. Foucault, *Surveiller et punir*, *op. cit.*, p. 132.

et représentatifs, de la démocratie si l'on veut : le côté qui soutient et colonise ces pouvoirs. Il écrit :

> « Historiquement, le processus par lequel la bourgeoisie est devenue au cours du XVIIIe siècle la classe politiquement dominante s'est abrité derrière la mise en place d'un cadre juridique explicite, codé, formellement égalitaire, et à travers l'organisation d'un régime de type parlementaire et représentatif. Mais le développement et la généralisation des dispositifs disciplinaires ont constitué l'autre versant, obscur, de ces processus. La forme juridique générale qui garantissait un système de droits en principe égalitaires était sous-tendue par ces mécanismes menus, quotidiens et physiques, par tous ces systèmes de micro-pouvoir essentiellement inégalitaires et dissymétriques que constituent les disciplines. »[11]

Mais alors on peut parler aussi d'un côté lumineux de la démocratie, le côté qui a affaire aux conduites, aux inventions de styles de vie, aux formes de gouvernement de soi, aux formes de relations sociales, dirigées librement vers la recherche du plaisir et du bonheur, en prenant soin de la trame subtile et quotidienne de nos existences. À cet autre schéma nous pouvons faire correspondre une conception différente du gouvernement représentatif et de ses instruments, une conception radicale de la démocratie selon laquelle elle n'est vivante que dans un espace dominé par des pratiques de liberté. Dans cette nouvelle perspective, le pouvoir souverain est quelque chose qui mérite notre respect parce qu'il organise politiquement le choix inventif du bonheur. Les pratiques de liberté l'interrogent et il constitue le côté rigide, cristallisé, de cette mobilité, un côté qui demande réforme et interrogation continues. Il s'agit d'une conception de la politique que Foucault développe dans les années 1980.

Un point fondamental dans *Surveiller et punir* sur lequel Foucault est revenu à plusieurs reprises est le suivant : l'État punit au nom de la loi, mais l'institution pénitentiaire agit à travers ses procédures et leurs effets. Comme Foucault l'écrit :

> « Il y a d'un côté l'"idéalisme" de la loi, ou sa pudibonderie : elle connaît ce qu'elle interdit et les sanctions qu'elle prévoit ; mais elle regarde de loin et d'un œil impavide les institutions et les pratiques qui la mettent en œuvre : après tout, ce que fait la police ou ce qui se passe dans les prisons n'a pas tellement d'importance, du moment que cela permet de faire respecter la loi. [...] En face, il y a le "pragmatisme" de l'institution pénitentiaire : elle a sa logique ; elle a ses procédés et ses prétentions. »[12]

Il s'agit d'un matériau qui passe complètement inaperçu si l'on ne prête attention qu'aux sujets de droit, et l'une des tâches fondamentales à ce propos

---

11. *Ibid.*, p. 223.
12. M. Foucault, « Michel Foucault : il faut tout repenser, la loi et la prison » (1981), in *Dits et écrits II, 1976-1988*, Gallimard, 2001, p. 1022.

consiste précisément à faire émerger la peine sur fond de cette grisaille[13]. De manière analogue, il me semble qu'on peut imaginer la vie démocratique comme un ensemble de pratiques qu'il faut visualiser et qui donnent vie aux institutions et aux déclarations en termes politiques et juridiques. Ce sont des pratiques qui concernent la trame fine et quotidienne de l'existence. Différentes traditions philosophiques ont élaboré de manière féconde cette perspective « ascendante », telles que l'éthique du *care* et la philosophie de l'ordinaire dans la tradition de Wittgenstein et Cavell. Elles rencontrent fructueusement l'élaboration de Foucault. Un autre terrain de rencontre peut se trouver aussi dans des travaux tels que *Surveiller et punir*, où la vie quotidienne apparaît comme étant l'œuvre des pouvoirs disciplinaires. Dans le schéma disciplinaire, la matérialité et le quotidien de la vie, « la trame de l'existence quotidienne »[14], apparaissent comme faisant l'objet d'un mécanisme de pouvoir qui se sert de savoirs disciplinaires, caché derrière un dispositif tout à fait différent qui est celui juridique de la peine. Mais nous pouvons voir comment un schéma différent peut illuminer ce matériau – les conduites, les gestes, les attitudes – ainsi que les techniques qui les gouvernent : un schéma dans lequel conduites, gestes et attitudes sont produits par des techniques que les personnes gèrent, dont elles se servent avec liberté pour chercher un plaisir et un bien-être dans leur propre vie, dans les relations personnelles et dans les rapports politiques.

Il y a plusieurs transferts intéressants, en particulier des techniques de domination aux techniques de soi, du savoir disciplinaire à la vérité comme modalité de transformation et d'invention de soi, de mise à l'épreuve de soi (comme dans *Le courage de la vérité*[15]). Plusieurs thèmes complexes sont ici concernés, mais il me semble intéressant de noter qu'il s'agit de schémas qui redéfinissent et illuminent d'une manière différente le matériau particulier et quotidien des existences. Au bout du compte, dans l'atmosphère sombre de ce qui se passe dans les prisons, dans le filet à mailles serrées du savoir et du pouvoir disciplinaires, Foucault a trouvé des existences humaines. La modalité de cette découverte est certainement celle du démasquage sarcastique : il écrit, par exemple, que l'humanisme moderne est fondé sur ce réseau « de techniques, de procédés et de savoir, de descriptions, de recettes et de données »[16]. Mais tout en démasquant le fond sombre et honteux de l'humanisme, Foucault retrouve des existences menues et singulières, il trouve des êtres humains du côté de ces afflictions particulières. Son travail successif consistera à retrouver ailleurs dans l'histoire les lieux où les êtres humains ont employé des techniques pour donner forme à eux-mêmes, mais nous ne devrions pas oublier cette origine, ce signe indélébile de l'enquête

---

13. M. Foucault, « Préface » (1977), in *Dits et écrits II*, op. cit., p. 139.
14. M. Foucault, *Surveiller et punir*, op. cit., p. 185.
15. M. Foucault, *Le courage de la vérité. Cours au Collège de France. 1984*, Seuil-Gallimard, 2009.
16. M. Foucault, *Surveiller et punir*, op. cit., p. 143.

de Foucault. L'existence qu'il faut réclamer est découverte à partir de son côté sombre et douloureux. Ce n'est qu'en partant des relations au sein desquelles les individus sont assujettis, normalisés, soumis, de ces relations dans lesquelles des manières d'être et de vivre sont marginalisées et asservies, où sont produits des individus assujettis et marginalisés, que l'on peut arriver à imaginer comment réussir à être des individus ayant leur propre vie. Il s'agit de considérer l'ensemble des rapports entre individus caractérisés non pas par la plénitude et la floraison, mais par l'assujettissement, les blessures, la marginalisation. Il ne s'agit donc pas non plus de caractériser cet ensemble comme une multitude qui bouge dans des espaces indéfinis.

Ceci me semble très important. Dans ce transfert de schémas, dans la possibilité de lire le matériau de l'existence quotidienne selon des schémas si différents, il est significatif que Foucault ait découvert la vie quotidienne à partir du côté négatif, depuis la perspective de la vulnérabilité si l'on veut employer un terme qui n'est pas à lui. Il ne s'agit pas seulement de s'intéresser à la façon dont Foucault a mis en lumière plusieurs manières de lutter contre le pouvoir afin de faire émerger l'individu qui prend soin de soi, la résistance, la contre-conduite, les techniques de soi, mais aussi de reconnaître que seul un individu qui subit et souffre de cette manière est un individu qui peut se réaliser et trouver sa propre plénitude. Le matériau du plaisir et du choix existentiel est le filet menu qui peut serrer et subjuguer un individu, mais qui peut aussi produire des individus se conduisant eux-mêmes, cultivant des champs d'expérience, inventant et jouissant des relations.

La passivité et la vulnérabilité ne se trouvent jamais vraiment au centre des intérêts de Foucault, ce qui marque une distance significative par rapport aux autres traditions théoriques que j'ai évoquées plus haut – en particulier celle qui provient de Wittgenstein. Cependant, Foucault partage avec elles l'idée que si l'on veut poser le problème de la plénitude et de la réalisation de soi, on doit avant tout s'intéresser aux conditions d'assujettissement, de discipline, de marginalité. Le détail minuscule de la vie quotidienne se révèle dans ces conditions, et c'est en partant de celles-ci qu'il devient possible de proposer des pratiques mobilisant ces matériaux d'une façon différente. Au bout du compte, il ne s'agit pas de s'occuper des détenus, mais plutôt d'étudier la microphysique de la peine pour changer nous-mêmes. Foucault reprend un fil moderne anti-philanthropique : on le trouve clairement affiché chez des auteurs aussi différents que John Stuart Mill et Ralph Waldo Emerson. La philanthropie ne fonctionne pas car elle donne pour acquis ce que nous sommes, nous qui nous soucions des autres. Dans la perspective de Foucault, au contraire, le souci, le soin et l'intervention active sont le résultat d'une redéfinition de ce que l'on est. Nous avons changé nous-mêmes en explorant l'assujettissement et la normalisation, ce qui nous appartient comme possibilité d'existence, et ce n'est qu'à partir de là que l'on peut saisir ce que cela signifie que de se gouverner, de prendre soin de soi, que l'on peut comprendre le sens du plaisir de la mobilité et de l'invention.

Le travail que mène Foucault sur la punition et sur les prisons, tout comme ses autres travaux sur le pouvoir psychiatrique et les asiles, par exemple, ne sont pas seulement des réflexions sur ces institutions et sur leurs pouvoirs disciplinaires : ce sont des analyses visant à écrire une géographie des corps assujettis et normalisés, une géographie de l'affliction dont tirer les matériaux pour donner forme à la recherche du plaisir, de l'amitié et des liens politiques.

DEUXIÈME PARTIE

LE DROIT À L'ÉPREUVE DE LA PRISON

DES LUTTES COLLECTIVES AU COMBAT CONTENTIEUX. POUR L'AMÉLIORATION DES CONDITIONS DE DÉTENTION

Delphine Böesel
Présidente de la Section française de l'Observatoire international des prisons

En qualité d'avocate et Présidente de la Section française de l'Observatoire international des prisons (OIP-SF), j'ai décidé de m'éloigner un peu de *Surveiller et punir* pour me rapprocher des mouvements de lutte collective des prisonniers et des actions du Groupe d'information sur les prisons (GIP), entamés quelques années avant sa publication. Nous ne sommes plus en 2016, quarante ans après la publication de *Surveiller et punir*. Mais c'est un autre anniversaire puisque nous sommes quarante-cinq ans après la publication des premiers feuillets du GIP intervenue en mai 1971[1].

I. HISTORIQUE DES LUTTES ET ÉTAT DU DROIT À L'ÉPOQUE

Dans les années soixante-dix, le droit n'entrait pas en prison. Il n'y avait pas de regard du juge sur les actions de l'administration pénitentiaire, et sûrement aussi un désintérêt global de toutes les professions judiciaires (et plus généralement de toute une société) sur ce qui se passait en détention. Le pouvoir était concentré entre les mains de l'administration pénitentiaire qui n'avait aucun compte à rendre. Cette absence de regard extérieur de même que l'absence de réglementation commune permettaient à chaque directeur d'édicter les règles qu'il entendait appliquer au sein de l'établissement qu'il dirigeait. À cet égard, l'évolution de la réglementation a permis d'atténuer les différences les plus importantes, mais malgré l'édiction d'un modèle de règlement intérieur, l'uniformisation n'est vraiment pas acquise.

Les personnes détenues se sont engagées dans des mouvements de contestation afin de faire connaître leurs revendications, de dénoncer leurs conditions de détention, ceci au mépris de leur avenir compte tenu des conséquences en termes pénal et pénitentiaire que cela pouvait impliquer pour elles. Il a pu paraître étrange à l'époque que ces revendications se soient avérées essentiellement matérielles :

---

1. Remerciements à Matthieu Quinquis pour les recherches ainsi qu'à Maxime Gouache pour sa relecture avisée.

« On a faim » pouvait-on lire sur des vieux draps déchirés et étendus sur les toits de la maison de Nancy en 1972. Les prisonniers sont montés sur les toits pour du papier toilette, du pain… mais en réalité, au travers de revendications matérielles visant leurs besoins les plus élémentaires et quotidiens, c'était la reconnaissance de leur qualité d'homme qui était en jeu.

La prison était plongée dans l'ombre (en est-elle seulement sortie aujourd'hui, plus de quarante ans après ?). Les informations sur le fonctionnement de l'institution pénitentiaire, sur les conditions de vie de ceux qui sont enfermés ne sortaient pas. L'information est bien un point commun entre ce que les prisonniers ont entrepris dans les années soixante-dix et ce qu'ils engagent aujourd'hui à travers le combat contentieux mené. Avant d'agir devant les tribunaux, il faut savoir. Et ce n'est jamais évident face à l'administration pénitentiaire. Aujourd'hui l'Observatoire international des prisons définit sa stratégie d'action contentieuse en fonction des informations qu'il peut recevoir au travers de plaintes de personnes détenues ou d'autres intervenants[2].

L'état des connaissances sur les prisons était minime dans les années 1970. Le simple fait de sortir des informations à l'extérieur était une lutte en soi. C'était une des vocations du GIP : groupe d'information sur les prisons. Philippe Artières écrit en préambule à la compilation des cahiers du GIP (« Intolérable ») : « La tâche est claire : faire savoir cette "case noire" de notre société à partir de l'expérience qu'en ont les prisonniers eux-mêmes. Les espérances ne seront pas déçues ; non seulement les détenus vont devenir les producteurs de ce savoir mais ils vont faire de la prison un foyer de lutte. »[3]

La parole. Finalement dans cette lutte, qui parle ? Que dit-on ? Et de qui parle-t-on ? « Le GIP ne se propose pas de parler pour les détenus des différentes prisons : il se propose au contraire de leur donner la possibilité de parler eux-mêmes, et de dire ce qui se passe en prison. » Peut-on dire que la parole a été confisquée ? Pas vraiment. Il y avait une parole muselée (par l'administration) et la mise à disposition d'outils pour la libérer (par les militants libres et les groupes qui se sont constitués).

La prison travaille à la réduction de la somme d'individualités prisonnières en une masse indénombrable. La prison cherche à « tuer la première personne », en tant que « je » et en tant que « nous ». Elle veut créer l'impossibilité à revendiquer, l'impossibilité à affirmer.

Michel Foucault disait au sujet des mouvements des années 1970 que « le politique n'est pas l'objet revendiqué mais le mode de revendication ». Le GIP écrit quant à lui : « Le but du GIP n'est pas réformiste, nous ne rêvons pas d'une prison

---

2. Depuis la tenue du colloque, l'OIP-SF a contesté la situation sanitaire de la maison d'arrêt de Fresnes s'appuyant sur les éléments transmis par les prisonniers, leurs avocats, etc. (questionnaires, entretiens, témoignages), *cf.* l'ordonnance du Tribunal administratif de Melun du 6 octobre 2016, n° 1608163.
3. *Intolérable*, n° 1, mai-juin 1971, p. 3-5.

idéale : nous souhaitons que les prisonniers puissent dire ce qui est intolérable dans le système de la répression pénale. Nous devons répandre le plus vite possible et le plus largement possible ces révélations faites par les prisonniers mêmes. Seul moyen pour unifier dans une même lutte l'intérieur et l'extérieur de la prison. »

II. ÉMERGENCE ET RÉSULTATS DES LUTTES JURIDIQUES

C'est bien les prisonniers eux-mêmes qui ont créé et fait avancer le droit pénitentiaire par les recours qu'ils ont exercés, par les risques qu'ils ont acceptés de prendre pour contester les décisions arbitraires de l'institution pénitentiaire. Au début ils étaient souvent seuls, sans l'assistance d'avocat ou d'association. Cela a vraiment commencé avec la décision du Conseil d'État, arrêt *Marie* rendu le 15 février 1995 (reconnaissant qu'une sanction de quartier disciplinaire fait grief), puis la décision *Remli* du 30 juillet 2003 (sur une décision de placement au quartier d'isolement).

Dans le prolongement de ces premiers recours, la volonté conjuguée des personnes détenues en lien avec des avocats ou des associations a permis l'émergence du droit pénitentiaire ; résultat du combat contentieux qui a conduit à la détermination d'un juge compétent, d'une procédure particulière, de la tenue de débats contradictoires où les personnes détenues sont entendues. À savoir si elles sont écoutées… c'est un autre débat.

L'intervention grandissante du juge administratif a entraîné une diminution progressive (bien que théorique) du pouvoir de l'administration par le recul des mesures d'ordre intérieur. Et en réalité, l'évolution du combat pour l'amélioration des conditions de détention s'est surtout concrétisée par une évolution du statut juridique de la personne détenue. Dans les années 1970, les prisonniers prennent la parole pour témoigner de ce qu'est la prison : faire savoir ce qu'est la vie pour ceux qui y sont enfermés et comment la prison développe son emprise sur eux en régissant l'ensemble de leur journée et de leurs comportements[4].

Dans les années 1990-2000, avec les recours administratifs et la naissance d'un droit pénitentiaire, il est enfin reconnu que les décisions administratives qui régissent la vie des prisonniers, leurs corps, voire leurs esprits, leur font inévitablement grief et doivent ainsi être motivées par l'administration. Cette évolution n'était pas évidente et ne l'est toujours pas. Elle nécessite encore des combats portés par des hommes et des femmes qui sont surnommés « procéduriers », dénigrés et parfois soumis à des représailles pour les faire céder et arrêter les procédures engagées.

Il demeure difficile pour l'administration pénitentiaire, qui a toujours traité en interne, de sentir le regard extérieur, le poids des jurisprudences administratives

---

4. *Cf.* la théorie de la totalisation d'Erving Goffman, *in Les usages sociaux des handicaps*, Les Éditions de Minuit, 1975.

lui imposant des obligations. Quelle que soit l'évolution des modes d'action, l'information est donc primordiale. Faire sortir les éléments de connaissance de ce qu'est la prison par celles et ceux qui la subissent au quotidien est essentiel. Mais comment leur donner la parole ?

Lors du colloque « Défendre en justice la cause des personnes détenues » organisé par l'OIP-SF et la Commission nationale consultative des droits de l'homme, parlant de l'indignité culturelle des personnes détenues, comprise comme la légitimité ou l'illégitimité à se saisir du droit en fonction des ressources sociales que la personne est capable de mobiliser, Corentin Durand disait qu'elle « se construit et se déconstruit dans les interactions quotidiennes avec les autorités administratives, les institutions judiciaires, les associations, les professionnels du droit. C'est donc dans la transformation de l'économie des rapports quotidiens, de la place que peut y occuper une parole pleinement restaurée dans sa dignité politique, notamment par la possibilité effective de se saisir du droit, que l'on peut espérer bientôt parler, non plus seulement de la défense en justice de la cause des personnes détenues mais aussi, et peut-être surtout, de la défense, en justice et ailleurs, de leur cause par les personnes détenues. »[5]

On est ici face au problème de la technicité du langage juridique. Il constitue assurément un obstacle à l'appropriation de l'outil et à la participation active à la lutte. Il n'est pas insurmontable, mais il peut être dissuasif.

Inévitablement se pose aujourd'hui encore la question de la correspondance entre les intérêts de celles et ceux qui portent le combat contentieux et celles et ceux qui vivent la prison. Le GIP ne voulait pas parler pour les prisonniers mais voulait donner de la résonance à leur parole. L'OIP-SF n'est pas, comme on l'entend régulièrement dans les bouches les plus opposantes, un « syndicat de détenus ». L'association, qui a fêté ses vingt ans en 2016, interroge constamment ses modes d'action, réfléchit sur ses stratégies, souvent en lien avec des personnes détenues, sans vouloir prétendre agir en leur nom. Elle veut, entre autres missions, faciliter l'usage de « l'arme du droit »[6] pour faire reconnaître, dans les rapports de force avec l'administration pénitentiaire, le droit à la dignité des prisonniers, afin qu'ils ne soient plus considérés comme des « objets que l'on garde », mais comme des hommes et des femmes qui devront un jour retrouver une place au sein de la société.

Le combat contentieux mené par l'OIP-SF, et par d'autres associations de défense des droits des prisonniers[7], vise ainsi à faire reconnaître ces droits mais surtout, une fois cette première étape franchie, à s'assurer de leur effectivité. C'est la tâche la plus ardue et qui mobilise beaucoup d'énergie ; et ce, d'autant que les

---

5. C. Durand, « La figure du détenu procédurier, cristallisation des usages illégitimes du droit », *in Défendre en justice la cause des personnes détenues*, La Documentation française, 2014, p. 70.
6. Selon l'expression utilisée par Liora Israël, *in L'arme du droit*, Presses de Sciences Po, 2009.
7. Telles : A3D, Ban Public ou L'Envolée.

avancées obtenues un jour peuvent connaître le lendemain des interprétations ou des pratiques contournant le texte protecteur de la dignité et des droits du prisonnier. La pratique des fouilles systématiques à nue des personnes détenues permet d'illustrer cette avancée, déterminée par la loi du 24 novembre 2009 qui en interdisait le caractère systématique. Des mécanismes ont été mis en œuvre au sein des établissements pour contourner cette suppression telle que des notes pour assurer une telle systématisation pour certaines catégories de prisonniers, sans que ne soient réellement détaillés les critères.

Il ne peut donc s'agir de se satisfaire de déclarations de principe, de lire avec satisfaction des décisions de la Cour européenne des droits de l'homme ou du Conseil d'État reconnaissant un droit aux personnes détenues. Il faut ensuite contrôler leur effectivité dans les détentions et le respect des droits proclamés au sein même des prisons. Ce combat se mène ainsi au quotidien dans l'observation au sein des établissements mais se poursuit toujours dans les juridictions qui peuvent, par leur interprétation de certains termes légaux, réduire la portée d'un droit, qu'elles auront pourtant auparavant consacré.

Ainsi, pour le placement et le maintien au quartier d'isolement qui font l'objet d'une décision tous les trois mois, les recours administratifs exercés à l'encontre de ces décisions perdent de leur pertinence et de leur effectivité lorsque les délais d'audiencement devant les tribunaux administratifs sont de plusieurs mois, voire même de plusieurs années, ou lorsque le placement à l'isolement se renouvelle tous les trois mois[8].

Une vigilance de tous les instants doit donc être soutenue pour assurer une effectivité des droits reconnus. Et d'ailleurs, quelques mois après la tenue de ce colloque, l'actualité a été marquée par de nouveaux mouvements collectifs de prisonniers. Ils prennent la parole, ils agissent pour dénoncer leurs conditions de détention : Angers, Aiton, Grenoble-Varces, Poitiers, Valence se soulèvent.

Ces mouvements collectifs ne sont probablement pas terminés, les prisonniers veulent s'exprimer, s'approprient leurs revendications. Mais pourrait-il en être autrement lorsqu'ils ont l'impression que leurs droits, s'ils sont reconnus, ne sont pas appliqués. Et pourtant, ces questions n'ont été que peu abordées par les médias qui se sont souvent fait le relais des positionnements syndicaux des personnels pénitentiaires, sans se poser de questions sur les motivations propres des prisonniers.

III. ACTIONS ET RÉACTIONS DE L'ADMINISTRATION

Préparer cette intervention a donc été également l'occasion de réfléchir et de s'interroger sur le poids du combat contentieux sur la question de la légitimité de l'enfermement. Quel rôle est assigné aux avocats qui se spécialisent dans

---

8. Conseil d'État, 26 juill. 2011, n° 317545.

cette matière ou à une association comme l'OIP-SF qui, par « l'arme du droit », prennent une part à une institution pénitentiaire ?

Par exemple, l'avocat qui défend son client en commission de discipline devient-il un alibi dans une procédure dont il conteste par ailleurs le déroulement et même la légitimité ? C'est une vraie question. Comment accepter qu'un chef d'établissement, supérieur hiérarchique d'un personnel disant être victime d'un prisonnier, soit à la fois celui qui décide de la poursuite disciplinaire et celui qui exécute la sanction qu'il vient de prononcer ? Au nom de quel principe d'indépendance et d'impartialité peut-on encore admettre un tel archaïsme ? L'arrivée de l'avocat dans ces commissions a été très mal vécue par les personnels qui voyaient encore des droits supplémentaires octroyés aux prisonniers (alors même qu'il peut être rappelé que, sauf décision particulière, l'enfermement ne devrait recouvrir en théorie que la seule privation de liberté). Les personnels s'y sont habitués quand ils ont compris aussi que la présence de l'avocat renforçait la crédibilité de leur procédure et très souvent celle de la sanction prononcée ; et ce, alors même que les droits élémentaires de la défense ne sont pas respectés (refus réguliers des demandes de complément d'information, de renvoi de la part d'un avocat qui ne peut être présent le jour de la commission de discipline, de visionnage des vidéos, etc.).

Alors le combat contentieux aujourd'hui entamé ne peut s'arrêter, même si ses détracteurs le dénoncent, reprochant une forme de complicité avec l'institution. Il ne peut s'arrêter car il y a des hommes et des femmes qui vivent à l'intérieur des établissements et qui attendent une amélioration de leurs conditions de détention (cantines, travail, visites familiales, etc.). Il doit continuer même s'il ne peut se substituer à ces mouvements dont l'actualité s'est fait l'écho ces dernières semaines tant cela reste aussi un moyen de lutte propre aux prisonniers. Mais il est important de pouvoir interroger les raisons pour lesquelles des hommes et des femmes sont prêts à prendre des risques en termes de représailles administratives (transferts disciplinaires, placements à l'isolement ou au quartier disciplinaire) ou judiciaires (refus d'aménagement de peine) pour contester un ordre pénitentiaire, questionnant ainsi la légitimité de l'enfermement.

LE PANOPTISME INVERSÉ : QUAND LES POLITIQUES PÉNITENTIAIRES SE TROUVENT ELLES-MÊMES SOUS SURVEILLANCE JUDICIAIRE

Gaëtan Cliquennois
Chargé de recherche CNRS, UMR Sage, Université de Strasbourg

Le panoptisme, soit la technologie benthamienne du pouvoir fondée sur le regard et son absence transposée à l'univers carcéral, constitue l'une des thèses foucaldiennes les plus célèbres de *Surveiller et punir*[1]. Si cette thèse a été très largement relayée et mobilisée par la littérature pour analyser notamment les dispositifs architecturaux et les techniques de surveillance pénitentiaire[2], moins d'attention a été portée à la contribution de Michel Foucault au mouvement inverse, à savoir la manière dont la prison est exposée au regard public grâce aux détenus et à leurs représentants légaux et associatifs. En effet, le panoptisme inversé auquel contribuera le Groupe d'information sur les prisons (GIP) par le mouvement de mise en visibilité de la prison et de la condition carcérale, auquel il participera au côté d'autres associations, tend à croître depuis au moins les années 1970. Les associations et mouvements de droits de l'homme ont en effet très largement participé et contribué à l'émergence de savoirs critiques sur l'incarcération. Cependant, si ces organisations ont assurément joué un rôle de premier plan, elles n'ont pas été les seules à avoir initié un tel processus, étant donné le rôle majeur qu'ont joué et continuent de tenir les organisations internationales et européennes, leurs instruments juridiques que sont les conventions internationales et européennes de reconnaissance et de protection des droits de l'homme,

---

1. M. Foucault, *Surveiller et punir*, Gallimard, 1975.
2. F. Boullant, *Michel Foucault et les prisons*, PUF, 2003 ; M. Cicchini et M. Porret, *Les sphères du pénal avec Michel Foucault. Histoire et sociologie du droit de punir*, Antipodes, 2007 ; Ph. Artières et P. Lascoumes, *Gouverner, enfermer. La prison, un modèle indépassable ?*, Presses de Sciences Po, 2004 ; C. Mincke et A. Lemonne, « Prison and (Im)mobility. What about Foucault ? », *Mobilities*, vol. 9, n° 4, 2014, p. 528-549 ; G. Chantraine, D. Scheer et O. Milhaud, « Espace et surveillances en établissement pénitentiaire pour mineurs », *Politix*, vol. 97, n° 1, 2012, p. 125-148 ; D. Fassin, *L'ombre du monde. Une anthropologie de la condition carcérale*, Seuil, 2015 ; G. Salle, *La part d'ombre de l'État de droit. La question carcérale en France et en République fédérale d'Allemagne depuis 1968*, Presses de l'EHESS, 2009. *Cf.* dans cet ouvrage C. Durand, « L'œil et le verbe. Anatomies du pouvoir en milieu carcéral », *infra*, p. 89-96.

ainsi que les juridictions européennes telles que la Cour européenne des droits de l'homme. Une telle perspective, centrée sur l'importance et la contribution des organisations internationales et régionales et du droit international et européen à l'érection d'un panoptisme inversé, apparaît encore peu scrutée en dépit de l'existence d'invitations lancées par plusieurs auteurs à emprunter cette voie de recherche[3]. C'est pourquoi nous nous proposons ici d'explorer cette nouvelle voie de recherche en analysant notamment la juridicisation et la judiciarisation internationales et européennes de l'enfermement. On entend ici par juridicisation et judiciarisation tant l'action de légiférer sur l'institution carcérale et sur son fonctionnement interne que l'application judiciaire du droit pénal et pénitentiaire en cas de non-respect de la législation carcérale et de recours formés par les détenus et leurs représentants judiciaires, qu'ils soient associatifs ou avocats indépendants.

Le panoptisme inversé constitue à cet égard un double paradoxe si on le confronte au paradigme foucaldien. Le premier paradoxe tient à ce que le panoptisme inversé repose largement sur les droits de l'homme où il prend sa source alors que l'on connaît la méfiance et le scepticisme de Michel Foucault à l'égard du droit et des droits de l'homme en particulier[4] (I). Le second paradoxe tient au contenu du panoptisme inversé qui, loin de se réduire à une technologie du regard et de la surveillance, comporte des dimensions qui touchent à la substance même de l'incarcération, aux politiques de la pénalité et de l'enfermement et aux injonctions données aux États (II). On est alors en droit de se demander si le panoptisme inversé n'échappe pas pour partie à la pensée et au projet foucaldien même si le philosophe a très certainement contribué à son développement via son engagement associatif et sa lutte contre les formes instituées de pouvoir.

I. LE DROIT ET LES ORGANISATIONS INTERNATIONALES ET EUROPÉENNES COMME SOURCES ET MOTEURS PRINCIPAUX DU PANOPTISME INVERSÉ

Le mouvement de résistance auquel a contribué Michel Foucault s'inscrit en fait dans un triple processus d'internationalisation, de judiciarisation et d'institutionnalisation qui rend possible et facilite l'exposition et la mise en visibilité de la condition pénitentiaire.

---

3. Y. Cartuyvels et G. Cliquennois, « Le contrôle judiciaire européen de la prison : les droits de l'homme au fondement d'un panoptisme inversé », *Déviance et Société*, vol. 38, n° 4, 2014, p. 399-404 ; I. De Silva, « La rénovation du régime de responsabilité de l'État du fait des services pénitentiaires », *AJDA*, vol. 65, n° 8, 2009, p. 416-420.
4. P. Sauvêtre, « Foucault et le droit des gouvernés », *Matérialismes*, n° 39, 2015, p. 1-9.

A. – *La création par voie conventionnelle d'un contrôle international et européen croissant*

La fin de la Deuxième Guerre mondiale coïncide avec la création d'institutions internationales et régionales dont l'ambition et la mission sont principalement d'assurer la paix, la sécurité, la démocratie et le respect des droits de l'homme dans un contexte marqué par des pertes humaines et matérielles incommensurables. Il s'agit principalement des Nations Unies et du Conseil de l'Europe, tous deux institués à ces fins et comptant désormais respectivement 193 et 49 États membres. La création et le développement de ces deux institutions internationales passent notamment par la création et l'usage de puissants instruments juridiques que sont principalement la Déclaration universelle des droits de l'homme de 1948, la Convention des Nations Unies contre la torture et autres peines ou traitements cruels, inhumains et dégradants de 1984 et la Convention européenne de sauvegarde des droits de l'homme de 1950. La mise sur pied de ces deux institutions internationales et le recours intensif à ces conventions se sont traduits par un surcroît progressif et une extension de la coopération internationale et, partant, du contrôle international et européen des institutions pénales et pénitentiaires. La signature d'une convention et ses développements ultérieurs (qui prennent généralement la forme de protocoles additionnels) impliquent en effet un renforcement du contrôle européen et international sur les autorités nationales au cours du temps, et une mise en visibilité, non seulement de leur politique pénale et carcérale, mais aussi de leurs actions correctives et un développement corrélatif des mécanismes de plaintes pour les détenus. Prenons quelques exemples qui permettent d'attester et de documenter cette tendance de fond :

– La Convention des Nations Unies contre la torture et autres peines ou traitements cruels, inhumains ou dégradants, adoptée le 10 décembre 1984 et entrée en vigueur le 26 juin 1987, consacre l'interdiction de la torture sous toutes ses formes et prévoit un mécanisme institutionnel de contrôle. En effet, aux termes de la Convention, il est fait obligation aux États qui l'ont ratifiée de rédiger et de soumettre un rapport annuel au Conseil des droits de l'homme. La Convention institue également un mécanisme de plainte individuel, certes faiblement utilisé en pratique. Cette Convention a été complétée par un Protocole optionnel (OPCAT) en 2002 que de nombreux États ont ratifié et qui oblige ces derniers à instaurer un mécanisme national de prévention de la torture répondant à ses critères d'indépendance et de célérité. Concrètement, ce protocole exige la création d'autorités indépendantes chargées d'inspecter les lieux de privation de liberté (tels que les prisons, les commissariats…) et de dénoncer les éventuelles violations à la Convention des Nations-Unies contre la torture. La France, après avoir ratifié ce protocole optionnel, a été dès lors contrainte d'instaurer une nouvelle autorité administrative indépendante, le Contrôleur général de privation des lieux de liberté. La création de cette nouvelle institution donne la possibilité aux détenus de communiquer non seulement par courrier avec le Contrôleur général, mais aussi oralement lors des visites organisées et effectuées par cette autorité de manière à porter à sa connaissance des éléments concrets de la réalité carcérale vécue. L'analyse des communications des détenus adressées au Contrôleur général indique à cet égard un éclairage nouveau de la condition carcérale[5] et une mise en lumière de certains aspects demeurés jusque-là relativement invisibles de la réalité pénitentiaire, ce qui contribue à alimenter le panoptisme inversé.

– Les seize protocoles additionnels à la Convention européenne des droits de l'homme renforcent et étendent les droits protégés par la Convention. Les protocoles 1, 4, 6, 7, 12 et 14 contiennent ainsi des dispositions de droit matériel qui garantissent des droits non inscrits dans la Convention (tel que le droit à l'instruction), ou étendent des droits déjà existants dans la Convention. Il en est ainsi du 12e Protocole additionnel qui réaffirme l'interdiction générale de discrimination au lieu d'une interdiction accessoire. Par là-même, cet élargissement des droits accroît significativement le droit de plainte des détenus devant la Cour européenne des droits de l'homme. Les autres protocoles, ceux d'amendement, viennent modifier les procédures de la Cour européenne des droits de l'homme ou lui accordent des compétences supplémentaires et tentent d'améliorer (même s'ils en limitent la portée effective avec l'introduction du critère de l'importance du préjudice au terme du 15e Protocole) le traitement des plaintes individuelles par la Cour européenne qui est devenue une cour permanente en 1998[6]. La particularité de ces protocoles d'amendement réside dans le fait que chaque modification procédurale qu'ils entraînent vaut pour tous les États, car ils modifient la Convention européenne des droits de l'homme et en étendent significativement sa portée, ce qui décuple potentiellement les possibilités de plainte offertes aux détenus.

– L'article 46 de la Convention européenne des droits de l'homme oblige les États à informer la Cour européenne des mesures prises ou envisagées par les États à la suite des arrêts prononcés à leur encontre, eu égard à l'obligation que les États ont de s'y conformer. Parmi elles, des mesures générales doivent être présentées (tels que des amendements législatifs ou réglementaires, des changements substantiels de jurisprudence nationale ou de pratique administrative) dans des plans d'action soumis au Comité des Ministres. Ces mesures générales contribuent par conséquent à la mise en visibilité, non seulement des mesures correctives auxquelles doivent procéder les États, mais aussi de leurs manquements et des violations significatives des droits de l'homme. Les mesures correctives adoptées par les États sont d'ailleurs contrôlées par les associations qui peuvent adresser directement des communications et dénoncer d'éventuelles violations commises

---

5. C. Durand, « Construire sa légitimité à énoncer le droit. Études de doléances de prisonniers », *Droit et société*, vol. 2, n° 87, 2014, p. 329-348.
6. Protocole n° 11 à la Convention européenne de sauvegarde des droits de l'homme et des libertés fondamentales, 1er nov. 1998.

par leur État au Comité des Ministres du Conseil de l'Europe[7]. La condition carcérale se trouve donc être exposée au regard des instances politique et judiciaire du Conseil de l'Europe, ainsi que des associations de protection des droits de l'homme.

— La procédure des arrêts pilotes de la Cour européenne des droits de l'homme adoptée depuis 2004 permet à cette dernière de faire face aux violations systémiques et structurelles des droits de l'homme qui se produisent dans un certain nombre d'États membres du Conseil de l'Europe. La Cour peut alors, en cas de multiples requêtes et de cas répétitifs portant sur les violations de même ordre, prononcer un arrêt dénonçant le caractère structurel et systémique des violations des droits de l'homme et ordonner à l'État des mesures appropriées pour mettre fin à celles-ci. Les États se trouvent dès lors contraints de répondre dans cette procédure par des mesures législatives, administratives et judiciaires qu'ils doivent soumettre et exposer au Comité des Ministres. Le contrôle exercé par le Conseil de l'Europe sur les États membres s'en trouve dès lors décuplé, ce qui conduit aussi à la mise en visibilité des pratiques pénitentiaires.

— La Convention pour la prévention de la torture et des traitements inhumains et dégradants ratifiée par les quarante-sept États membres du Conseil de l'Europe en 1987 crée un Comité européen pour la prévention de la torture et des peines ou traitements inhumains ou dégradants (CPT). Il est composé d'experts indépendants compétents pour effectuer des visites à tout moment de tous les lieux dans lesquels des personnes sont détenues par l'autorité publique, à l'occasion desquelles elles peuvent communiquer oralement avec les membres du CPT, au même titre que toute personne susceptible de livrer des informations intéressant le CPT. Des rapports publics sont dressés par le CPT à l'issue des visites et communiqués aux États visités auxquels il est demandé d'y répondre publiquement. Les rapports du CPT sont régulièrement utilisés et cités par la Cour européenne des droits de l'homme dans sa jurisprudence pour produire la preuve des violations de droits de l'homme et éclairer la réalité des pratiques et des conditions de détention[8]. Là encore, la mise en visibilité de la condition pénitentiaire se trouve être largement favorisée par la création et le développement de cette institution internationale.

B. – *La jurisprudence européenne : le monitoring de la condition carcérale*

La Cour européenne constitue, par le moyen de sa jurisprudence, une institution judiciaire à même d'accroître le contrôle sur les États. Pour ce faire, la Cour

---

7. Règle 9.2. des Règles du Comité des Ministres pour la supervision de l'exécution des jugements et de l'établissement des règlements amiables.
8. D. Van Zyl-Smit et S. Snacken, *Principles of European Prison Law and Policy. Penology and Human Rights*, Oxford University Press, 2009.

multiplie les interactions avec les autres institutions du Conseil de l'Europe et des Nations Unies afin de renforcer l'efficacité de ce contrôle. La jurisprudence de la Cour donne lieu en effet à une mise en réseau et à une coopération étroite d'instances internationales liées à l'ONU, d'instances européennes telles que le Comité des Ministres, le CPT et d'instances nationales qu'elles soient judiciaires ou associatives[9]. La Cour se fonde par exemple régulièrement sur des rapports du CPT, des *ombudsmen* (contrôleurs indépendants liés à l'OPCAT) et des rapports d'associations de protection des droits de l'homme pour établir la preuve des violations commises par les États. Cette coopération se traduit par des échanges d'informations, un partage de savoirs produits par chaque organe qui peut mener à des actions législatives, judiciaires et administratives à même de visibiliser la condition pénitentiaire.

Ceci est d'autant plus avéré que les bonnes relations qu'ont pu nouer la Cour européenne des droits de l'homme et le Comité de Ministres avec les médias et la presse écrite, en particulier grâce à la création d'un service de presse interne à la Cour en 1998 (ce qui coïncide avec l'institution d'une cour permanente), permettent un relais et un éclairage médiatique sans précédent des arrêts de la Cour et surtout de ses arrêts pilotes, notamment ceux portant sur les institutions pénitentiaires des pays visés par cette procédure spécifique[10]. Cette visibilité médiatique profite dès lors aux détenus et favorise par conséquent une inversion du panoptisme foucaldien.

C. – *L'inscription des activités des associations et leur participation à l'érection d'un panoptisme inversé dans le cadre des organisations internationales*

Il serait erroné de rester cantonné à une analyse purement nationale du travail de mise en visibilité de la condition carcérale réalisée par les associations. Leurs activités sont en effet très largement promues et incitées par les organisations internationales et régionales. En effet, les tâches de contrôle et de supervision réalisées par les Nations Unies et le Conseil de l'Europe sont déléguées au niveau national aux associations de protection des droits de l'homme pour examiner les instruments juridiques internes à la lumière de la Convention européenne des droits de l'homme et de la Convention des Nations Unies contre la torture et prévenir et dénoncer les violations de ces droits par les États[11]. Le rôle des associations est aussi reconnu par la Déclaration de Vienne et le Programme d'action adoptés à la Conférence mondiale sur les droits de l'homme le 25 juin 1993

---

9. M. Evans, *Combating Torture in Europe*, Council of Europe Press, 2002 ; D. Van Zyl-Smit et S. Snacken, *Principles of European Prison Law and Policy, op. cit.*
10. E. Lambert-Abdelgawad et P. Dourneau-Josette, *La Cour européenne des droits de l'homme dans la presse*, Anthemis, 2015.
11. Selon l'Assemblée consultative du Conseil de l'Europe à la Conférence Parlementaire sur les droits de l'homme qui s'est tenue à Vienne du 18 au 22 octobre 1971.

aux termes de laquelle les organisations non gouvernementales disposent de la possibilité d'informer leurs structures nationales de droits de l'homme (telles que les *ombudsmen*) chargées de réunir les plaintes pour violation de droits de l'homme au sein de leur pays.

1. La production de savoirs critiques sur l'enfermement et la condition carcérale : le rôle du GIP et des associations

Le rôle du GIP s'inscrit précisément dans les missions prescrites par le Conseil de l'Europe et les Nations Unies, à savoir constituer et produire des savoirs critiques sur l'enfermement et alerter la société à ce sujet. Le GIP s'est en effet précisément fixé pour objectif de donner la parole aux prisonniers ainsi que l'opportunité d'exprimer leurs revendications. C'est de cette prise de parole que s'expriment la qualité de sujet et le rétablissement de la dimension d'acteur des détenus[12]. Ces savoirs discursifs constitués au plus près des premiers concernés par l'incarcération autorisent et rendent possible un nouvel éclairage et regard sur l'incarcération. Ils pourraient de cette manière œuvrer à un relatif changement des relations de pouvoir entre administration pénitentiaire et détenus dans la mesure où le panoptisme inversé viendrait atténuer les effets délétères du panoptisme benthamien ou du moins s'opposer *a minima* à ce dernier.

La production de ce type de savoirs et de connaissances va être également encouragée par de nouvelles associations qui vont prendre le relais du GIP et par l'apparition de nouvelles technologies telles qu'Internet où l'on trouve des sites, des comptes Facebook et des forums tenus par des membres de la famille, de conjointes de détenus ou encore par d'anciens détenus qui se racontent et font part de leur vécu de la réalité carcérale[13]. Par exemple, l'Association *Ban Public*, désormais très active au niveau des recours judiciaires[14], et son site internet ont été créés par un ancien détenu en 1999[15]. De même, l'Association AFLIDD (Association des Familles en Lutte contre l'Insécurité et les Décès en Détention) qui se donne pour mission de « dénoncer les conditions de détention et de faire la lumière sur les morts suspectes en prison » a été instituée à l'initiative de la veuve et du fils d'un détenu s'étant suicidé[16]. Le Collectif de Défense des Familles et Proches de Personnes Incarcérées dont l'objectif est de maintenir les relations

---

12. Ph. Artières, L. Quéro et M. Zancarini-Fournel, *Le Groupe d'information sur les prisons. Archives d'une lutte, 1970-1972*, IMEC, 2003 ; A. Kiéfer, *Michel Foucault : le GIP, l'histoire et l'action*, thèse de doctorat en philosophie, Université de Picardie, 2006.
13. *Cf.* par ex. <https://fr-fr.facebook.com/femme-de-d%C3%A9tenu-219014641500198/> (consulté le 30 mars 2017).
14. *Cf.* par ex. CE, 24 sept. 2014, n° 362472.
15. *Cf.* le site internet : <http://prison.eu.org/spip.php?page=rubrique&id_rubrique=5> (consulté le 30 mars 2017).
16. *Cf.* le blog internet : <http://aflidd.over-blog.com/article-25915713.html> (consulté le 30 mars 2017).

entre les détenus et leurs familles a été également créé à l'initiative de femmes de détenus en avril 2001[17]. On peut trouver sur ces sites des témoignages de détenus sur les mauvais traitements subis par certains d'entre eux mais également des photographies, voire des vidéos provenant de téléphones portables. Il faut également mentionner ici le rôle tenu par la Ligue des droits de l'homme et d'autres associations féministes dans la mise en visibilité et en abîme de la condition carcérale et des illégalismes[18].

On peut alors parler aussi ici de panoptisme inversé dans la mesure où la réalité de l'enferment est documentée et renseignée plus ou moins indirectement par les détenus grâce à l'aide de leurs proches et des nouvelles technologies de l'information.

2. Le lobby pour la création de conventions de protection des droits de l'homme et de structures de prévention de violation des droits de l'homme

Le rôle des associations est non seulement influencé par les organisations internationales et régionales, mais elles jouent aussi un rôle non négligeable dans le renforcement de ces organisations. Par exemple, la Conférence internationale des organisations non gouvernementales du Conseil de l'Europe a été formellement instituée en 2005 afin d'accorder à la société civile un pouvoir tant consultatif que participatif. Préalablement à cette institutionnalisation formelle, les organisations non gouvernementales avaient déjà contribué à peser sur les structures du Conseil de l'Europe puisqu'elles ont présidé à l'établissement de la Convention européenne pour la prévention de la torture et des peines ou traitements inhumains ou dégradants[19].

3. Le cas des recours formés par les détenus et les associations

Le rôle qu'exercent les associations dans les recours portés devant la Cour européenne est peu à peu devenu primordial en raison à la fois de la fin de la première guerre froide, qui a vu la Russie accepter que la Cour et le Comité des Ministres accroissent leur pouvoir d'influence et de contrôle[20], et de la constitutionnalisation progressive de la Cour avec l'existence d'une Grande chambre, le droit pour les plaignants de faire appel d'une décision de chambre, une politique

---

17. *Cf.* le site internet <http://cdfppi.free.fr/assoc.htm> (consulté le 30 mars 2017).
18. J. Bérard, *La justice en procès, les mouvements de contestation et le système pénal (1968-1983)*, Presses de Sciences Po, 2013.
19. *Cf. supra.*
20. J. Christoffersen et M.R. Madsen, *The European Court of Human Rights between Law and Politics*, Oxford University Press, 2011 ; E. Myjer et al., *The Conscience of Europe. 50 years of the European Court of Human Rights*, Third Millenium Publishing, 2010.

de filtrage du contentieux opérée par la Cour[21], etc. Cette politique de filtrage suppose dès lors une plus grande maîtrise et expérience juridiques chez les requérants, que les associations sont en capacité de réunir.

Les recherches en la matière tendent d'ailleurs à faire la preuve de la primauté des organisations non gouvernementales dans l'organisation des recours devant la Cour européenne en raison notamment des moyens financiers et juridiques à leur disposition, de leur expertise et leur expérience en matière de recours, de la possibilité de tierce intervention (procédure d'*amicus curiae*) autorisée récemment par la Cour européenne des droits de l'homme[22] et de l'association étroite des associations dans l'exécution des jugements par le Comité des Ministres[23].

À cet égard, l'Observatoire international des prisons (OIP) a joué depuis les années 1990 un rôle croissant et primordial dans la juridicisation et la judiciarisation du contentieux pénitentiaire[24]. Cette influence ne fait que s'accroître au fil du temps et la judiciarisation devient une stratégie définie et poursuivie par l'OIP qui a érigé un Département contentieux dirigé par un juriste et composé principalement d'avocats stagiaires. L'OIP et son responsable contentieux sont également à l'initiative de la création de l'Association A3D[25] (Association des avocats pour la défense des droits des détenus) constituée d'avocats spécialistes du droit pénitentiaire chargés de mutualiser les informations et connaissances judiciaires et pénitentiaires (au moyen notamment de documents standardisés faisant la synthèse de la jurisprudence européenne et aidant à la rédaction de requêtes devant la Cour européenne), de formaliser un réseau d'avocats et de porter et multiplier le contentieux pénitentiaire devant les juridictions administratives

---

21. W. Sadurski, « Partnering with Strasbourg. Constitutionalisation of the European Court of Human Rights, the Accession of Central and East European States to the Council of Europe, and the Idea of Pilot Judgments », *Human Rights Law Review*, vol. 9, 2009, p. 397-453.
22. Article 36 de la Convention européenne de sauvegarde des droits de l'homme et des libertés fondamentales.
23. L. Hodson, *NGOs and the Struggle for Human Rights in Europe*, Hart, 2011 ; G. Cliquennois et B. Champetier, « The Economic, Judicial and Political Influence Exerted by Private Foundations on Cases Taken by NGOs to the European Court of Human Rights : Inklings of a New Cold War ? », *European Law Journal*, vol. 22, n° 1, 2016, p. 92-126.
24. H. De Suremain, « Genèse de la naissance de la "guérilla juridique" et premiers combats contentieux », *in Défendre en justice la cause des personnes détenues*, Commission nationale consultative des droits de l'homme, La Documentation française, 2014, p. 47-52 ; D. Costa, « Retour sur dix ans de jurisprudences suscitées par l'OIP sur la défense de la dignité et des droits fondamentaux des détenus », *in Défendre en justice la cause des personnes détenues, op. cit.*, p. 35-44.
25. *Cf.* <https://twitter.com/associationa3d> (consulté le 30 mars 2017) et G. Cliquennois et M. Herzog-Evans, « The European Monitoring of Belgian and French Penal and Prison Policies », *Crime, Law and Social Change*, à paraître.

françaises et la Cour européenne des droits de l'homme[26]. La multiplication de ce contentieux à l'initiative de l'OIP, mais aussi de certains juges strasbourgeois, devrait logiquement aboutir à l'obtention d'un arrêt pilote condamnant la France pour ses conditions inhumaines de détention et sa surpopulation endémique.

L'activité contentieuse est également portée par d'autres associations dirigées par d'anciens détenus, comme *Robin des lois*[27] et *Ban Public* (cf. *supra*).

II. LE PANOPTISME INVERSÉ COMME CONTRÔLE DE LA SUBSTANCE DE L'ENFERMEMENT ET DES POLITIQUES PÉNALES ET PÉNITENTIAIRES

Le panoptisme inversé impulsé par les organisations internationales et européennes ne se résume et ne se réduit pas à la production de jeux et de technologies de regard, mais implique aussi un contrôle au moins partiel du substrat même de l'enfermement et des politiques pénales et pénitentiaires.

A. – *Le contrôle des politiques pénales et pénitentiaires par la CEDH : les arrêts pilotes*

Au-delà de la visibilisation de la condition pénitentiaire à laquelle participe la jurisprudence européenne[28], certains arrêts-pilotes, tels que l'arrêt *Torregiani c. Italie*[29], aux termes desquels les États sont contraints d'adopter des mesures générales pour cesser les violations structurelles des droits de l'homme causées par la surpopulation pénitentiaire et les mauvaises conditions de détention, enjoignent aux États de réformer leurs politiques judiciaire, pénale et pénitentiaire. À cet égard, les politiques pénales conduites par des États comme l'Italie, la Belgique[30], la Bulgarie[31] ou encore la Roumanie[32] sont fermement condamnées par la Cour

---

26. *Cf.* la contribution de Delphine Böesel au présent ouvrage, « Des luttes collectives au combat contentieux pour l'amélioration des conditions de détention », *supra*, p. 00-00.
27. Cette association est présidée par François Korber, ancien détenu auteur de plusieurs recours durant son incarcération (V. par ex., CE, 4 nov. 1994, n° 157435 ; CE, 30 juill. 2003, n° 249563 ; CE, 15 juill. 2004, n° 265594). *Cf.* <http://robindeslois.org/> (consulté le 30 mars 2017). Plus récemment, l'association a obtenu la condamnation suivante en partenariat avec l'OIP : CE, 29 mars 2010, *OIP-SF et Korber*, n° 319043.
28. *Cf. infra*.
29. CEDH, 8 janv. 2013, *Torreggiani et autres c. Italie*, n° 43517/09, 46882/09, 55400/09, 57875/09, 61535/09, 35315/10, 37818/1043517/09, 46882/09, 55400/09, 57875/09, 61535/09, 35315/10 et 37818/10.
30. CEDH, 25 nov. 2014, *Vasilescu c. Belgium*, n° 64682/12.
31. CEDH, 27 janv. 2015, *Svetlomir Nikolov Neshkov c. Bulgarie, Georgi Ivanov Tsekov c/ Bulgarie, Pavel Enchev Simeonov c/ Bulgarie, Yordan Kolev Yordanov c. Bulgarie, Ivan Ivanov Zlatev c. Bulgarie*, n° 36925/10, 9717/13, 21487/12, 72893/12, 73196/12 et 77718/12.
32. CEDH, 24 juil. 2012, *Iacov Stanciu c. Roumanie*, n° 35972/05.

en ce qu'elles sont considérées comme responsables de la surpopulation carcérale et des conditions inhumaines de détention.

Pour remédier à cet état de fait, la Cour européenne enjoint à ces États de mettre en oeuvre de nouvelles politiques. Sont ainsi prescrits par la Cour la dépénalisation de certains comportements tels que les infractions à la législation sur les stupéfiants, le développement de la libération conditionnelle et la substitution de mesures alternatives aux courtes peines de prison pour réduire la surpopulation pénitentiaire, telles que la surveillance électronique, la probation et le travail d'intérêt général[33]. On comprend mieux à l'aune de cet éclairage européen les projets d'instauration en France de la probation comme peine autonome.

Au niveau de la politique pénitentiaire proprement dite, qui est également fortement critiquée pour ses excès et sa sévérité (comme en témoigne par exemple le recours intensif aux transferts et aux mesures de sécurité), la Cour exige aussi une autre politique et demande, notamment, la modification de l'organisation de l'affectation des détenus, l'imposition d'un espace cellulaire minimal, l'augmentation et la diversification de la capacité pénitentiaire (avec la construction d'établissements d'autres types tels que ceux de défense sociale et de psychiatrie), la rénovation de certaines prisons vétustes, la construction de toilettes séparées[34], etc.

B. – *Les obligations substantielles et procédurales*

La jurisprudence européenne tend également à accroître la teneur des obligations substantielles et procédurales. Il faut entendre ici par procédural « le processus d'adjonction jurisprudentielle d'une obligation procédurale à la charge des autorités nationales destinée à renforcer la protection interne d'un droit substantiel garanti par la Convention »[35]. Ceci implique par conséquent une obligation positive exigeant un comportement actif de la part des autorités nationales de manière à assurer l'effet utile du droit protégé[36]. À titre illustratif, nous prendrons ici l'exemple de plusieurs droits consacrés par la Convention européenne des droits de l'homme qui font l'objet d'une protection et d'une attention prioritaire de la part de la Cour européenne et qui contribuent au développement du panoptisme inversé.

---

33. CEDH, 8 janv. 2013, *Torreggiani et autres c. Italie, op. cit.*
34. *Ibid.* et CEDH, 25 nov. 2014, *Vasilescu c. Belgium*, n° 64682/12 ; CEDH, 24 juill. 2012, *Iacov Stanciu c. Roumanie*, n° 35972/05.
35. E. Dubout, « La procéduralisation des obligations relatives aux droits fondamentaux substantiels par la Cour européenne des droits de l'homme », *Revue trimestrielle des droits de l'homme*, n° 70, 2007, p. 398.
36. F. Sudre, « Les "obligations positives" dans la jurisprudence européenne des droits de l'homme », *Revue trimestrielle des droits de l'homme*, n° 23, 1995, p. 362-384.

1. Le droit à la vie et la prévention du suicide et des homicides en détention (article 2 de la Convention européenne)

Le droit à la vie fait l'objet d'une attention particulière de la Cour qui le considère comme une priorité absolue. C'est pourquoi les obligations substantielles et procédurales conventionnelles imposées aux États par la Cour européenne des droits de l'homme n'ont fait que croître au fil du temps. Toutefois, cette croissance s'accompagne d'une profonde ambivalence caractérisée tant par une augmentation du contrôle européen exercé sur les politiques pénitentiaires nationales et une visibilisation de la réalité pénitentiaire que par un accroissement des techniques disciplinaires de surveillance des détenus[37].

D'une part, la prévention du suicide et des homicides en détention, ainsi que des agressions (détenus et membres du personnel), exigée par la Cour strasbourgeoise, conduit en réponse à l'adoption de mesures de prévention et d'évaluation des risques hétéro et auto-agressifs qui s'assimilent à des technologies panoptiques de surveillance : surveillance vidéo des cellules de détenus en proie à des crises suicidaires pour une durée de vingt-quatre heures, surveillance visuelle intensive pratiquée par les gardiens, tests d'évaluation, entretiens avec le personnel de surveillance et avec un psychologue afin de détecter le potentiel suicidaire, etc. Les détenus cibles font par conséquent l'objet d'une surveillance et d'une évaluation accrues qui répondent plus au moins à des modes de disciplinarisation des corps et des esprits déjà proposés et analysés par Michel Foucault[38].

D'autre part, en cas de suicide ou d'homicide, les États se voient contraints de répondre à une obligation d'investigation et d'enquête policière et du parquet sur les circonstances de la mort, imposée par la Cour européenne afin d'en déterminer les causes et les responsabilités et, *in fine* d'assurer la protection effective du droit à la vie[39]. Par conséquent, cette obligation d'enquête, qui doit répondre à des critères d'indépendance, d'effectivité, de célérité et de visibilité publique[40], implique par définition mais aussi en pratique une multiplication des regards policier, médical, psychiatrique et judiciaire sur la réalité carcérale avec des auditions de témoins, de la famille du défunt et de responsables pénitentiaires pouvant éclairer l'enquête, la production d'autopsies, de rapports médicaux et psychiatriques, de mesures précises et de photographies des corps de détenus, des objets et des cellules, et plus globalement de l'univers carcéral. En retour, les enquêtes permettant d'investiguer et d'établir les causes des décès des détenus qui

---

37. G. Cliquennois et B. Champetier, « A New Risk Management for Prisoners in France. The Emergence of a Death-Avoidance Approach », *Theoretical Criminology*, vol. 17, n° 3, 2013, p. 397-415 ; G. Cliquennois, « Preventing Suicide in French Prisons », *British Journal of Criminology*, vol. 50, n° 6, 2010, p. 1023-1040.
38. G. Cliquennois et M. Herzog-Evans, « The European Monitoring of Belgian and French Penal and Prison Policies », *op. cit.*
39. CEDH, 3 avr. 2001, *Keenan c. Royaume-Uni*, n° 27229/95, § 88.
40. *Ibid.*

sont régulièrement médiatisés[41], obligent l'administration pénitentiaire à procéder à des inspections internes pour pouvoir alimenter les mémoires en défense en cas de recours de la famille défunte, afin d'éviter une condamnation de l'État par les juridictions administratives. S'ajoute donc une dose de contrôle professionnel et hiérarchique sur les pratiques pénitentiaires dont on peut certes décrier le manque ou l'absence d'indépendance, mais dont on ne peut nier la réalité et l'effectivité. À tout le moins, il s'agit d'un contrôle supplémentaire généré par les exigences conventionnelles européennes, qui vient interroger, scruter et visibiliser les pratiques carcérales.

2. La prohibition de la torture et des traitements inhumains et dégradants (article 3 de la Convention européenne)

Une autre priorité de la Cour a trait à l'interdiction de la torture et des traitements inhumains et dégradants qui donne lieu pour la même raison à des obligations croissantes de prévention dans le chef des États[42]. Ces obligations induisent un contrôle accru qui comporte deux volets principaux sans partager la même ambivalence à celle attenante à la protection du droit à la vie.

D'une part, on peut en effet faire état d'une croissance des enquêtes et des techniques pour faire la preuve des violations des droits de l'homme[43]. Par exemple, les modes de preuve pour attester la réalité des mauvais traitements et des conditions de détention attentatoires à la dignité humaine impliquent désormais l'investigation et l'enquête de géomètres, d'ergonomes, d'hygiénistes et de médecins en établissements pénitentiaire et en cellules afin de déterminer leurs caractéristiques et propriétés physiques et topologiques. Ces nouveaux modes d'expertise s'accompagnent de la production photographique et filmique qui engendre une multiplication des regards et des connaissances sur la réalité carcérale. Mais cet accroissement des jeux de regards, auquel contribue le Contrôleur général des lieux de privation de liberté, ne se limite pas à ceux-ci et peuvent aller jusqu'à provoquer la dératisation, la désinsectisation[44], voire même la fermeture (telle que la prison des Baumettes à Marseille dont la fermeture est prévue en 2018) et la rénovation de certaines prisons en raison même des conditions de détention inhumaines et dégradantes. On peut faire également état d'une amorce de jurisprudence très récente sur des architectures trop sécuritaires et inadaptées qui sont autant de jugements sur le panoptisme.

---

41. G. Cliquennois et B. Champetier, « A New Risk Management for Prisoners in France », *op. cit.*
42. Prison Litigation Network, *Final Research Report on the European Prison Litigation Network*, Bruxelles, European Commission, sept. 2016.
43. *Ibid.*
44. CE, Ordonnances n°s 364584, 364620, 364621, 364647, 22 déc. 2012, *Section française de l'Observatoire international des prisons et autres.*

D'autre part, on assiste à un développement exponentiel des voies de recours appropriées pour les détenus en conjonction notamment avec l'article 13 de la Convention européenne des droits de l'homme qui consacre le droit à un recours effectif. Bien qu'une marge d'appréciation soit laissée aux États dans leur établissement, ces voies de recours doivent répondre à différents principes tels que le contradictoire, l'effectivité, l'indépendance, l'établissement motivé des faits et de la décision, etc.

3. La légalité de l'enfermement (article 5 de la Convention européenne)

La légalité de l'enferment fait également l'objet d'une attention de tous les instants de la Cour et conduit à une inflation des obligations procédurales et substantielles à la charge des États. Mais cette tendance s'accompagne d'une profonde ambivalence comparable à celle qui caractérise le droit à la vie. On note tant une augmentation du contrôle européen exercé sur les politiques pénitentiaires nationales et une mise en visibilité de la réalité pénitentiaire qu'un accroissement des techniques disciplinaires de surveillance des détenus.

D'une part, la jurisprudence européenne mène au développement et à la promotion des techniques actuarielles d'évaluation qui sont prônées à la fois par la Cour européenne et par le Comité des Ministres du Conseil de l'Europe, ce qui signifie une inflation des techniques disciplinaires s'imposant aux détenus qui en sont l'objet[45]. L'évaluation vient se substituer dans la plupart des cas à l'absence antérieure de possibilité de demande de sortie anticipée telle que la libération conditionnelle. On peut se référer notamment ici à la jurisprudence européenne par rapport à l'Angleterre[46] par exemple.

D'autre part, l'introduction de ces mécanismes d'évaluation rend possible au moins potentiellement des libérations anticipées, et par conséquent d'éventuelles peines de prison moins longues[47].

Par-delà la visibilisation de la condition carcérale et de la production discursive de savoirs, la jurisprudence de la Cour européenne modifie la substance même de l'enfermement. On en veut pour preuve la jurisprudence européenne sur les fouilles, la longueur des peines et la protection de la vie.

---

45. G. Cliquennois et M. Herzog-Evans, « The European Monitoring of Belgian and French Penal and Prison Policies », *op. cit.*
46. CEDH, 9 juill. 2013, *Vinter et autres c. Grande-Bretagne*, n° 66069/09, 130/10 et 3896/10.
47. *Ibid.*

CONCLUSION

Le double paradoxe analysé dans la présente contribution tient au rôle tenu par les organisations internationales, à la place qu'y occupent les droits international et européen et au contenu du panoptisme inversé qui ne se limite pas à une technologie du regard destinée à discipliner les membres du personnel pénitentiaire et à les obliger à intégrer les droits de l'homme dans leurs pratiques professionnelles, mais touche à la substance même de l'enfermement, à sa réalité matérielle et, au-delà, aux politiques pénitentiaires et carcérales. Il est vrai aussi de ce point de vue que les processus analysés ici ne s'épuisent pas non plus exclusivement dans le panoptisme inversé même si ce dernier fait partie intégrante de ces processus. Inversement, certains processus analysés dans la présente contribution, tels que certains aspects de la jurisprudence européenne, s'inscrivent dans le modèle de disciplinarisation des corps et des esprits que Michel Foucault proposait à titre d'analyse des institutions de normalisation auxquelles appartiennent les lieux de réclusion.

Il faut prendre également acte de ce que la contribution de Foucault au combat associatif invalide aussi pour partie son analyse de la prison puisque sa participation tend à modifier la réalité carcérale. À cet égard, les sciences sociales appartiennent à leurs objets, et les analyses proposées tendent à intégrer ensuite la réalité sociale qu'elles proposaient d'analyser et de disséquer. D'autre part, l'analyse du combat associatif et foucaldien montre aussi à quel point il s'inscrit dans un mouvement d'européanisation et d'internationalisation et au centre duquel se trouve le droit, tant dans ses aspects législatifs que judiciaires. Cette centralité des droits international et européen dans leur capacité à produire du contrôle institutionnel et judiciaire de l'enfermement est peut-être à cet égard par trop négligée par l'approche promue par Foucault.

Toutefois, on ne saurait conclure sans évoquer même brièvement le rôle qu'exercent les institutions internationales et européennes dans d'autres domaines, tels que le terrorisme ou encore l'économie. Les politiques répressives et les politiques d'austérité qui sont menées par elles dans ces différents champs sont nettement moins à leur avantage et impactent même indirectement la réalité carcérale et les politiques d'enfermement par ailleurs contrôlées partiellement par ces mêmes institutions internationales et européennes.

L'ŒIL ET LE VERBE.
ANATOMIES DU POUVOIR EN MILIEU CARCÉRAL

Corentin Durand
Doctorant en sociologie à l'EHESS

Les hasards du calendrier ont fait coïncider la préparation de ce texte avec une enquête ethnographique que je terminais au sein d'un établissement pénitentiaire français. Relire *Surveiller et punir* tout en me rendant quotidiennement en détention pour y observer les interactions entre prisonniers et personnels pénitentiaires m'a permis de faire dialoguer ces deux expériences.

Bien qu'il n'ait jamais prétendu fournir une description du fonctionnement d'un établissement pénitentiaire, qui plus est quelques quarante ans après sa parution[1], le livre de 1975 a eu une influence décisive et durable sur la manière dont a été observé et analysé le fonctionnement des prisons contemporaines. Il a orienté le regard des observateurs vers une série de dispositifs qui prolongent, réactivent et complexifient le projet panoptique d'un « pouvoir "omniregardant" ». Ce faisant, il a aussi contribué à laisser dans l'ombre une dimension essentielle de l'économie des relations de pouvoir en détention, à savoir les communications quotidiennes qu'entretiennent enfermants et enfermés.

Pointée dès les premiers travaux de sociologie carcérale[2], cette dimension gagne cependant à être appréhendée « à la manière de », c'est-à-dire en décrivant les dispositifs matériels et techniques qui structurent l'asymétrie des relations de pouvoir qui s'y déploient. Penser le pouvoir avec, et au-delà de Foucault, selon

---

1. Il s'agit là d'une erreur fréquente, qui permet de reprocher à peu de frais le manque de prise en compte par Foucault du fonctionnement concret des établissements, quand *Surveiller et punir* propose explicitement une généalogie du projet pénitentiaire. Pour une discussion de cette interprétation, *cf.* D. Garland, « Foucault's Discipline and Punish. An Exposition and Critique », *American Bar Foundation Research Journal*, vol. 11, n° 4, 1986, p. 847-880.
2. Gresham Sykes pointait déjà que « le gardien – appuyé par tout le pouvoir de l'État, proche d'agents armés qui se précipiteraient à son secours, et conscient que tout prisonnier qui lui désobéit peut être puni s'il engage des poursuites – découvre souvent que sa meilleure stratégie est de faire des "accords" et des "échanges" avec les captifs en son pouvoir », *in* G.M. Sykes, *The Society of Captives. A Study of a Maximum Security Prison*, Princeton University Press, 1958, p. 56-57 (notre traduction).

l'expression de Bernard Harcourt[3]. Additionnellement aux technologies optiques, le projet de cette contribution est de donner à voir la matérialité et l'importance de dispositifs de communication entre prisonniers et autorités. Ce faisant, le propos veut suggérer l'intérêt d'une anatomie alternative pour une généalogie du pouvoir en milieu carcéral.

I. POUVOIR DE L'ŒIL

Le projet panoptique et la « technologie politique »[4] qu'il figure se déclinent avant tout comme une série de dispositifs optiques. Comme l'écrit Foucault, le Panoptique est un « œil parfait auquel rien n'échappe »[5]. Bentham avait ainsi imaginé un jeu de lumière par lequel le regard pourrait plonger, depuis la tour centrale de l'édifice, dans chaque cellule, pour en observer les moindres recoins. Cet « œil du pouvoir, nous dit Foucault, c'est le diagramme d'un mécanisme de pouvoir »[6], « c'est le principe général d'une nouvelle "anatomie politique" »[7].

En arrivant en détention, le lecteur de *Surveiller et punir* ne peut manquer de porter une attention particulière à un certain nombre de discours, de pratiques et de technologies dont la filiation au projet panoptique est parfois explicite. Les concepteurs des établissements du plan de construction en partenariat public-privé dit « 13200 », amorcé en 2002, n'ont-ils pas baptisé « cour panoptique » l'espace en demi-cercle doté d'un poste d'observation central qui donne accès aux bâtiments d'hébergement ? Les nombreuses caméras de vidéosurveillance présentes dans les couloirs, les allées et les cours, semblent démultiplier le regard panoptique, dans l'espace et – du fait de l'enregistrement – le temps. Le poste central d'information (PCI), où de nombreux écrans transmettent les images des caméras de l'établissement a ainsi été analysé comme un « œil technologique du pouvoir »[8].

La filiation architecturale au projet de Bentham est néanmoins distante. Les postes d'observation et les caméras de surveillance ne surveillent pas l'intérieur des cellules, mais les espaces de circulation. Ils contrôlent les flux plutôt qu'ils ne scrutent les âmes[9]. L'organisation de l'espace carcéral autour d'une tour centrale

---

3. B.E. Harcourt, « Rethinking Power with and Beyond Foucault », *Carceral Notebooks*, 2013, p. 79.
4. M. Foucault, *Surveiller et punir. Naissance de la prison*, Gallimard, 1975, p. 239.
5. *Ibid.*, p. 204.
6. *Ibid.*, p. 239.
7. *Ibid.*, p. 243.
8. G. Chantraine, D. Scheer et O. Milhaud, « Espace et surveillances en établissement pénitentiaire pour mineurs », *Politix*, vol. 97, n° 1, 2012, p. 132.
9. Ch. Demonchy, « L'architecture des prisons modèles françaises », *in* Ph. Artières et P. Lascoumes (dir.), *Gouverner, enfermer. La prison, un modèle indépassable ?*, Presses de Sciences Po, 2004, p. 269-293.

capable d'observer les reclus à tout instant n'a jamais vu le jour en France. Néanmoins, le projet politique dont elle est porteuse, celui de l'« exercice d'un pouvoir "omniregardant" »[10], a survécu à l'échec de l'architecture benthamienne. L'examen minutieux des tous et de chacun se déploie par une série de dispositifs de mise en visibilité, de mise en examen.

On reconnaît ainsi la filiation de l'optique panoptique dans les outils informatiques dont s'est doté l'administration pénitentiaire pour centraliser et rendre disponible, en un coup d'œil, les informations relatives aux prisonniers. Face à la multiplication des acteurs de la détention (membres d'associations, enseignants de l'Education nationale, employés de prestataires privés, personnels hospitaliers), les réformes de l'administration pénitentiaire ont affiché une volonté continue de re-totalisation des informations recueillies sur les personnes détenues. À défaut d'un œil unique, il faut croiser les regards. Les technologies optiques du mirador ou de la caméra font place à des « dispositifs de visualisation »[11], au premier rang desquels se placent les outils informatiques. Dès 2008, le « cahier électronique de liaison » (CEL), initialement appelé « cahier de suivi comportemental », avait pour mission la collecte et la mise à disposition des observations relatives aux faits, gestes et attitudes des prisonniers, rassemblées par des personnels pénitentiaires mais aussi par le personnel médical, enseignant ou les prestataires privés[12]. Entre 2014 et 2015, mon enquête de terrain a coïncidé avec la mise en service progressive d'un nouveau système informatique de gestion de la détention, intégrant les fonctionnalités du CEL : le logiciel *Genesis*. Chaque fois qu'un personnel pénitentiaire me l'a présenté, c'est la complétude de l'information disponible pour chaque prisonnier qui m'était soulignée. « On a tout ! », répétait une fonctionnaire pénitentiaire en détaillant les nombreux onglets disponibles pour chaque détenu : sa fiche pénale, son historique pénitentiaire, ses procédures disciplinaires, ses parloirs, son compte nominatif, ses activités culturelles, cultuelles, sportives ou rémunérées, ses requêtes, l'ensemble des observations faites à son sujet par le personnel, etc. Si la personne physique n'est plus placée sous le regard de ses gardiens qu'à de rares moments, les dispositifs numériques de visualisation permettent à tout moment l'examen de son histoire institutionnelle.

L'anatomie optique du pouvoir renvoie en effet à une fonction, davantage qu'à un organe. On oublie parfois une autre invention dont Bentham avait doté son Panoptique : des tubes d'acier, reliant chaque cellule au poste de contrôle, et par

---

10. M. Foucault, « L'œil du pouvoir. Entretien avec J-P. Barou et M. Perrot », *in* J. Bentham, *Le Panoptique*, Belfond, 1977, p. 16.
11. B. Latour, « Les "vues" de l'esprit. Une introduction à l'anthropologie des sciences et des techniques », *Réseaux*, vol. 5, n° 27, 1987, p. 79-96.
12. Cette ambition a néanmoins donné lieu à des réactions et des usages contrastés. Pour une analyse, cf. N. Sallée et G. Chantraine, « Observer, consigner, tracer. Les usages d'un cahier électronique controversé en établissement pénitentiaire pour mineurs », *Sociologie du travail*, vol. 56, n° 1, 2014, p. 64-82.

lesquels le surveillant pourrait entendre la moindre parole, le moindre murmure. Dispositif d'écoute plutôt que de communication. Dispositif rudimentaire aussi, à l'image de l'Oreille de Denys, du nom du tyran de Syracuse dont la légende dit qu'il enfermait ses prisonniers au fond d'une caverne dont l'acoustique naturelle relayait chaque parole à qui se tenait à son entrée. Dispositif contemporain surtout, comme le montre la description par le Groupe d'information sur les prisons d'une des « merveilles techniques » dont était doté la « prison-modèle » de Fleury-Mérogis : « un clavier de commande permet au surveillant de [...] d'écouter n'importe quelle cellule sans que le détenu puisse le savoir ou l'empêcher. »[13] L'oreille, ici, redouble le pouvoir de l'œil. Elle scrute les paroles, elle épie les sons.

Enfin, comme l'écrit Foucault dans « La vie des hommes infâmes », le pouvoir « n'est pas simplement œil et oreille ; il fait agir et parler ». Le pouvoir disciplinaire provoque de multiples prises de parole et de plumes par lesquelles les individus s'offrent à son regard. C'est selon Foucault, la fonction première de la dénonciation, de la plainte, de l'enquête, du rapport, du mouchard, de l'interrogatoire... de cette « immense possibilité de discours » qui naît, estime-t-il, au milieu du XVIIe siècle[14]. Dans cette perspective, les paroles adressées au pouvoir ou qui en émanent participent à un perfectionnement des dispositifs de mise en visibilité des sujets du pouvoir : ils sont épiés, certes, mais surtout ils s'exposent d'eux-mêmes, dans les mots et dans les formats qui leur prête le pouvoir.

On le voit, dans *Surveiller et punir*, le pouvoir disciplinaire fonctionne avant tout comme une mise à distance, une prise unilatérale sur les faits, les gestes et les paroles des sujets. Le discours est capté par des dispositifs de mise en visibilité, d'écoute et d'inscription. Il ne met pas en relation, ne donne pas lieu à la réciprocité de l'échange. Les disciplines, peut-on ainsi lire page 259, « ont le rôle précis d'introduire des dissymétries insurmontables et d'exclure des réciprocités »[15]. Si Foucault décrit le pouvoir en termes de relation, il ne semble pas viser par là des relations sociales ou des interactions, en tout cas pas dans leur dimension inter-active. Même lorsqu'il analyse des situations d'interaction directe, comme des entretiens entre prisonniers et personnels pénitentiaires, c'est la logique unidirectionnelle de l'examen qui prévaut. Les relations de pouvoir sont plutôt un agencement complexe, mouvant et stratégique de disciplines et de « points de résistance »[16]. Ces stratégies se répondent sans se parler, à distance.

Pourtant, comme le note Michel Foucault dans l'entretien qu'il publie en introduction à la traduction des écrits de Bentham sur le Panoptique : « Les procédures de pouvoir mises en œuvre dans les sociétés modernes sont bien plus nombreuses et diverses et riches. Il serait faux de dire que le principe de visibilité

---

13. Groupe d'information sur les prisons, *Intolérable*, Verticales, 2013, p. 102-103.
14. M. Foucault, « La vie des hommes infâmes » (1977), *in Dits et écrits II, 1976-1988*, Gallimard, 2001, p. 248.
15. M. Foucault, *Surveiller et punir, op. cit.*, p. 259.
16. M. Foucault, *La volonté de savoir*, Gallimard, 1976, p. 126.

commande toute la technologie de pouvoir depuis le dix-neuvième siècle. »[17] En particulier, l'optique du pouvoir ne permet pas de rendre compte d'un élément central, à savoir la dimension relationnelle et communicationnelle des rapports de pouvoir. Ici, le pouvoir fonctionne non comme une mise à distance insurmontable, mais comme une mise en relation sous contrainte.

II. POUVOIR DU VERBE

Je voudrais illustrer la coexistence de ces deux anatomies du pouvoir en évoquant les observations que j'ai pu faire en service de nuit dans une maison d'arrêt récemment construite.

Dans l'établissement de quelques sept cent places, gardé par une poignée de surveillants, les portes de cellules ne s'ouvriront plus jusqu'au matin. Si ce n'étaient la lumière et les bruits qui s'échappent des fenêtres des cellules, le vide et la demi-obscurité des autres espaces pourraient faire croire l'établissement déserté. Seuls deux dispositifs mettent encore en contact les prisonniers et leurs gardiens. Chacun réduit à leur plus simple expression : l'œilleton et l'interphone.

Deux fois par nuit, sauf pour les malheureux qu'on réveillera toutes les deux heures pour leur rappeler qu'ils ne doivent pas se suicider, des surveillants collent un œil à l'œilleton des cellules pour vérifier la présence de ses occupants. Coup d'œil rapide, souvent retardé parce que les prisonniers ont obstrué l'œilleton et que le surveillant doit attendre qu'ils retirent le cache artisanal. Coup d'œil sommaire aussi, puisqu'il s'agit seulement de vérifier la présence physique des prisonniers dans leur cellule.

Pendant ce temps, et pendant toute la nuit, un surveillant se tient dans le poste central. Les écrans de surveillance ne montrent plus que des espaces vides. Des détenus, il n'entend que la voix, quand parfois l'un d'eux active l'interphone de sa cellule. Dans le poste de contrôle, un voyant lumineux invite le fonctionnaire à accepter l'appel. À tout moment, un autre bouton lui permet d'y mettre fin. Plus tôt dans la soirée, un prisonnier a demandé qu'on lui apporte un kebab. Souvent, les conversations concernent des problèmes électriques. Elles n'ont parfois pas d'objet précis.

Regard furtif, parole hachée. La nuit révèle deux séries de dispositifs, de visualisation et de communication verbale, dans leur plus simple appareil. Elle pointe aussi deux formes bien distinctes de résistance. L'œilleton, par un assemblage de lentilles optiques, permet de voir sans être vu. C'est un dispositif visuel strictement distancié et unilatéral. Face à lui, la résistance s'inscrit nécessairement contre, pour obstruer le dispositif, l'empêcher de fonctionner. L'interphone en revanche n'est plus le dispositif d'écoute décrit par le Groupe d'information sur

---

17. M. Foucault, « L'œil du pouvoir », *op. cit.*, p. 11.

les prisons, ni même un simple haut-parleur pour transmettre des instructions. Il s'agit d'un dispositif de mise en relation dans lequel l'action du prisonnier peut s'inscrire. Il ne s'agit plus d'échapper au pouvoir, en endommageant le matériel par exemple, mais d'entrer en communication avec lui, de négocier une prise sur sa situation.

Les communications entre prisonniers et autorités pénitentiaires sont quotidiennes, à l'ouverture des portes le matin ou à la distribution des repas, lors d'audiences avec les officiers ou la direction, dans des courriers adressés à différentes autorités. Le discours y prend une nouvelle dimension. Il n'est plus une simple trace, le support de la cumulative des savoirs disciplinaires. L'observation d'audiences entre prisonniers et officiers montre au contraire que ces échanges valorisent la confidentialité et l'informalité. Lorsqu'ils font néanmoins l'objet d'une observation dans un logiciel pénitentiaire, on y retrouve ordinairement très peu de ce qui a été dit pendant l'entretien. Ici, le discours n'est plus le seul support d'une relation de pouvoir structurellement unilatérale ; il devient l'espace même de rapports de pouvoir, de négociations sur ce qu'il est acceptable de dire, de demander, de réclamer. En cela, les communications entre prisonniers et autorités ne peuvent pas être limitées à des échanges stéréotypés et asymétriques. Asymétriques, elles le sont, mais sans que cela n'exclut des formes de réciprocité.

III. TECHNOLOGIES DU VERBE

Pour analyser cette dimension communicationnelle des rapports de pouvoir en prison, *Surveiller et punir* reste une précieuse ressource par la méthode qu'il propose. On ne saurait se contenter en effet de noter que les prisonniers peuvent s'exprimer et adresser des demandes, des plaintes ou des revendications aux autorités pénitentiaires, ni – inversement – de renvoyer cette possibilité à une simple ruse du pouvoir pour asseoir sa domination. Il faut décrire et analyser les technologies et les formats qui rendent possible et encadrent ces mises en relation entre prisonniers et autorités. S'il y a en détention une technologie de l'œil, le verbe se déploie également au sein de dispositifs matériels, techniques, spatiaux.

L'interphone est en effet une technologie pauvre, un pis-aller nocturne. Elle est d'ailleurs source de nombreuses tensions. Le surveillant ne peut maîtriser la possibilité des détenus de solliciter la communication et les prisonniers ne peuvent l'empêcher d'y mettre fin quand il le souhaite. En cas de désaccord, les échanges se multiplient, de plus en plus brefs. Les propos deviennent vite agressifs, de part et d'autre.

Mais bien d'autres formats existent et s'inventent continuellement dans les détentions. Certaines communications sont orales, notamment les interpellations informelles de surveillants d'étage ou les nombreuses audiences – ces entretiens formels en face-à-face avec un responsable pénitentiaire. S'y ajoute la multiplication des formats écrits. En une semaine, dans une maison d'arrêt de taille moyenne, j'ai recensé pas moins de 350 demandes écrites par des prisonniers et enregistrées par l'administration pénitentiaire. Les formats de ces demandes sont multiples : demandes sur papier libre bien sûr, mais aussi formulaire spécifique, ou « questionnaires de satisfaction ». Dans certains établissements, une borne électronique permet aux prisonniers d'inscrire directement leur requête sur le logiciel pénitentiaire *Genesis*. L'administration pénitentiaire belge a poussé ce principe plus loin encore, en dotant chaque cellule d'un ordinateur permettant d'exprimer des requêtes électroniques et de recevoir les réponses des autorités.

Ces technologies de mise en relation entre prisonniers et autorités structurent la nature même des rapports de pouvoir. Ils permettent et contraignent l'émergence des discours. Le formulaire de requête ne prévoit qu'un espace de huit lignes pour exprimer sa demande ; le questionnaire de satisfaction demande de choisir entre quatre modalités de satisfaction ; la borne électronique restreint les destinataires potentiels des demandes.

Au prisonnier, l'institution semble répondre avec la même voix que celle que lui prêtait Foucault lors de sa leçon inaugurale au Collège de France : « Tu n'as pas à craindre de commencer ; nous sommes tous là pour te montrer que le discours est dans l'ordre des lois ; qu'on veille depuis longtemps sur son apparition ; qu'une place lui a été faite, qui l'honore mais le désarme ; et que, s'il lui arrive d'avoir quelque pouvoir, c'est bien de nous, et de nous seulement, qu'il le tient. »[18] Tout comme les contraintes propres au genre de la leçon inaugurale, les contraintes de forme et de contenu des modes de communication structurent les possibilités d'agir du discours des prisonniers. Elles les structurent, sans les annihiler, en tout cas jamais complètement, tant ces communications marquent une tension permanente entre la conformité et l'innovation, entre la soumission et la contestation, entre la supplique et la revendication. Si le pouvoir disciplinaire dresse des « dissymétries insurmontables » et exclut les réciprocités, ces technologies communicationnelles encadrent, elles, la mise en contact des gouvernés et des gouvernants.

CONCLUSION

Prêter attention aux technologies du verbe, aux dispositifs pratiques de mise en relation entre prisonniers et autorités est, je crois, d'une grande importance analytique, mais aussi politique. C'est un écho au mot d'ordre revendiqué par le Groupe d'information sur les prisons en 1971 : « la parole aux détenus » ; qui en modifie néanmoins l'objet et la portée : la parole, oui, mais quelle parole ? Dans quels espaces, par quels moyens ?

---

18. M. Foucault, *L'ordre du discours*, Gallimard, 1971, p. 9.

Les tergiversations de l'administration pénitentiaire autour de l'application de l'article 29 de la loi pénitentiaire de 2009 illustrent trop clairement l'importance de ces questions. Alors que la loi prévoit une « consultation des personnes détenues », l'administration avait d'abord voulu opter pour des formes de « comités de détenus », réunissant notamment représentants des prisonniers et membres du personnel[19]. Ce format a, sous la pression des syndicats pénitentiaires notamment, été depuis abandonné. Il soulevait d'ailleurs lui-même toute une série de questions formelles et matérielles d'une importance cruciale : comment seraient choisis les prisonniers invités à ces comités ? où et en présence de qui se tiendraient ces réunions ? quel mode d'organisation des prises de parole ? quelle diffusion des comptes rendus ? À l'inverse, on s'achemine aujourd'hui vers des formats faibles, individuels et particulièrement contraints[20]. Après tout, le questionnaire qualité évoqué plus haut est aussi, formellement, une forme d'expression et de consultation.

On peut encore, peut-être, aller plus loin, en tirant parti d'une autre hypothèse foucaldienne. Comme l'a montré la publication des cours sur *La société punitive*, l'étude de la naissance de la prison vient approfondir l'étude d'une « forme » sociale. Le Panoptique, rappelle Foucault, c'est d'ailleurs moins une forme architecturale et optique qu'une technologie politique globale, dont il faut faire la généalogie. Il y aurait aussi à faire une généalogie de ce pouvoir carcéral du verbe, car les dispositifs sur lesquels ils s'appuient sont loin de se cantonner au pénitentiaire ou à l'histoire récente[21]. Foucault l'a esquissé avec l'analyse du pouvoir pastoral. Au-delà d'une forme historiquement située, l'analyse du pouvoir dans les prisons contemporaines invite à réinterroger le pouvoir, aussi bien comme mise à distance de l'œil que comme mise en relation par le verbe.

---

19. C. Brunet-Ludet, *Le droit d'expression collective des personnes détenues*, Direction de l'administration pénitentiaire, 2010.
20. Décret n° 2014-442 du 29 avr. 2014 portant application de l'article 29 de la loi n° 2009-1436 du 24 nov. 2009 pénitentiaire.
21. *Cf.* par ex. L. Heerma van Voss (dir.), *Petitions in Social History*, Cambridge University Press, 2001.

ACTUALITÉ DE L'ANALYTIQUE DU POUVOIR

Guy CASADAMONT
*Chargé d'études à la Direction de l'administration pénitentiaire
et Chargé de cours à l'Université Paris Nanterre*

> « Ce n'est [pas] le pouvoir, mais le sujet,
> qui constitue le thème général de mes recherches. »[1]

Il y a vingt ans, se tenait au Centre national de formation et d'études de la protection judiciaire de la jeunesse de Vaucresson un colloque pour marquer les vingt ans de la publication de *Surveiller et punir*[2]. Le titre de cet exposé est un titre d'approche. Pas beaucoup plus. Et l'intensité des interventions de Foucault est telle, que lorsqu'on l'évoque, ce serait déjà le trahir que de se montrer trop long. Autre manière de dire que Foucault, c'est un style. À ce titre aussi, Foucault savait penser contre lui-même.

I. UNE HISTOIRE DE LA SUBJECTIVITÉ

À preuve, cette déclaration (celle placée en exergue de ce texte) surprenante et cette autre dite aux États-Unis, dans ce même entretien de 1982 :

> « Je voudrais dire d'abord quel a été le but de mon travail ces vingt dernières années. Il n'a pas été d'analyser les phénomènes de pouvoir, ni de jeter les bases d'une telle analyse. J'ai cherché plutôt à produire *une histoire des différents modes de subjectivation de l'être humain dans notre culture* ; […] j'ai étudié l'objectivation du sujet dans ce que j'appellerai les "pratiques divisantes". Le sujet est soit divisé à l'intérieur de lui-même, soit divisé des autres. *Ce processus fait de lui un objet.* Le partage entre le fou et l'homme sain d'esprit, le malade et l'individu en bonne santé, le criminel et le "gentil garçon", illustre cette tendance. »[3]

---

1. M. Foucault, « Deux essais sur le sujet et le pouvoir » (1982), *in Dits et écrits II, 1976-1988*, Gallimard, 2001, p. 1041.
2. Numéro 3 de la Revue *Sociétés et Représentations*, 1996, « Michel Foucault, *Surveiller et punir* : la prison vingt ans après », 444 pages. Dans ce recueil le titre de notre exposé n'est pas le nôtre, mais celui de la rédaction de la Revue.
3. M. Foucault, « Deux essais sur le sujet et le pouvoir », *op. cit.*, p. 1041-1042 (nous soulignons).

J'indique d'emblée que, au champ freudien, c'est un propos auquel un Jacques Lacan aurait souscrit sans réserve. Lors d'une séance fermée d'un séminaire de Jacques Lacan, le 18 mai 1966, Michel Foucault est présent, Lacan s'adresse à lui en ces termes :

« [...] pour nous – quand je dis "nous", je vous dis – "vous et moi", Michel Foucault, qui nous intéressons au rapport des mots et des choses, car, en fin de compte, il ne s'agit que de ça dans la psychanalyse – [...] [ce qui nous est commun] sur quelque point précis ou par quel que biais, [c'est] quelque chose qui s'appelle *histoire de la subjectivité* [...]. »[4]

Dans cette histoire, ajoute Lacan, une fonction essentielle se dégage, celle du signe... Chez Lacan, le signifiant est hanté par le signe.

II. UNE DES LEÇONS DE *SURVEILLER ET PUNIR*

Et pourtant, il y a *Surveiller et punir. Naissance de la prison*, livre qui porte sur l'un des segments dans le champ social de ce que Bentham a appelé « une ruche ». La ruche benthamienne : « L'ensemble de cet édifice est comme une ruche dont chaque cellule est visible d'un point central. L'inspecteur invisible lui-même règne comme un esprit, mais cet esprit peut au besoin donner immédiatement la preuve d'une présence réelle. »[5] L'historien Philippe Ariès saluera *Surveiller et punir* d'un « c'est le procès des Lumières »[6], dans lesquelles il repérait le début de l'autoritarisme moderne. Pour Foucault, son livre porte sur la « ratio » mise en œuvre dans la modification du système pénal, bref sur un « chapitre dans l'histoire de la "raison punitive" »[7].

La clé de l'analytique du pouvoir dépliée dans le paragraphe « Méthode » du premier volume de l'*Histoire de la sexualité*, *La volonté de savoir*, tient dans cette

---

4. J. Lacan, *L'objet de la psychanalyse*, dit « Séminaire XIII », transcription M. Roussan, Paris, 2006, p. 254.
5. J. Bentham, *Traités de législation civile et pénale*, publiés en français par E. Dumont, de Genève, d'après les manuscrits confiés par l'auteur, t. III, Bossange, Masson et Besson, 1802, p. 213. Dans sa Postface à l'édition du texte du *Panoptique*, Michelle Perrot note que « *Le Panoptique* tient dans la vie et l'œuvre de Bentham une place considérable. Durant vingt ans, la réalisation de ce projet fut son obsession majeure, une espèce d'idée fixe qui a parfois surpris ses amis et l'a même fait taxer de folie », in J. Bentham, *Le Panoptique*, Belfond, 1977, p. 179. Un dessin de couverture est signé de Gourmelin. Dans ce dessin qui figure une surveillance circulaire qui regarde est regardé...
6. Ph. Ariès, « La singulière histoire de Philippe Ariès », *Le Nouvel observateur*, n° 693, 20 févr. 1978, p. 88.
7. M. Foucault, « La poussière et le nuage », in *L'impossible prison. Recherches sur le système pénitentiaire au XIXe siècle*, Seuil, 1980, p. 33. Foucault à propos des Lumières en matière pénale : « Ce qui a été conçu de façon claire et rationnelle au XVIIIe siècle a fini par s'obscurcir. Les Lumières, ce n'est pas le mal absolu, loin de là, ce n'est pas non plus le bien absolu ni surtout le bien définitif », *in Dits et écrits II, op. cit.*, p. 1511.

réponse qui fuse lorsque pour le journal *Le Monde*, un journaliste lui demande d'où vient la prison. Réponse : « D'un peu partout. »[8] Ou encore, « le pouvoir est partout ; ce n'est pas qu'il englobe tout, c'est qu'il vient de partout »[9]. Dans un entretien qui porte sur *Surveiller et punir*, Foucault indique que lorsqu'il pense au pouvoir, il « pense à *sa forme capillaire* d'exister, au point ou le pouvoir rejoint le grain même des individus, vient s'insérer dans leurs gestes, leurs attitudes, leurs discours, leur apprentissage, leur vie quotidienne. Le XVIIIe siècle a trouvé un régime pour ainsi dire synaptique du pouvoir, de son exercice *dans* le corps social. Pas *au-dessus* du corps social »[10].

La portée de cette « microphysique du pouvoir » – c'est l'invention théorique de *Surveiller et punir* – est coextensive à la sphère de l'État – et donc du carcéral –, à l'espace du marché, au champ de la société civile, c'est là l'actualité de l'analytique du pouvoir. Que le pouvoir vienne de partout et perde son P majuscule, que son essence soit relationnelle, qu'il se joue dans des parties singulières, et souvent dans des fractions de seconde, que nul n'en soit absolument dépourvu, sont autant de traits de l'analytique foucaldienne du pouvoir.

III. RÉSISTANCES AU POUVOIR

Une *analytique* des relations de pouvoir inclut les résistances au pouvoir. L'historienne Michelle Perrot est fondée à écrire, décochant cette flèche à Bentham : « Bentham […] me paraît très sûr de lui, très confiant dans la puissance pénétrante du regard. On a même le sentiment qu'il mesure très mal le degré d'opacité et de résistance du matériau à corriger, à réintégrer dans la société – les fameux prisonniers. »[11]

Le 20 mai 1978, Michel Foucault accepte de passer un oral auprès d'historiens de métiers qui ne furent guère séduits par *Surveiller et punir*. Il réplique et se défend. Ainsi, « quand je parle de société "disciplinaire", il ne faut pas entendre "société disciplinée" »[12]. À la lecture de *Surveiller et punir*, la chose ne va pourtant pas de soi. Pour preuve, l'année suivante, en 1979, la revue *Esprit* organise une table ronde à propos des prisons, un certain Louis Appert y fait remarquer que « la prison ce n'est pas un lieu immobile où rien ne se passe […] c'est une chose dans laquelle des évènements ont lieu tous les jours […] Toute cette vie grouillante de la prison qui n'"existait" littéralement pas, même pour ceux qui

---

8. M. Foucault, « Des supplices aux cellules » (1975), *in Dits et écrits I, 1954-1975*, Gallimard, p. 1585.
9. M. Foucault, *La volonté de savoir*, Gallimard, 1976, p. 122.
10. M. Foucault, « Entretien sur la prison : le livre et sa méthode » (1975), *in Dits et écrits I, op. cit.*, p. 1609.
11. M. Foucault, « L'œil du pouvoir », *in* J. Bentham, *Le Panoptique, op. cit.*, p. 27.
12. M. Foucault, « La poussière et le nuage », *op. cit.*, p. 834.

avaient écrit de très bonnes choses sur les prisons, on a essayé de la faire connaître au jour le jour »[13]. Or, « Louis Appert » est l'un des rares pseudonymes de… Michel Foucault – quant à « ceux qui avaient écrit de très bonnes choses sur les prisons », est là une autocritique, il est vrai masquée. C'est en prenant appui sur ce paragraphe « Méthode » de *La volonté de savoir* qu'il était possible, très tôt, d'avancer une critique *foucaldienne* de *Surveiller et punir*[14].

Surveiller et punir est un livre baroque[15] dont la frappe nietzschéenne s'énonce à la dernière ligne de la quatrième de couverture signée M.F. : « Peut-on faire une généalogie de la morale moderne à partir d'une histoire politique des corps ? » Ce qui illustre remarquablement la position de Foucault selon laquelle ses livres sont « des fragments philosophiques dans des chantiers historiques »[16].

IV. SUR LE DÉBAT FOUCAULT/ALTHUSSER

Dans ce livre, Foucault continue de poursuivre son débat avec Louis Althusser et la philosophie marxiste qu'il promeut. Ce n'est pas Althusser lui-même mais l'un de ses disciples, Dominique Lecourt, qui, à la demande d'Althusser[17], montera en première ligne contre Foucault. Il s'était déjà antérieurement occupé de *L'archéologie du savoir* pointant que ce qui lui « manque [à lui Foucault, c'est] un point de vue de classe »[18] là ou Marx se place au point de vue du prolétariat et des contradictions de classes. Après la publication de *Surveiller et punir*, dans un opuscule *Dissidence ou révolution ?* Dominique Lecourt consacre un chapitre à ce qu'il appelle « L'enjeu Foucault » et réitère son geste critique en des termes qui se veulent sans appel :

> « […] si Foucault construit une théorie du pouvoir comme faisceau de rapports infinitésimaux sans mécanisme d'ensemble pour en régler les petits exercices, avec les effets d'occultation que nous venons d'entrevoir, c'est qu'il ne prend pas en compte *le procès général de la lutte des classes* dont l'exercice des différents appareils idéologiques et répressifs d'État

---

13. M. Foucault, « Luttes autour des prisons » (1979), *in Dits et écrits II, op. cit.*, p. 809.
14. G. Casadamont, « Ombre et Lumières. Plaidoyer pour un clair-obscur », *Archives de philosophie du droit*, vol. 24, 1979, p. 329-353.
15. Baroque au sens d'une pluralité de plis (G. Deleuze), en effet son type de causalité est durkheimienne quant à la naissance de la prison (il s'agit d'expliquer les faits sociaux par les faits sociaux antécédents, *id est* la montée des disciplines pendant l'âge classique), ce qui n'exclut pas une problématisation marxienne de la gestion différentielle des « illégalismes » (illégalismes de droit *versus* illégalismes de biens). Enfin, ce livre est un chapitre d'une généalogie nietzschéenne.
16. M. Foucault, « Table ronde du 20 mai 1978 », *in Dits et écrits II, op. cit.*, p. 840.
17. *Cf.* D. Lecourt, « Des penseurs des Lumières à la science contemporaine », *in* A. Wald Lasowski, *Althusser et nous*, PUF, 2016, p. 131.
18. D. Lecourt, *Pour une critique de l'épistémologie. Bachelard, Canguilhem, Foucault* (1972), François Maspero, 1974, p. 133.

[on reconnait ici la main d'Althusser] ont pour fonction de réaliser, par des effets réglés de pouvoir, la tendance dominante. »[19]

C'est en Italie notamment (et aussi en Allemagne) que Foucault glisse en titre sa *Microfisica del potere*[20] sous les pas du marxisme althussérien et de sa « Note » célèbre sur « les appareils idéologiques et répressifs d'État »[21]. Dans « "Hétérotopies" : tribulations d'un concept », Daniel Defert en vient à poser cette question de la pertinence générale de l'approche marxiste en ces termes : « L'espace, demande-t-il, n'est-il pas une immense page blanche où s'écrit depuis bientôt deux siècles la méta-narration du capital ? N'est-ce pas là l'impensé général, le non-dit de tous ces cloisonnements bâtis entre les classes, les sexes et les générations ? »[22] Question dont les termes pourraient appeler ce déplacement : est-ce le capital qui nous fait perdre la tête ? Ou encore : et avant lui, comment les choses se passaient-elles ?

Dans les *Désarçonnés*, Pascal Quignard écrit ceci à propos d'une déclaration de Mettius Curtius, à Tullius, à l'origine de Rome :

> « – Le choix n'est pas d'être libre ou esclave. Le choix est entre maître et esclave.
> C'est du Freud pur. C'est du Marx dur. On attribue au roi Servius Tullius l'invention des classes sociales (l'invention du classicisme). D'abord deux classes s'opposèrent : *prima classis* et *secunda classis*. Telle fut la violence Romaine.
> Prédateur/proie.
> À Rome *dominus/servus*.
> Plus tard l'éternité/le siècle. »[23]

On ne sait pas bien s'il existe quelque chose comme du « Freud pur » ou du « Marx dur ». On sait que « Freud » et « Marx » restent des noms qui divisent à quoi s'apprécie leur puissance. Celui de Foucault pas moins. Étant sans promesse,

---

19. D. Lecourt, *Dissidence ou révolution ?*, François Maspero, 1978, p. 84.
20. M. Foucault, *Microfisica del potere. Interventi politici*, éd. par A. Fontana et P. Pasquino, Einaudi, 1977. Et déjà dans M. Foucault, *Les mots et les choses. Une archéologie des sciences humaines*, Gallimard, 1966, p. 274 : « Le marxisme est dans la pensée du XIXe siècle comme poisson dans l'eau : c'est-à-dire que partout ailleurs il cesse de respirer. » Évoquant les débats entre économie bourgeoise et économie révolutionnaire, il ajoute que leurs « débats ont beau émouvoir quelques vagues et dessiner des rides à la surface : ce ne sont que des tempêtes au bassin des enfants » (*ibid.*). Le bassin de l'Ens…
21. L. Althusser, *Positions (1964-1975)*, Éditions Sociales, 1976, p. 67-125. Ces « Notes pour une recherche » ont d'abord paru dans *La Pensée*, n° 151, juin 1970.
22. D. Defert, « "Hétérotopie" : tribulations d'un concept », *in* M. Foucault, *Le corps utopique, les hétérotopies*, Lignes, 2009, p. 46. La pointe la plus aiguë que Foucault ait adressée au marxisme figure dans « Le jeu de Michel Foucault » (1977), *in Dits et écrits II, op. cit.*, p. 311.
23. P. Quignard, *Les désarçonnés. Dernier royaume 7* (2012), Gallimard et Fasquelle, 2015, p. 90.

Freud invite à une démarche coûteuse et boiteuse, tenant que « boiter n'est pas pécher ». Quant à Marx il laisse espérer « la promesse d'un renversement » de l'« aliénation » que produit la division du travail caractéristique des rapports de production capitalistes[24]. Et donc l'espoir d'une « désaliénation » attendue. On en vient alors à se demander que serait du « Foucault pur et dur » – si cela existe.

La grande leçon de Foucault quant aux relations de pouvoir, et c'est en quoi il s'agit bien d'une analytique, c'est que la relation qu'elles engagent, se caractérise par la réversibilité de ses termes, soit des positions dominants/dominés. Et si nous prolongeons l'apologue du latiniste P. Quignard, et sa romaine distinction *dominus/servus,* le « pouvoir » engage un rapport qui peut faire songer aux rapports S/M, et que l'on qualifiera, à suivre ici le fil latin, de rapports D/S. Pas moins réversibles. Dans un « éternel retour ». Brûlantes alors les relations de pouvoir en ce qu'elles relèvent d'une érotique qui ne dirait pas son nom ? Ni sa limite *a priori.*

Se pourrait-il alors qu'au champ freudien Jean Allouch ait précédé de presque vingt ans par cette très inattendue déclaration selon laquelle « la position de la psychanalyse, sera foucaldienne ou la psychanalyse ne sera plus »[25]. Explicitation : « La psychanalyse sera foucaldienne ou ne sera plus veut donc dire en premier lieu que nous avons la charge de faire Lacan rejoindre Foucault. Or quelque chose comme un point de rendez-vous leur est fixé d'avance, une sorte de trognon d'éros que tout un chacun appelle soi. »[26] Actualité de l'analytique du pouvoir/ actualité de l'analytique du sujet, jeux et enjeux de vérité par quoi une modification de soi est visée qui passe par ce que Michel Foucault finira par appeler « le souci de soi » relevant d'une pratique de liberté[27]. À quoi il donna le beau nom de « spiritualité politique ». Si la discipline (carcérale) est une anatomie politique du détail, par déplacement et retournement, la spiritualité foucaldienne pourrait se définir comme une incarnation[28] subjective du détail.

---

24. É. Balibar, « L'anti-Marx de Michel Foucault », *in* Ch. Laval, L. Paltrinieri et F. Taylan (dir.), *Marx et Foucault. Lectures, usages, confrontations,* La Découverte, 2015, p. 98 et 96. Dans le texte d'Étienne Balibar on tombe sur une curieuse et elliptique parenthèse : « (et autres…) », qui ouvre sur une autre problématisation que celle de « la maîtrise des illégalismes populaires » (p. 91). Le Foucault des *aphrodisia* ? Irréductibilité du désir que l'on ne saurait mettre entre parenthèses.
25. J. Allouch, *La psychanalyse : une érotologie de passage,* Cahiers de l'Unebévue/Epel, 1998, p. 164. *Cf.* aussi « l'analyse sera foucaldienne ou ne sera plus », *Spy,* 2015, p. 7-22. Le troisième chapitre de son dernier ouvrage est consacré à Foucault (le premier à Freud, le deuxième à Lacan) : J. Allouch, *L'Autresexe,* Epel, 2016.
26. J. Allouch, *La psychanalyse : une érotologie de passage, op. cit.*, p. 179.
27. M. Foucault, « L'éthique du souci de soi comme pratique de liberté » (1984), *in Dits et écrits II, op. cit.,* p. 1527-1548. Dans cette édition de la collection « Quarto », « liberté » est devenue « la liberté » (de même, déjà dans l'édition Gallimard de 1994).
28. B. Stigler, *Nietzsche et la critique de la chair. Dionysos, Ariane, le Christ,* PUF, 2005.

TROISIÈME PARTIE

LA CONDITION CARCÉRALE EN PERSPECTIVE(S)

SURVEILLER ET PUNIR, UNE MALADIE CONTAGIEUSE

Cyrille CANETTI
Psychiatre au Centre hospitalier Sainte-Anne,
Chargé de la consultation extra-carcérale du SMPR de Paris-La Santé

Ni juriste, ni philosophe, pas plus chercheur ou sociologue, je saisis l'occasion qui m'est offerte de partager, après presque vingt ans passés à exercer la psychiatrie en prison, mes interrogations sur la position des professionnels de santé exerçant en milieu pénitentiaire. Professionnels qui ne me sont pas toujours apparus insensibles aux charmes du pouvoir ni étrangers aux missions normalement confiées à l'administration pénitentiaire. Si la psychiatrie est régulièrement sollicitée pour exercer une mission de contrôle social, c'est moins fréquent pour la médecine du corps. Pourtant, le glissement des tâches semble affecter autant les équipes de médecine somatique que les équipes de psychiatrie. La tentation du pouvoir et du contrôle dans un milieu d'enfermement paraît concerner tout le monde. Y résister demande un effort de tous les instants, y céder menace de toutes les dérives.

Après un bref rappel historique de l'organisation des soins en milieu pénitentiaire, je me limiterai à exposer différentes situations au cours desquelles j'ai pu constater que les frontières entre surveiller et punir d'une part, et soigner d'autre part, sont fragiles, voire poreuses. Ou comment la pratique des uns peut contaminer celles des autres.

I. ÉVOLUTION DES SOINS EN MILIEU CARCÉRAL

Longtemps, les psychiatres sont intervenus en prison avec pour seule mission le repérage des malades mentaux afin de les faire bénéficier de l'article 64 de l'ancien Code pénal consacrant l'irresponsabilité pénale pour état de démence au moment des faits.

En 1905, le garde des Sceaux, Joseph Chaumié, adresse aux parquets généraux une circulaire qui pose le principe de l'atténuation de la peine pour les personnes reconnues responsables de leurs actes tout en présentant un trouble mental. La mission des experts psychiatres s'étend alors au repérage et au signalement des malades mentaux incarcérés afin d'en protéger le reste de la population pénale.

En 1936, des « services d'examens psychiatriques » sont créés à la Santé, à Fresnes et à la Petite Roquette. En 1945, la réforme « Amor », du nom du directeur de l'administration pénitentiaire de l'époque, fait évoluer la nature de la prise en charge. Les anormaux mentaux sont l'objet d'une attention particulière car il s'agit d'une catégorie de délinquants à qui il est juste de donner des soins que réclame leur état. Par ailleurs, ces soins sont un facteur important de prévention de la récidive à la sortie de prison. Selon Paul Amor, dans tout établissement doit fonctionner une annexe sociale et médico-psychologique dont le but est d'éclairer la justice par le dépistage et le traitement des délinquants mentalement anormaux incarcérés.

Vingt-quatre annexes psychiatriques sont prévues. La première voit le jour en 1950 à Fresnes. Mais l'esprit de la réforme « Amor » est partiellement détourné et ces structures se limitent à un rôle de signalement à l'autorité judiciaire et à l'établissement de statistiques nosologiques. En 1961, un service d'hygiène mentale ouvre à la Santé à l'instigation du Docteur Paul Hivert, pionnier des centres médico-psychologiques régionaux (CMPR) créés par la circulaire du 30 juillet 1967. Il est pris en charge par l'Office public d'hygiène sociale et, pour la première fois, incite à un travail thérapeutique. Dans les années 1970, les premières conventions sont passées entre la Direction départementale des affaires sanitaires et sociales et le ministère de la Justice. Il faut attendre le décret du 14 mars 1986 relatif à la lutte contre les maladies mentales et à l'organisation de la sectorisation psychiatrique pour que les secteurs de psychiatrie en milieu pénitentiaire voient le jour. Ils doivent répondre aux besoins de santé mentale d'une population incarcérée dans les établissements relevant d'une région pénitentiaire. Ces secteurs comprennent des services médico-psychologiques régionaux (SMPR) rattachés à un établissement hospitalier public et sont aménagés dans un établissement pénitentiaire. Pour la première fois, des professionnels de santé exerçant en milieu pénitentiaire sont rattachés au ministère de la Santé et sont indépendants de la justice. Outre les missions de prise en charge des malades mentaux incarcérés, ils se voient confier une mission de lutte contre l'alcoolisme et la toxicomanie.

Ce n'est qu'en 1994 que les équipes de soins somatiques obtiennent la même autonomie et ce en raison de l'explosion des épidémies du sida et de l'hépatite C. Leurs missions sont définies par la loi du 18 janvier 1994 relative à la santé publique et à la protection sociale. Celle-ci prévoit que chaque établissement pénitentiaire passe convention avec un établissement public hospitalier de proximité qui y détache une unité de consultation et de soins ambulatoires (UCSA).

L'indépendance des soignants exerçant en milieu pénitentiaire a ainsi une vingtaine d'années. Mais à peine obtenue, cette indépendance a été menacée. Par les textes d'abord, par la dérive des pratiques ensuite.

II. LE GLISSEMENT DE LA MISSION SOIGNANTE VERS LA MISSION D'EXPERT

Le chapitre sur le panoptisme de *Surveiller et punir* commence par la description des mesures à prendre, quand, à la fin du XVIIe siècle, la peste se déclare dans une ville : la ville est quadrillée, il est interdit de sortir :

« Ne circulent que les intendants, les syndics, les soldats de la garde (...) Tout ce qu'on observe au cours des visites – morts maladies, réclamations, irrégularités – est pris en note, transmis aux intendants et aux magistrats. Ceux-ci ont la haute main sur les soins médicaux ; ils ont désigné un médecin responsable ; aucun autre praticien ne peut soigner[1] ».

On le voit, le fait que le pouvoir tente d'avoir la mainmise sur le corps médical et sur les soins n'est pas nouveau. Aujourd'hui, bien qu'ayant obtenu leur indépendance, les professionnels de santé se trouvent soumis à des obligations édictées par le Code de procédure pénale qui questionne d'une part cette indépendance, et d'autre part, le respect de la déontologie médicale. Le médecin généraliste, de façon réglementaire, vient vérifier au moins deux fois par semaine que la personne placée au quartier d'isolement (lieu où sont placées les personnes qui ne peuvent, pour des raisons diverses, entrer en contact avec d'autres personnes détenues) ou au quartier disciplinaire (lieu de punition pour les infractions faites au règlement intérieur de l'établissement) ne souffre d'aucune pathologie. Pourtant, l'article 105 du Code de déontologie médicale stipule que « nul ne peut être à la fois médecin expert et médecin traitant d'un même malade ». Et l'article 10 du même code précise qu'« un médecin amené à examiner une personne privée de liberté ou à lui donner des soins ne peut, directement ou indirectement, serait-ce par sa seule présence, favoriser ou cautionner une atteinte à l'intégrité physique ou mentale de cette personne ou à sa dignité. S'il constate que cette personne a subi des sévices ou des mauvais traitements, il doit, sous réserve de l'accord de l'intéressé, en informer l'autorité judiciaire ». Le fait, pour un médecin, d'examiner une personne placée au quartier d'isolement ou au quartier disciplinaire afin d'évaluer la compatibilité de ce placement avec son état de santé, le met en position d'expert. De plus, en n'établissant pas un certificat de contre-indication à ce placement, il cautionne une atteinte à son intégrité, morale, sinon physique. L'appréciation par un médecin de l'opportunité du maintien de mesures d'origines pénitentiaires ou judiciaires représente, en soi, une double atteinte à la déontologie médicale.

III. L'ÉVOLUTION LÉGISLATIVE, L'ATTRAIT POUR LA CRIMINOLOGIE ET LA PRÉVENTION DE LA RÉCIDIVE

La loi n° 1998-468 du 17 juin 1998 relative à la prévention et à la répression des infractions sexuelles a consacré le principe du suivi socio-judiciaire qui prévoit, entre autres, la possibilité de condamner les auteurs d'infractions à caractère sexuel à une injonction de soins. La personne, une fois libérée de prison (les soins ne peuvent être imposés en milieu pénitentiaire), s'expose à une réincarcération si elle ne se soumet pas à l'injonction qui lui est faite de se soigner. La catégorie des infractions susceptibles d'entraîner un suivi socio-judiciaire n'a cessé d'augmenter

---

1. M. Foucault, *Surveiller et punir. Naissance de la prison*, Gallimard, 1975, p. 516.

avec la succession des textes législatifs[2]. Certains crimes d'atteinte volontaire à la vie, les crimes d'enlèvement et de séquestration, les crimes de destruction par substance explosive ou par incendie représentant un danger pour les personnes, les violences conjugales, les violences commises sur mineur de quinze ans, etc., sont maintenant susceptibles d'entraîner une condamnation à un suivi socio-judiciaire avec injonction de soins. La mission confiée aux soignants est claire, il s'agit de prévenir la commission d'une infraction ou sa récidive. Le rôle du médecin s'apparente à un rôle de contrôle social au détriment de la fonction soignante à proprement parler. Cette nouvelle place faite à la psychiatrie, loin d'entraîner un mouvement de résistance de la part de ses acteurs, a généré un engouement impressionnant. Les diplômes universitaires et autres formations portant sur la criminologie, la psychiatrie légale et la prise en charge psychologique des infractions ont poussé comme des champignons. Dans ma pratique en milieu pénitentiaire, j'ai été frappé du nombre de lettres que je recevais de candidats à des postes de psychologue ou de stagiaire se revendiquant d'une position criminologique vantant leur intérêt pour la prévention de la récidive. Il ne s'agit plus pour eux d'intervenir en prison avec l'idée que les personnes incarcérées ont droit à des soins de la même qualité qu'en milieu libre, mais de mettre leurs compétences au service de la justice.

IV. LA DÉRIVE DES PRATIQUES OU LA MÉDECINE CONTAMINÉE

« Lorsque Pinel libère les malades enfermés dans les cachots, il s'agit d'établir entre le libérateur et ceux qui viennent d'être délivrés une certaine dette de reconnaissance (…) le délivré va acquitter sa dette continûment et volontairement par l'obéissance ; on va donc remplacer la violence sauvage d'un corps, qui n'était retenue que par la violence de chaînes, par la soumission constante d'une volonté à une autre. Autrement dit, enlever les chaînes, c'est s'assurer, par le bais d'une obéissance reconnaissante, quelque chose comme un assujettissement[3] ».

Pour Michel Foucault « en fait, le vieux "pouvoir de souveraineté", brutal, violent, identifiable dans la figure du roi, a progressivement laissé la place "au pouvoir disciplinaire", anonyme et consenti »[4].

---

2. Loi n° 2005-1549 du 12 déc. 2005 relative au traitement de la récidive ; loi n° 2007-297 du 5 mars 2007 relative à la prévention de la délinquance ; la loi n° 2007-1198 du 10 août 2007 renforçant la lutte contre la récidive des majeurs et des mineurs ; loi n° 2008-174 du 25 fév. 2008 relative à la rétention de sûreté et à la déclaration d'irresponsabilité pénale pour cause de trouble mental.
3. M. Foucault, *Le pouvoir psychiatrique. Cours au Collège de France. 1973-1974*, Seuil-Gallimard, p. 30.
4. P. Coupechoux, *Un monde de fous. Comment notre société maltraite ses malades mentaux*, Seuil, 2006, p. 56.

Ainsi, l'ordre et la discipline ne sont-ils pas étrangers à l'exercice de la médecine : le médecin examine, prescrit, contrôle et ordonne. Et le malade devient son patient, terme emprunté au latin *patiens, patiencia* (de *pati* « souffrir, supporter »). Tout naturellement, le médecin attend de celui qu'il soigne qu'il soit un bon patient, un patient docile et soumis.

Ce phénomène, répandu en milieu libre, est exacerbé en prison. De nombreux soignants exerçant en détention participent de façon plus ou moins active au maintien de l'ordre et se sentent investis des missions de l'administration pénitentiaire. Ils en deviennent, le plus souvent inconsciemment, les soldats, et se portent garants de l'ordre carcéral en s'appropriant la sanction. Ils s'appuient, pour ce faire, sur la position de bon objet par excellence dont bénéficient les services de santé en milieu pénitentiaire. Œuvrant pour le soulagement des peines et souffrances, ils s'estiment en droit d'attendre de leurs patients reconnaissance et obéissance.

La première illustration de ces phénomènes, c'est chez moi que je l'ai trouvée. À peine arrivé en prison, je me suis surpris à vouloir davantage venir en aide à ceux qui m'avaient convaincu de leur innocence. Pire encore, chargé de m'occuper de nombreux toxicomanes, je traquais les simulateurs, adoptais des comportement sadiques en prescrivant des traitements aux lourds effets secondaires, je refusais de prescrire des produits de substitution à l'héroïne considérant que le salut ne pouvait venir que de l'abstinence et de la souffrance qu'il en coûtait pour l'obtenir. Il m'a fallu plusieurs semaines de pratique et de nombreuses nuits d'insomnie pour prendre la mesure de l'aspect pervers de mon attitude. Je n'ai depuis cessé de me tenir à l'œil afin de déceler et de tuer dans l'œuf toute velléité d'abuser du pouvoir que me conférait ma position.

V. DOTATION DE PROTECTION D'URGENCE ET CELLULE DE PROTECTION D'URGENCE

La prévention du suicide en milieu pénitentiaire s'appuie sur différents dispositifs dont deux répondent à des recommandations du rapport dit « Rapport Albrand » de 2009[5]. Parmi eux, la dotation de protection d'urgence (DPU) et la cellule de protection d'urgence (CProU) visent à prendre en charge la crise suicidaire définie ainsi sur le site d'information santé de l'Assurance Maladie :

> « La crise suicidaire est un état de trouble psychique aigu, caractérisé par la présence d'idées noires et d'une envie de suicide de plus en plus marquées et envahissantes. La personne confrontée à ce moment de grande souffrance ne trouve pas en elle les ressources suffisantes pour surmonter ce moment. Elle se sent dans une impasse et confrontée à une telle souffrance

---

5. Rapport au garde des Sceaux, *La prévention du suicide en milieu carcéral*, Commission présidée par le docteur Albrand, janv. 2009 (« Rapport Albrand »).

que la mort apparaît progressivement comme le seul moyen de trouver une issue à cet état de crise. Les idées suicidaires sont un signal d'alarme qui précède la tentative de suicide : elles peuvent déboucher sur un passage à l'acte. Pour prévenir ce risque et aider la personne à surmonter la crise, il est essentiel de repérer les signes de détresse qu'elle peut manifester. La crise suicidaire est temporaire et réversible en l'absence de passage à l'acte.[6] »

La DPU a pour vocation d'empêcher une personne en crise suicidaire de se suicider par pendaison, moyen le plus utilisé en milieu pénitentiaire. Elle est constituée d'un drap indéchirable et d'un pyjama en tissu fin et fragile se déchirant facilement. Elle peut être remise à une personne détenue par l'administration pénitentiaire quand celle-ci repère une crise suicidaire afin de pallier l'urgence, le temps de mettre en place les mesures permettant de résoudre favorablement la crise suicidaire. Le Rapport Albrand note :

« Certains professionnels de la santé exerçant en milieu pénitentiaire, s'interrogent. Si la situation est si grave qu'il est envisagé d'utiliser pour une personne détenue en crise suicidaire des vêtements et draps en papier, "n'est-on pas en droit de se demander s'il n'y a pas tout simplement lieu de l'adresser sans délai aux urgences de l'hôpital de proximité ? Car si la prison est un lieu où l'on peut soigner, elle n'est pas un lieu de soins, un hôpital bis". (…) Enfin, il convient de noter que ces matériaux ne sont pas, selon le ministère de la Santé, utilisés en secteur hospitalier spécialisé, d'autres moyens de prise en charge de la personne suicidaire étant mis en œuvre[7] ».

Le Rapport Albrand ajoute concernant la DPU : « Mais son utilisation ne devrait être réservée qu'au cas où la crise suicidaire n'a pas pu être désamorcée. L'expérimentation préconisée devra être réalisée en relation étroite avec la mise en place de cellules sécurisées »[8].

La cellule sécurisée ou cellule de protection d'urgence (CProU) est une cellule entièrement lisse sans aucun point d'accrochage afin d'empêcher toute tentative de suicide par pendaison. Selon le Rapport Albrand, la dotation de protection d'urgence ne saurait être remise ailleurs qu'en cellule de protection d'urgence.

Cependant l'administration pénitentiaire n'hésite pas à remettre la DPU à des personnes placées au quartier disciplinaire chez lesquelles elle a repéré une crise suicidaire alors même que le quartier disciplinaire est un lieu favorisant largement les passages à l'acte suicidaires. Certains médecins, amenés à se prononcer sur le risque de suicide d'une personne placée au quartier disciplinaire, entérinent la décision de l'administration pénitentiaire, d'autres vont jusqu'à préconiser la remise de la DPU pour certaines personnes placées au quartier disciplinaire afin

---

6. V. <http://www.ameli-sante.fr/crise-suicidaire/crise-suicidaire-definition-signes-et-facteurs-de-risque.html> (consulté le 12 avril 2017).
7. Rapport Albrand, p. 132.
8. *Ibid.*, p. 134.

de prévenir tout risque de passage à l'acte suicidaire. En « prescrivant » la remise de la DPU, les médecins contribuent à rendre la sanction applicable.

La CProU est un outil à la disposition de l'administration pénitentiaire qui vise à empêcher une personne en crise suicidaire de passer à l'acte en attendant la résolution de la crise ou une décision médicale d'hospitalisation. Elle ne saurait être un lieu de soins. Selon les instructions du ministère de la Justice, la CProU ne peut être utilisée pour une durée supérieure à 24 heures. Le placement peut toutefois, de façon exceptionnelle, être porté à 48 heures. Selon certains rapports du Contrôleur général des lieux de privation de liberté, il arrive pourtant que la décision de placement en CProU soit recommandée par les médecins et que la mesure soit prolongée par eux pour des durées allant jusqu'à 72 heures. Au point qu'une personne détenue a un jour confié ne plus oser évoquer ses idées suicidaires de peur de se retrouver placé par les psychiatres en CProU.

VI. LA LUTTE CONTRE LE TRAFIC MÉDICAMENTEUX ET LA DISTRIBUTION MÉDICAMENTEUSE

Les médicaments, notamment les psychotropes, font l'objet d'un trafic considérable, tant en milieu libre qu'en milieu pénitentiaire. Le rôle du médecin pour limiter l'importance du trafic est de sensibiliser les patients auxquels il prescrit. Il doit les informer des risques qu'ils font courir aux autres en leur procurant des substances non prescrites. Il doit également informer les personnes fragiles des risques auxquels elles s'exposent en prenant des molécules sans avis médical. La différence entre le milieu fermé et le milieu ouvert tient, entre autres, au fait que la population détenue est captive, plus facile à surveiller et donc à punir… Dans ma pratique, les exemples ne manquent pas de médecins se dispensant de leur mission de prévention au profit d'un comportement de suspicion, de contrôle et de sanction. Les médicaments les plus convoités en détention sont souvent remis par du personnel infirmier qui s'assure de la prise et se sent investi d'une mission de contrôle. Certains médicaments sont même pilés au détriment de leur efficacité thérapeutique afin d'en éviter le trafic.

Mais le contrôle peut prendre des tournures plus menaçantes comme l'illustre ce courrier écrit par un médecin à son patient :

> « Monsieur, il a été trouvé dans votre cellule, tous les traitements (SMPR et UCSA) dans cinq poches. Si vous ne prenez pas les traitements prescrits, ayez la gentillesse de dire que vous n'en voulez pas au lieu de les stocker. J'informe ce jour le SMPR pour votre attitude. En ce qui me concerne, je prends acte et tout traitement est suspendu. Votre conseil avocat sera informé en cas de nécessité. Bonne journée. »

La contamination des pratiques est parfois plus sournoise. De nombreuses personnes détenues rapportent des refus des équipes médicales de les prendre en charge au motif qu'elles ne respectent pas le règlement intérieur de l'établissement : un médecin a renvoyé un détenu de l'unité sanitaire parce qu'il communiquait avec sa femme, incarcérée également, en criant par la fenêtre de la salle d'attente.

Par ailleurs, dans de nombreux cas, les équipes sont parasitées par la crainte d'être manipulées qu'elles expriment ouvertement. Crainte sans doute parfois fondée mais, là encore, la différence avec la pratique en milieu libre interroge. De nombreuses personnes détenues rapportent des attitudes méfiantes, voire hostiles des équipes médicales à leur égard.

Refus de soins, menaces de rapports faits à l'administration pénitentiaire, renvois en cellule, suspensions de traitements et abus de pouvoir sont légions dans les témoignages des personnes détenues. Un médecin refusait, lorsqu'il était de garde la nuit, que les surveillants le mettent en relation téléphonique avec le détenu malade afin qu'il lui expose ses symptômes directement, de peur que ce soit la porte ouverte à toutes les manipulations et qu'il ait ainsi à se déplacer pour rien. Il préférait à cette procédure pourtant réglementaire, le filtre des agents qui établissaient selon leurs propres critères, les motifs pour lesquels l'appel du médecin de garde était légitime.

VII. LE RECOURS À LA FORCE PÉNITENTIAIRE À DES FINS THÉRAPEUTIQUES

Mais l'exemple le plus violent de la collusion qui peut exister entre services pénitentiaires et professionnels de santé se situe sans doute dans le soin contraint en détention. En prison, le recours à la contrainte pour soigner paraît naturel à beaucoup. Puisque la population est captive, pourquoi, en effet, ne pas lui administrer les soins dont elle a besoin, quand bien même elle s'y oppose ? Si la loi n'a jamais validé une telle pratique, c'est précisément pour éviter que la confusion existe entre la maîtrise physique à des fins de punition et celle à des fins thérapeutiques. Le recours à la force ne peut s'envisager en psychiatrie que lorsqu'il vise à protéger le malade ou son entourage de sa violence pathologique. C'est alors une mesure de soin symbolisée par le port de la blouse blanche par les équipes infirmières. Symbolique évidemment inexistante quand la maîtrise est exercée par des agents de l'administration pénitentiaire, vêtus de bleu, casqués et équipés de boucliers. Cette pratique est pourtant fréquente en milieu pénitentiaire et l'on assiste, sur prescription médicale, au placement de personnes détenues à l'isolement forcé et prétendument thérapeutique, après intervention des surveillants pénitentiaires, voire des équipes régionales d'intervention et de sécurité (ERIS). Malheureusement, de telles pratiques existent dans de nombreux établissements pénitentiaires : injections pratiquées de force au quartier disciplinaire, mises à l'isolement à l'unité du SMPR avec privation de sorties, de parloirs, d'usage du téléphone, du tabac, etc. Les équipes rencontrées n'ont jamais manifesté le moindre questionnement quant à ces pratiques, convaincues qu'elles étaient d'agir pour le bien de leurs « patients ».

VIII. LA PRISE EN CHARGE DES PERSONNES DÉTENUES EN MILIEU LIBRE

La prise en charge des personnes détenues en milieu libre n'échappe malheureusement pas à ces dérives : l'examen aux urgences d'un prisonnier se fait souvent sous contention, en présence du personnel pénitentiaire, au mépris total de la confidentialité des soins. Un patient a rapporté avoir été reçu menotté aux urgences, après une tentative de suicide, par un psychiatre qui a mené l'entretien en présence du surveillant pénitentiaire.

Par ailleurs, lorsque des personnes détenues sont adressées à l'hôpital psychiatrique pour des troubles nécessitant une hospitalisation, elles passent régulièrement l'intégralité de leur séjour en chambre d'isolement, et parfois sous contention, alors même que leur état clinique ne le nécessite pas. Interrogés sur ces pratiques, les psychiatres expriment leur crainte de l'évasion, reconnaissant sans peine avoir endossé la mission de garde de l'administration pénitentiaire.

Mais l'exemple le plus stupéfiant du glissement de la contamination des soignants par les missions de surveillance et de punition reste sans doute celui que j'ai rencontré lors d'une de mes visites dans un commissariat de province. La fouille d'une personne par palpation, ne peut se faire, règlementairement, que par une personne du même sexe. Interrogé sur la pratique des équipes de police lorsque, la nuit, aucun agent du sexe féminin n'est présent et qu'il faut procéder à une fouille sur une femme, un officier a répondu : « C'est simple, nous amenons la femme interpellée aux urgences et une infirmière se charge de la fouiller » !

CONCLUSION

Alors que le législateur a confié l'exercice de la médecine en milieu pénitentiaire au ministère de la Santé, il y a lieu de se questionner sur l'indépendance réelle des soignants soumis aux tentations du pouvoir. Peut-on réellement préserver cette indépendance dans un tel milieu ? N'est-on pas immanquablement amené à cautionner le système pénitentiaire, à l'aider dans son fonctionnement, voire dans son dysfonctionnement ? Même si les soins sont incontestablement de meilleure qualité qu'il y a trente ans, peut-on pratiquer la médecine en prison sans participer à la punition et sans devenir un auxiliaire de la peine ? Ne convient-il pas de s'interroger sur la place que les psychiatres, par leur collaboration, ont fait au fou en prison ? N'ont-ils pas investi l'espace pénitentiaire pour mieux surveiller et mieux punir en cas de désobéissance ? Les professionnels de santé exerçant en prison n'ont-ils pas été contaminés insidieusement par la mission de garde, comme si elle avait glissé naturellement de l'administration pénitentiaire aux équipes hospitalières ? N'ont-ils pas accepté de prendre le virage sécuritaire et de devenir des soldats du maintien de l'ordre ?

Il y a quelques mois, en Suisse, un psychiatre exerçant dans un hôpital pénitentiaire nommé « Curabilis », préconisait que les soignants exerçant en prison repassent sous l'autorité du Département de la sécurité et de l'économie (DSE) à des fins de cohérence interne. Pour éviter le patchwork de structures sans ligne hiérarchique commune, il recommandait la « création d'une entité faîtière de psychiatrie *forensique* placée sous la responsabilité du DSE »[9].

L'ensemble de ces constats m'a souvent évoqué une scène de la vie quotidienne. Lorsque l'on se baigne à la plage, on repère l'endroit où on laisse sa serviette pour pouvoir la retrouver à la sortie de l'eau. Mais souvent, un courant latéral, insidieux, imperceptible nous en éloigne, et sortant de l'eau, nous sommes souvent surpris de voir que notre serviette est bien loin de là où on la croyait. C'est cette dérive qui menace les professionnels exerçant en prison. Pour ne pas y céder, il faut sans cesse garder les yeux sur sa serviette.

Dans *Les misérables*, Victor Hugo décrit la perte d'un homme qui, pensant marcher sur la terre ferme, disparaît dans les sables mouvants malgré sa résistance. Il conclut ainsi : « C'est le naufrage ailleurs que dans l'eau. C'est la terre noyant l'homme. La terre, pénétrée d'océan, devient piège. Elle s'offre comme une plaine et s'ouvre comme une onde. L'abîme a de ces trahisons ». C'est à cette trahison que sont exposés les médecins qui exercent en milieu pénitentiaire.

---

9. S. Roselli, « Révolution en vue dans les soins aux détenus », *24 heures*, 14 juin 2016, <http://www.24heures.ch/suisse/suisse-romande/Revolution-en-vue-dans-les-soins-aux-detenus/story/23115169> (consulté le 12 avril 2017).

LA FAILLE ENTRE LE PÉNAL ET LE PÉNITENTIAIRE. REMARQUES SUR *LA SOCIÉTÉ PUNITIVE*

Paolo NAPOLI
*Directeur d'études à l'EHESS
et Directeur du Centre d'études de normes juridiques Yan Thomas*

Dans ce laboratoire de *Surveiller et punir* qui est le cours au Collège de France sur *La société punitive* de 1973[1], la faille entre le « pénal » et le « pénitentiaire » détectée par Michel Foucault à la fin du XVIIIe siècle est à l'origine de plusieurs événements, dont un brille pour son importance à l'égard d'une histoire de la rationalité normative. C'est la découverte du « para-juridique » comme champ d'intervention parallèle à l'empire officiel de la loi formelle. Cette découverte, qui aujourd'hui nous paraît aller de soi, eut pour l'époque une portée heuristique et critique remarquable, car le droit est d'emblée apparu intelligible moins comme un espace autoréférentiel que comme une planète dans une galaxie hétéroclite de modalités régulatrices. Le verbe disciplinaire reste certes le premier responsable parmi les agents qui érodent l'humanisation des lumières juridiques, selon la thèse la plus provocante de *Surveiller et punir*[2]. Toutefois, dans la perspective d'une histoire des phénomènes normatifs, l'enjeu crucial porte sur l'exigence, incontournable depuis, de situer la règle de droit dans le cadre hétéroclite de régimes de normativités qui se laissent pleinement apprécier seulement par une approche comparée. Je tâcherai d'esquisser brièvement les passages par lesquels Foucault parvient à illustrer cette thèse qui, par ailleurs, n'est pas au cœur de ses préoccupations principales. Mais, en général, l'importance d'une thèse ne tient pas à la volonté valorisante de son auteur.

Dans *La société punitive*, Foucault procède d'une de ces représentations dualistes qui lui sont tellement chères lorsqu'il argumente *ex cathedra*. Le paysage des références est bien connu : d'un côté, une théorie pénale s'affirme dans la seconde moitié du XVIIIe siècle grâce à Beccaria, Brissot et Beaumetz, qui définissent le criminel comme l'ennemi social. Cette qualification n'a rien d'évident, mais témoigne d'un déplacement dans la réflexion des juristes, déplacement que l'œuvre d'un autre pénaliste important de l'époque, Muyart de Vouglans,

---

1. M. Foucault, *La société punitive. Cours au Collège de France. 1972-1973*, Seuil-Gallimard, 2013.
2. M. Foucault, *Surveiller et punir. Naissance de la prison*, Gallimard, 1975.

signifie d'une manière exemplaire. Dans les *Institutes au droit criminel* (1757), Muyart considérait encore la conduite criminelle sous le profil de la faute et du préjudice apporté à un tiers. Dans les *Lois criminelles de France* (1780), la perspective change radicalement car au centre de l'attention se trouve désormais l'idée d'infraction, c'est-à-dire le fait que le délit atteint la société tout entière[3]. La pensée économique des physiocrates se rallie à cette vision lorsque quelqu'un comme Le Trosne attribue au vagabondage la matrice générale du crime : le vagabond avec son refus de travailler incarne le type emblématique de la conduite anti-productive, il porte atteinte au bien-être de tous, ce qui rend hautement envisageable son renfermement pour le plier à une attitude laborieuse.

À ce type de discours juridico-économique fait écho, sur le plan de la politique pénale, une modalité punitive de plus en plus centrée sur la prison. Aux yeux de Foucault, entre ces deux phénomènes, il existe une corrélation tactique plutôt qu'un lien causal, ce qui se laisse décrire comme un affrontement discursif et institutionnel entre science du droit pénal et science des prisons : « […] la perpétuelle tentative du système pénitentiaire d'échapper à la pénétration du juridique et de la loi, et l'effort du système judiciaire pour contrôler le système pénitentiaire qui lui est hétérogène »[4].

Or si la loi n'arrive pas à maîtriser entièrement cet espace, il ne faut pas en chercher la raison dans le fait que les sujets qui y sont renfermés seraient fondamentalement des irréformables et tendanciellement voués au désordre, voire à l'anomie. L'institution ne se ressent pas du penchant des personnes qui l'habitent, l'emprise humaine n'est pas à même d'infléchir la structure fondamentale de ces entités abstraites et sans corps – pour parler comme Luc Boltanski – que sont les institutions. Et il faut reconnaître que l'analyse foucaldienne, heureusement, n'a jamais emprunté la voie périlleuse d'un réductionnisme sociologique si trivial. La faille entre le pénal et le pénitentiaire ne se produit pas dans cet endroit où la loi rencontre la limite du droit, à savoir lorsque l'activité punitive se découvre assise sur un vide légal. Au contraire, la faille témoigne d'une tension entre catégories et pratiques normatives hétérogènes. Et si l'on veut tirer un principe de ce tableau « géologique » esquissé par Foucault, on pourrait même affirmer qu'avant le droit il y a la normativité. C'est dire que le droit est une des manifestations possibles sur une scène à stratégies et pratiques multiples dans laquelle les institutions et les acteurs sociaux se mobilisent pour imaginer un ordre des conduites. Il s'agit de régimes différents qui n'ont pas vocation à se penser comme incompatibles – la loi ou la discipline, la loi ou les illégalismes populaires, la loi ou les lettres de cachet, etc. Plutôt que rester prises dans le schéma des oppositions binaires qui simplifient tout et n'expliquent rien, ces modalités de rationalité normative dégagent une trame, un réticule de techniques qui vivent souvent en concurrence entre elles, mais précisément pour cette raison finissent aussi par dessiner un système.

---

3. *Cf.* les notes manuscrites de Michel Foucault dans *La société punitive*, op. cit., p. 54.
4. *Ibid.*, p. 67.

Chez Foucault, il y a souvent cette tendance à illustrer les événements par leur mise en parallèle : l'infamie, le talion et l'esclavage seraient les sanctions les plus cohérentes avec le discours des juristes réformateurs (Brissot, Beccaria, etc.) ; comment a-t-il été alors possible que la prison l'ait emporté en devenant la peine généralisée ? La réponse suggérée par Foucault fait appel à un « agent » qui plane au-dessus de ces deux processus parallèles et en fait miroiter la convergence stratégique : c'est la forme-salaire qui se révèle être solidaire avec la forme-prison grâce à un échangeur décisif comme le temps. Le temps devient la base d'ancrage pour deux opérations symétriques dans leur logique d'exploitation : la production capitaliste s'approprie le temps du travailleur tout comme le système pénitencier s'approprie le temps de liberté de l'enfermé. Ceux deux phénomènes sont donc liés par un rapport d'analogie et d'irréductibilité, comme le dit Foucault lui-même dans *La société punitive* : « Je veux simplement dire que la forme-prison et la forme-salaire sont des formes historiquement jumelles, sans qu'on puisse dire encore quels sont exactement leurs rapports. »[5] Un peu plus loin il parle de « cette espèce de continuité entre l'horloge et l'atelier, le chronomètre de la chaîne et le calendrier de la prison »[6]. Eh bien, « cette espèce de continuité », cette étrangeté d'un lien qui apparaît sans se dire et s'expliquer objectivement, cette proximité qui n'est pas hasardeuse indiquent une position épistémologique bien précise : il ne s'agit pas de se représenter les liens entre les faits institutionnels, politiques et sociaux selon le schéma cause-effet, mais plutôt en termes de systèmes organisés par la contingence d'équivalences fonctionnelles, comme l'aurait dit Niklas Luhmann. Celui-ci avait déjà lancé une attaque très vigoureuse contre le paradigme causaliste en sciences sociales, tout en rejetant le monisme ontologique des sciences naturelles selon lequel les phénomènes sont lisibles en termes de relations nécessaires entre un principe et un résultat[7]. Foucault n'aurait jamais employé un langage et un outillage conceptuel qui reflètent clairement l'allure technocratique de la pensée sociologique et juridique de Luhmann. Son problème reste pourtant celui de dévoiler une complicité entre événements qui ne relèvent pas immédiatement d'une relation de pertinence réciproque. Il ne faut pas oublier, d'ailleurs, que l'enquête de *Surveiller et punir* s'arrête sur un constat typiquement fonctionnaliste : l'échec de la prison dans sa mission de corriger et régénérer la personne du délinquant est parfaitement intégré dans la logique du système pénitentiaire dont le but est en réalité la gestion différenciée des illégalismes. Dans le cours de 1973, cette vision fonctionnaliste a déjà fait toutes ses preuves lorsque Foucault instaure une relation de pertinence entre faits hétérogènes grâce à la nouvelle économie du temps et à son investissement dans les pratiques concrètes. La prise en compte du facteur-temps lui permet

---

5. *Ibid.*, p. 72.
6. *Ibid.*, p. 73.
7. *Cf.* N. Luhmann, *Soziologische Aufklärung 1. Aufsätze zur Theorie sozialer Systeme*, Westdeutcher Verlag, 1970 (nouv. éd. 2009), spé. les Chapitres 1 (« Funktion und Kausalität ») et 2 (« Funktionale Methode und Systemtheorie »).

d'introduire une grille d'intelligibilité désormais affranchie de cette rationalité pratique qui, depuis Aristote jusqu'à Max Weber, assigne à l'action instrumentale ses axes cartésiens : d'abord la prédétermination d'un plan et ensuite l'enchaînement moyens-buts pour le réaliser, selon le procédé incontournable de la logique causale.

Cet affaiblissement du paradigme causaliste est aussi à l'œuvre lorsqu'il s'agit d'expliquer l'adhésion généralisée que trouve la forme-prison depuis son élaboration américaine par les Quakers. Tout comme dans le cours au Collège de France de 1976, « *Il faut défendre la société* »[8], à l'apparence sans s'en apercevoir entièrement, Foucault allait anticiper d'une dizaine d'années la querelle sur l'usage publique de l'histoire, dans *La société punitive*, avec la distraction studieuse qui l'accompagne lorsque l'enjeu est méthodologique, il dresse bel et bien les lignes-guide de ce qui allait devenir un véritable *topos* du comparatisme juridique : le *legal transplant*. Voici comment Foucault présente le problème :

> « [D]ans un tel domaine, qui est celui de l'histoire des idées, il faut bien reconnaître que l'influence ne peut jamais être considérée comme une cause. Elle n'est jamais qu'un phénomène déterminé, c'est à dire qu'il n'y a transfert d'un domaine à l'autre, d'un temps à un temps que dans la mesure où il y a, bien sûr, un réseau de communication, mais [dans la mesure] aussi où il y a possibilité de *prélèvement* et, là où le modèle est reçu, quelque chose que l'on pourrait appeler l'*acceptabilité*. »[9]

La forme-prison apparaît normale en Europe sur la base d'une condition d'acceptabilité qui autorise le transfert de cette forme d'un milieu social, politique et juridique à un autre. Aucune greffe d'une expérience maturée ailleurs ne serait possible sans cette condition d'acceptabilité qu'est le couplage entre l'élément moral et le contexte pénal, ce que Foucault appelle le coercitif, à savoir « une coercition différente de la sanction pénale et qui est quotidienne, porte sur les manières d'être et cherche à obtenir une certaine correction des individus. [...] Or, le coercitif est fort proche de [...] ce que j'ai appelé le pénitentiaire »[10]. Le coercitif joue ainsi le rôle d'un a priori historique assurant la généralisation de la prison sans passer par une théorie du sujet comme centre d'imputation causale.

Dans le langage de la doctrine juridique, le processus décrit ici par Foucault correspond à un phénomène de grande actualité qui concerne la transplantation des modèles institutionnels et normatifs et leur intégration dans les systèmes juridiques censés les accueillir. Le thème du droit migrateur dans une perspective historico-juridique a été posé par l'historien du droit allemand Franz Wieacker, qui avait élaboré la théorie de la *Rezeption* pour illustrer la pénétration du droit

---

8. M. Foucault, « *Il faut défendre la société* ». *Cours au Collège de France. 1976*, Seuil-Gallimard, 1997.
9. M. Foucault, *La société punitive, op. cit.*, p. 104.
10. *Ibid.*, p. 114.

romain dans les territoires germaniques au XVe siècle[11]. Ce modèle reste cependant tributaire d'une représentation binaire, exogène, insistant sur l'altérité de l'instance réceptrice et de l'instance émettrice. Bref, il reproduit un mouvement typiquement causaliste, ce qui a suscité de nombreuses critiques sur le plan historique et méthodologique. Si l'on considère l'Europe entière, il devient absurde de décrire la diffusion d'un modèle comme un processus de réception épidémique. Il s'agit alors plutôt, en effet, d'une évolution endémique, qui empêche de réduire la confrontation des expériences normatives à la logique du dedans/ dehors, suggérant qu'un droit envahisseur franchirait la frontière d'un système juridique pour le modifier et même le supplanter.

Si nous revenons à *La société punitive*, il est facile de constater que Foucault cherche précisément à échapper à ce schéma de la réception. La condition d'acceptabilité ne se réalise pas entre des sujets en position de déséquilibre, selon le modèle : X transmet à Y un bien qui ne figure pas au patrimoine de valeurs de ce dernier, qui se l'approprie en l'intégrant à son propre système. La réception est au contraire un processus ouvert, diffus, qui implique *ipso facto* l'ensemble de la société, plutôt que les éléments singuliers, pris dans une relation bilatérale. Avec de telles caractéristiques, la réception suit un développement endogène qui échappe au code binaire du dedans/dehors. À l'aide d'une préférence esthétique pour le montage historique, Foucault représente ce processus sous forme algébrique lorsqu'il observe que l'ensemble pénal et l'ensemble punitif, combinés entre eux, sont venus « s'ajouter et fonctionner à l'intérieur d'une seule tactique »[12]. Tout en admettant la plausibilité d'un tel schéma, il resterait à déterminer l'effet de retour local une fois que le modèle se généralise dans les contextes différents. Mais à ce propos, c'est la sensibilité de l'historien qui aurait dû se mobiliser et que Foucault, au contraire, ne semble pas cultiver tellement. Inutile de revenir sur cet aspect tourné désormais au lieu commun d'un certain anti-foucauldisme. Il vaut mieux de souligner ici la portée novatrice et toujours actuelle d'une analyse capable de connecter les éléments juridiques et infra-juridiques de la pénalité sans pour autant se limiter à une pure histoire externe du droit.

Pour revenir ainsi au problème de départ, cette faille entre le pénal et le pénitentiaire ne cache pas un vide institutionnel, mais désigne plutôt un opérateur de distinction dans la sphère des formes et des pratiques réglementaires. La norme juridique ne fonctionne pas seulement selon la prescription et l'interdit, les deux registres opératoires qui, avec la permission, délimitent la sphère déontique. D'autres modalités de l'action normative demandent d'être prises en compte, notamment les règles constitutives et organisationnelles, sans doute plus cohérentes avec la nature « productive » du pouvoir foucaldien. Mais comment expliquer alors, d'un côté, que la loi peine à percer les murs de la prison et, de

---

11. F. Wieacker, *Privatrechtsgeschichte der Neuzeit unter besonderer Berücksichtigung der deutschen Entwicklung*, 2e éd., Vandenhoeck u. Ruprecht, 1967, chapitre 4.
12. M. Foucault, *La société punitive, op. cit.*, p. 115.

l'autre, la vocation endémique du « pénitentiaire » à échapper à l'emprise du droit ? En posant la question en termes d'affrontement entre modes de normativités différentes, Foucault se met certes en condition de dialoguer plus aisément avec les sociologues qui sont toujours sensibles au rappel du pluralisme normatif.

Il ne faut cependant pas oublier que, pour lui, l'opération est toujours plus importante que la spécificité de l'opérateur et de son contexte, et que le passage derrière l'institution dont il parle dans le cours au Collège de France de 1978, *Sécurité, territoire, population*[13], est aussi une manière pour restituer le rôle de moteur de l'histoire aux moyens, aux dispositifs, aux tactiques, bref à ces procédés rationnels et pratiques formalisés et typifiés que nous nommons « techniques ». De ce point de vue, il n'interpelle pas les seuls sociologues, lorsqu'il parle d'un système social qui veut se soustraire à la force de la loi. Ce schéma, par exemple, peut s'appliquer aussi à la manière de concevoir l'ordre dans l'usine, avec toutes les résistances que depuis la fin du XIXe siècle la rationalité managériale a mises en œuvre pour faire barrage à l'entrée du droit de travail dans l'organisation des rapports entre patrons et ouvriers. Mais je voudrais soutenir que ce schéma est tout aussi adéquat à décrire les modes de fonctionnement des institutions religieuses qui, à partir d'un moment historique assez précis, disons la scolastique médiévale, ont commencé à connaître cette bifurcation entre un for contentieux de la juridiction et un for pénitentiel de la conscience – ou for interne – voué à connaître les péchés et à prescrire les remèdes pour les éradiquer. C'est aussi grâce à cette lecture foucaldienne d'une normativité comparée ou concourante que, pour rester à un cas épineux de notre temps, nous pouvons mieux comprendre la manière dont le dossier « pédophilie » a été traité par l'Église catholique à l'occasion des scandales qui secouent le clergé depuis plusieurs années. L'option pour le moyen administratif de la « correction fraternelle », plus discret et à l'abri de la publicité, témoigne d'une tendance assez tenace de l'institution à éviter la voie de la procédure judiciaire formalisée – non seulement la procédure judiciaire laïque des États, mais aussi celle propre à l'Église qu'on nomme de « for externe » et qui a affaire principalement au bien public de la communauté ecclésiale.

Ces différents exemples nous montrent, en définitive, que le droit souffre d'un manque constitutif d'autosuffisance lorsqu'il s'agit d'expliquer les opérations normatives dans leur variété complexe. C'est un constat qui vaut sans doute moins pour l'Antiquité romaine et la reprise médiévale, des époques qui reconnaissaient au droit un rôle hégémonique dans l'institutionnalisation de l'ordre social – un rôle que, pour le Moyen Âge, il devait partager avec la théologie. Mais le scénario se complexifie avec l'émergence des sociétés dites « modernes » (XVIIe et XVIIIe siècles), qui découvrent aussi d'autres manières d'instaurer l'ordre dans les rapports sociaux. Il suffit de penser à l'essor du pouvoir administratif avec ses propres dispositifs, mais aussi, sur un autre versant, à l'économie politique,

---

13. M. Foucault, *Sécurité, territoire, population. Cours au Collège de France. 1977-1978*, Seuil-Gallimard, 2004.

à la médecine et à l'hygiène sociale, à la démographie, pour arriver à la découverte des « lois » de la société du XIXᵉ siècle. Tous ces domaines revendiquent progressivement une capacité autonome d'élaborer des critères de la conduite, ce qui finit par contester *de facto* le primat du droit comme lieu éminent de la normativité. Dans ce cadre, l'intelligibilité du droit tient désormais à une logique de comparaison entre régimes réglementaires distincts, voire concurrents.

C'est précisément dans l'horizon d'une normativité comparée – toute autre chose que le droit comparé, discipline interne au monde juridique – que nous pouvons mieux mesurer la thèse sur l'origine religieuse de l'enfermement. Dans les notes manuscrites du Cours du 24 janvier 1973, Foucault rejette l'hypothèse que la forme-prison serait une filiation de la clôture monastique propre à la forme-couvent. Il aperçoit plutôt cette émergence dans la combinaison entre l'éthique calviniste du retrait en soi, de l'examen de conscience, et une attitude qui croise un nouvel espace d'enfermement : « La clôture monastique définit un lieu intérieur protégé, qui doit devenir inaccessible à l'extérieur. C'est le monde qui est maintenu à l'extérieur et non pas l'individu à l'intérieur. C'est le monde qui est enfermé à l'extérieur. »[14] Dans le choix monastique, l'enfermé se protège de la société externe, alors que le fonctionnement de la prison repose sur l'inversion exacte de ce principe, car c'est la société qui se protège de l'enfermé. Nous assistons ainsi à la dissociation entre la forme architecturale qui reste relativement homogène d'un côté, et les stratégies diverses qui peuvent la tramer de l'autre. La même configuration spatiale est censée abriter les logiques de pouvoir les plus divergentes. Nous pouvons mieux apprécier, à cet égard, les avatars structuralistes d'une pensée qui réfléchit sur l'invariabilité de la forme-contenant sans l'isoler de l'irruption des rapports de force. La leçon théorique la plus importante que nous transmet cette approche combinant structure et histoire porte sur une nouvelle vision de l'institution, une présence qui n'exprime jamais une voix monologique et définitive, car ce sont les techniques opératoires et leur mobilité stratégique qui définissent le profil chaque fois changeant de l'institution. Bref, ce sont les moyens qui caractérisent l'institution et non pas l'inverse. Et je pense qu'on peut être d'accord avec Bernard Harcourt quand il invite à lire cette attitude foucaldienne comme une prise de distance des *totals institutions* d'Erving Goffman[15].

À quel point Foucault lui-même est-il resté fidèle à cette prise de distance ? C'est une question qui mériterait sans doute d'être posée. Mais plus probablement encore, il serait sage de la laisser tomber ou, du moins, de la considérer comme une sorte d'*adiaphora*. Le public de la Leçon du 28 mars 1973 au Collège de France a entendu le professeur prononcer la phrase suivante : « Le système disciplinaire est la forme générale dans laquelle le pouvoir s'inscrit » au sein d'une société comme la nôtre[16]. Imaginons que le même public se soit retrouvé

---

14. *Ibid.*, p. 87.
15. *Ibid.*, p. 96-97.
16. *Ibid.*, p. 234.

dix ans plus tard sur la *West Coast* pour assister aux séminaires de Berkeley et aux échanges avec Hubert Dreyfus et Paul Rabinow, occasions dans lesquelles le « gouvernement » avait désormais acquis le rang de catégorie éponyme du pouvoir[17]. Je ne veux pas entrer dans des questions de philologie foucaldienne, un terrain sur lequel s'exercent les revendications d'un grand nombre de commentateurs. Je soutiendrais plus simplement qu'au lieu de s'acharner trop à établir quel est le Foucault authentique et ce qu'il a vraiment dit, il serait certainement préférable de s'interroger sur ce que Foucault nous permet toujours de penser et de dire.

---

17. M. Foucault, « Le sujet et le pouvoir » (1982), *in Dits et écrits II, 1976-1988*, Gallimard, 2001, p. 1056.

LE DROIT À L'ÉPREUVE DU PANOPTIQUE

Anne Brunon-Ernst
Professeure d'anglais juridique à l'Université Paris 2 Panthéon-Assas

« La discipline, dans son mécanisme, est un "contre-droit". »[1]

Il y a peu d'ouvrages qui se prêtent aussi bien à l'exercice de la commémoration que *Surveiller et punir* de Michel Foucault. L'impact de cet essai a été considérable, non seulement dans les études foucaldiennes, mais aussi dans beaucoup d'autres disciplines des sciences sociales. Cet héritage est ici envisagé sous l'angle des études benthamiennes qui ont été fortement influencées par les théories qui y sont présentées.

Le présent article s'intéresse à l'influence de *Surveiller et punir*, en se centrant plus particulièrement sur la figure du Panoptique, qui a déjà fait couler tant d'encre. Dans cette perspective, les trois différentes relectures du chapitre 3 de la IIIe partie sur « Le panoptisme » vont être détaillées. La dernière, la plus récente, est développée plus avant ici pour la première fois.

La perspective proposée sur cette triple relecture, qui couvre les quarante années depuis la publication de *Surveiller et punir*, amènera à s'interroger sur l'utilisation du droit dans les écrits sur le Panoptique à la fois chez Jeremy Bentham et chez Foucault, et permettra, ainsi, d'aborder tout un pan méconnu de la pratique du droit et d'autres formes de régulation dans l'univers carcéral panoptique, que Bentham nomme « législation indirecte » et qui recoupe certaines des fonctions de ce que Foucault appelle la « biopolitique » dans la nouvelle rationalité gouvernementale.

Quarante ans après la publication de *Surveiller et punir*, l'essai conserve toute sa richesse interprétative.

---

1. M. Foucault, *Surveiller et punir. Naissance de la prison*, Gallimard, 1975, p. 224.

I. LES MÉTAMORPHOSES D'UNE EXÉGÈSE

A. – *L'enfer du Panoptique*

Le grand public découvre le Panoptique de Bentham en lisant *Surveiller et punir* en 1975. Foucault présente le projet benthamien de structure architecturale d'enfermement, qu'il décrit de la manière suivante :

> « [...] à la périphérie un bâtiment en anneau ; au centre, une tour ; celle-ci est percée de larges fenêtres qui ouvrent sur la face intérieure de l'anneau ; le bâtiment périphérique est divisé en cellules, dont chacune traverse toute l'épaisseur du bâtiment ; elles ont deux fenêtres, l'une vers l'intérieur, correspondant aux fenêtres de la tour ; l'autre, donnant sur l'extérieur, permet à la lumière de traverser la cellule de part en part. Il suffit alors de placer un surveillant dans la tour centrale, et dans chaque cellule d'enfermer un fou, un malade, un condamné, un ouvrier ou un écolier. Par l'effet du contre-jour, on peut saisir de la tour, se découpant exactement sur la lumière, les petites silhouettes captives dans les cellules de la périphérie. »[2]

Foucault explique dans la citation ci-dessus le principe du Panoptique. *Panopticon* est le nom donné par Bentham à un bâtiment circulaire, avec une tour centrale qui permet à un inspecteur placé dedans d'observer les faits et gestes des pensionnaires situés dans des cellules sur le pourtour extérieur du bâtiment circulaire, sans être vu par eux. Le terme même « *panopticon* » est un néologisme du grec signifiant « voir partout ». L'objectif d'une telle structure est de voir pour contrôler, sans être vu, afin que l'individu surveillé internalise, à terme, le comportement exigé de lui par l'institution.

L'invention benthamienne est une machine infernale, et Foucault ne s'y est pas trompé. Il décrit le Panoptique dans les termes suivants : « une maison de certitude »[3], un « laboratoire de pouvoir »[4], une « utopie de l'enfermement parfait »[5], une « machine à voir »[6], une « société disciplinaire »[7], une « bizarre petite utopie »[8], « le rêve d'une méchanceté »[9], « une société policière »[10], etc. Les termes ne sont pas flatteurs et décrivent une machine disciplinaire à maximiser les utilités individuelles au moyen de la surveillance intériorisée du fou, du criminel, du travailleur, de l'indigent, etc. Comme Foucault l'exprime lui-même :

---

2. *Ibid.*, p. 201-202.
3. *Ibid.*, p. 204.
4. *Ibid.*, p. 206.
5. *Ibid.*, p. 207.
6. *Ibid.*, p. 209.
7. *Ibid.*, p. 217.
8. *Ibid.*, p. 226.
9. *Ibid.*
10. *Ibid.*

« [les disciplines] deviennent capables de jouer un rôle positif, faisant croître l'utilité possible des individus »[11].

Le principe organisateur des structures ayant pour objectif de réguler les individus par le biais de la surveillance porte un nom, donné par Foucault : le « panoptisme »[12]. Le concept décrit les mécanismes du pouvoir disciplinaire à l'œuvre dans le Panoptique, mais qui sont généralisables à toute structure qui vise à contrôler des individus[13].

Foucault n'est pas le seul chercheur à son époque à partager un tel jugement sur l'expérience panoptique. Dans les années 1960 à 1980, ce sont des chercheurs français et américains qui portent un regard critique sur le projet benthamien. On en retiendra quatre pour notre analyse : Jacques-Alain Miller et Michelle Perrot pour les Français[14], Gertrude Himmelfarb et Charles Bahmueller pour les Américains[15]. Selon Michelle Perrot et Jacques-Alain Miller, Bentham présente, dans le Panoptique, un exemple de la société disciplinaire en ce qu'elle a de pire. Les titres de leurs articles sont fort éclairants : « le despotisme de l'Utile » et « l'inspecteur Bentham ». Gertrude Himmelfarb et Charles Bahmueller se sont penchés sur les écrits de Bentham sur la pauvreté et, à ce titre, ils ont étudié les Panoptiques, qui peuvent aussi servir pour héberger les indigents[16]. Selon ces derniers, Bentham ne les considérait pas comme des êtres humains à part entière. On ne peut nier que, rétrospectivement, l'expérience traumatisante des fascismes des années 1930 et 1940 en Europe, qui ont mené à la destruction de communautés entières à une échelle industrielle – et ce avec une barbarie inégalée dans l'histoire de l'humanité –, imposait une lecture particulière des écrits panoptiques

---

11. *Ibid.*, p. 211.
12. Il faut distinguer le Panoptique qui est le projet de Bentham du panoptisme qui est l'interprétation stratégique que Foucault en donne dans *Surveiller et punir*.
13. M. Foucault, *Surveiller et punir, op. cit.*, p. 197-229.
14. J.-A. Miller, « Le despotisme de l'Utile. La machine panoptique de Jeremy Bentham », *Ornicar ? Bulletin périodique du champ freudien*, n° 3, 1975, p. 3-36 ; M. Perrot, « L'inspecteur Bentham », *in* J. Bentham, *Le Panoptique*, Belfond, 1977.
15. G. Himmelfarb, « The Haunted House of Jeremy Bentham », *in Victorian Minds*, Knopf, 1968 ; G. Himmelfarb, *The Idea of Poverty. England in the Early Industrial Age*, Faber, 1985 ; C.F. Bahmueller, *The National Charity Company. Jeremy Bentham's Silent Revolution*, University of California Press, 1981.
16. Bentham fait une distinction entre le pauvre et l'indigent. Le pauvre est celui qui n'a que sa force de travail pour survivre. L'indigent est celui qui, malgré son travail ou en raison de son absence, n'a pas les moyens de subvenir à ses besoins les plus élémentaires. La frontière entre le pauvre et l'indigent est donc très poreuse, le pauvre pouvant à tout moment sombrer dans l'indigence. Les Panoptiques peuvent accueillir les indigents pour les héberger et les mettre au travail, et pour fournir certains services (éducation, banque, bourse de travail, centre d'information, etc.) aux pauvres de la région où ils sont implantés. Pour plus d'informations sur le fonctionnement du Panoptique appliqué aux indigents, *Cf.* A. Brunon-Ernst, *Le Panoptique des pauvres. Jeremy Bentham et la réforme de l'assistance en Angleterre*, Presses de la Sorbonne Nouvelle, 2007.

de Bentham. Ils ne pouvaient plus être considérés comme d'inoffensifs projets utopiques de réforme sociale, mais ils devenaient annonciateurs des fascismes du XXe siècle. Les exégèses des années 1960 à 1980 portent nettement la trace de l'Histoire.

B. – *Le Panoptique, atelier du bonheur*

Le jugement porté par ces universitaires était sans doute excessif et ne rendait pas justice à la grande richesse de la pensée benthamienne. On ne peut réduire l'œuvre de Bentham à la manière dont certains courants de pensée ont été réappropriés à des fins politiques. En effet, une telle réduction ne prenait pas en compte le fait que le projet benthamien, dans son ensemble, était d'appliquer son principe bienveillant à tous les niveaux de la vie individuelle et sociale. Car Bentham est avant tout l'architecte du plus grand bonheur pour le plus grand nombre, avant d'être le penseur du Panoptique. Ce bonheur se définit comme un surplus de plaisir sur la douleur :

> « La nature a placé l'humanité sous le gouvernement de deux maîtres souverains, la douleur et le plaisir. C'est à eux seuls d'indiquer ce que nous devons faire aussi bien que de déterminer ce que nous ferons. [...] Ils nous gouvernent dans tout ce que nous faisons, dans tout ce que nous disons, dans tout ce que nous pensons : tout effort que nous pouvons faire pour secouer le joug ne servira jamais qu'à le démontrer et à le confirmer. Quelqu'un peut bien prétendre en paroles renier leur empire, mais il leur restera en réalité constamment soumis. Le principe d'utilité reconnaît cette sujétion et la tient pour le fondement du système dont l'objet est d'ériger l'édifice de la félicité au moyen de la raison et du droit. [...] Par principe d'utilité, on entend le principe qui approuve ou désapprouve toute action, quelle qu'elle soit, selon la tendance qu'elle semble avoir à augmenter ou à diminuer le bonheur de la personne dont l'intérêt est en jeu ou en d'autres termes à promouvoir ce bonheur ou à s'y opposer. Je parle de toute action quelle qu'elle soit, et par conséquent, non seulement de toute action d'un individu privé, mais aussi de toute mesure de gouvernement. »[17]

Comment est-ce possible de réconcilier ces deux visions de Bentham ? La méthode de cette école interprétative est d'abord et avant tout de remettre les écrits de Bentham dans le contexte qui les a vus naître. Notre sensibilité de citoyen de pays développés s'offusque de voir des individus enfermés pour une durée indéterminée, contraints aux travaux forcés, et sous une surveillance constante, qui nuit en tout point à leur dignité humaine. Cependant, toute

---

[17]. J. Bentham, *Introduction aux principes de la morale et de la législation* (1789), Vrin, 2011, p. 25-26.

histoire intellectuelle doit replacer les idées dans le contexte qui les a vues naître. Il ne faut pas comparer le Panoptique à nos standards contemporains, mais bien plutôt à la famine, la promiscuité, la violence et l'insalubrité des prisons et des hospices (pour les enfants ou les personnes âgées) dans l'Angleterre de la fin du XVIIIe siècle, comme l'atteste le fort taux de mortalité dans ces institutions. Dans les années 1990, les chercheurs du *Bentham Project*, et plus particulièrement Janet Semple et Michael Quinn, proposent une approche plus équilibrée du projet panoptique, montrant les avantages du système pour les pensionnaires et les externes, ainsi que son équité. Leurs travaux s'intéressent plus particulièrement aux Panoptiques des prisons et des pauvres. Commentant cette approche, le directeur actuel du *Bentham Project*, Philip Schofield écrit : « Bentham aurait trouvé [l'interprétation foucaldienne du Panoptique] très étrange. Pour lui, ses prisons panoptiques étaient non seulement humaines, mais une amélioration considérable par rapport aux pratiques du système pénitentiaire de son temps. »[18]

Ces deux approches contradictoires se retrouvent dans toute la tradition interprétative benthamienne. En effet, on distingue deux traditions. Une première considère Bentham comme le penseur de l'État autoritaire[19], et une seconde le considère comme le chantre du libéralisme, et ceci pour deux raisons : il pense les conditions de l'état de droit (*rule of law*) et il promeut les droits civils et politiques[20]. Ces deux écoles trouvent leurs sources dans les écrits mêmes de Bentham qui peuvent donner lieu à ces deux interprétations contradictoires. Comme l'indiquait en 1901 Élie Halévy, un de ses premiers commentateurs, Bentham dans ses écrits est partagé entre la nécessité de préserver la liberté et la mise en œuvre de réformes sociales autoritaires[21].

Le renouveau des études benthamiennes ne nie pas les contradictions inhérentes à l'œuvre. Janet Semple explique : les Panoptiques sont « dérangeants et problématiques pour les admirateurs de Bentham »[22]. L'écart se fait grandissant entre une figure répugnante de Bentham tel qu'il est décrit par Foucault dans

---

18. P. Schofield, « Panopticon », *in Bentham. A Guide for the Perplexed*, Continuum, 2009, p. 70.
19. *Cf.* N. Rosenblum, *Bentham's Theory of the Modern State*, Harvard University Press, 1978 ; L.J. Hume, *Bentham and Bureaucracy*, Cambridge University Press, 1981 ; D. Long, *Bentham on Liberty. Jeremy Bentham's Idea of Liberty in Relation to his Utilitarianism*, University of Toronto Press, 1977 ; J.R. Dinwiddy, *Bentham*, Oxford University Press, 1989, p. 94.
20. *Cf.* H.L.A. Hart, *Essays on Bentham. Studies in Jurisprudence and Political Theory*, Oxford University Press, 2001 ; F. Rosen, *Jeremy Bentham and Representative Democracy. A Study of the Constitutional Code*, Clarendon Press, 1983 ; P. Kelly, *Utilitarianism and Distributive Justice. Jeremy Bentham and the Civil Law*, Clarendon Press, 1990. *Cf.* aussi A. Dube, *The Theme of Acquisitiveness in Bentham's Political Thought*, Garland Publishing, 1991.
21. *Cf.* E. Halévy, *La formation du radicalisme philosophique*, 3 vol., éd. M. Canto-Sperber, PUF, 1995, vol. 3, p. 80.
22. J. Semple, « Bentham's Haunted House », *The Bentham Newsletter*, n° 11, 1987, p. 35. *Cf.* aussi J.R. Dinwiddy, *Bentham, op. cit.*, p. 94.

Surveiller et punir, et la richesse de sa pensée sur la régulation sociale postmoderne, telle qu'on la découvre dans l'édition scientifique des œuvres complètes, *The Collected Works of Jeremy Bentham*.

C. – Au-delà de la discipline : la régulation biopolitique

La résolution de cette tension va venir de Foucault lui-même, non pas dans *Surveiller et punir*, mais dans ses cours au Collège de France. Ce parcours tortueux de l'interprétation n'intéresserait guère la présente recherche si ce détour par *Naissance de la biopolitique* ne permettait une relecture de *Surveiller et punir*. En effet, rétrospectivement, un Panoptique biopolitique, au-delà du Panoptique disciplinaire, peut se lire dans les interstices de *Surveiller et punir*.

Les études benthamiennes au tournant du XXIe siècle se sont intéressées de plus près au rapport de Foucault à l'utilitarisme benthamien. Christian Laval a été pionner dans cette recherche, montrant que Foucault avait lu et écrit bien plus sur Bentham que les spécialistes benthamiens ne le pensaient[23]. En effet, l'approche de ces spécialistes était de lui reprocher son utilisation stratégique d'un projet qui ne pouvait être envisagé hors de son contexte historique et d'un système de pensée. La critique de Laval a été suivie des travaux de Stephen Engelmann[24] sur la législation indirecte et d'Anne Brunon-Ernst[25] sur la biopolitique utilitariste.

Naissance de la biopolitique s'intéresse aux sources et aux modes opératoires du libéralisme contemporain, qui est une forme moderne de rationalité gouvernementale. Foucault entend par biopolitique la politique du vivant. Elle concerne toutes les mesures visant à optimiser les ressources que l'être humain peut produire, en agissant au niveau du vivant lui-même, protégeant sa santé, contrôlant sa sexualité et, plus généralement, dirigeant, directement ou indirectement, tous les facteurs qui peuvent avoir un effet sur ses actes, et donc sa capacité à produire et se reproduire. La gouvernementalité est aussi un néologisme inventé par Foucault. Il se compose de deux noms : gouvernement et rationalité. La gouvernementalité désigne la nouvelle rationalité gouvernementale qui naît à la fin du XVIIIe siècle et qui organise les objectifs d'un bon gouvernement autour d'une recherche de la maximisation de l'utilité. À ce titre, la biopolitique est un instrument de cette nouvelle rationalité gouvernementale.

---

23. C. Laval, « Ce que Foucault a appris de Bentham », *Revue d'études benthamiennes*, n° 8, 2011, URL : <http://etudes-benthamiennes.revues.org/259> (consulté le 19 février 2017).
24. *Cf.* S.G. Engelmann, « "Indirect Legislation": Bentham's Liberal Government », *Polity*, vol. 35, n° 3, 2003, p. 372 et *s*.
25. A. Brunon-Ernst (dir.), *Beyond Foucault. New Perspectives on Bentham's Panopticon*, Ashgate, 2012 et *Utilitarian Biopolitics. Bentham, Foucault and Modern Power*, Chatto and Pickering, 2012.

Les sources de la gouvernementalité se trouvent dans l'utilitarisme anglais classique, si bien représenté dans la figure de Bentham. Ce cours au Collège de France montre dans quelle mesure Foucault a lu les écrits économiques et constitutionnels de Bentham et s'en est inspiré dans sa théorisation des formes contemporaines que prend le libéralisme. Laval conclut :

> « Il n'en reste pas moins que [Foucault], désireux surtout de se débarrasser de la conception juridique du pouvoir, a fini par adopter une théorie finalement très proche de celle de Bentham, laquelle ne limite pas le pouvoir à la sphère politique, mais le considère comme inhérent à l'ensemble des rapports humains. »[26]

L'analyse de Laval montre que la pensée foucaldienne sur le libéralisme puise une de ses sources d'inspiration chez Bentham[27]. Si l'on ne voit en Foucault que le critique du panoptisme dans *Surveiller et punir*, on passe à côté du rôle que la pensée benthamienne a eu dans la formation de la pensée foucaldienne sur la gouvernementalité et la biopolitique.

Dans *Naissance de la biopolitique*, Foucault élargit son spectre interprétatif de Bentham. Les sources auxquelles il a accès sont plus diversifiées. On sait que Foucault avait lu des textes dans l'édition de John Bowring (1838-1843)[28] qu'il cite dans les planches qu'il insère dans l'édition de *Surveiller et punir*. L'édition de Bowring n'a pas été établie aussi scientifiquement que l'édition des *Collected Works* qui est en cours de publication, mais ses onze volumes donnent néanmoins une idée de la pensée de Bentham. En ayant accès à l'édition de Bowring, Foucault ne pouvait pas ignorer les autres champs de sa réflexion. De plus, dans *Naissance de la biopolitique*, Foucault s'appuie sur la compilation de textes économiques en trois volumes établie par Werner Stark en 1952-1954[29]. En diversifiant ainsi les sources, l'utilitarisme est pensé comme le fondement d'une nouvelle forme de gouvernementalité :

> « [...] le radicalisme politique anglais [...] [c]'est, [...] à partir d'une élaboration interne qui n'en est pas moins une élaboration parfaitement réfléchie, qui n'en est pas moins une réflexion perpétuellement investie, traversée, d'éléments philosophiques, théoriques, juridiques, donc, à partir de la pratique du gouvernement, définir quelle doit être sa sphère de compétence

---

26. C. Laval, « From *Discipline and Punish* to *The Birth of Biopolitics* », *in* A. Brunon-Ernst (dir.), *Beyond Foucault, op. cit.*, p. 58 (ma traduction).
27. A. Brunon-Ernst, *Utilitarian Biopolitics, op. cit.*
28. J. Bentham, *Works of Jeremy Bentham*, 11 vol., éd. J. Bowring, William Tait, 1838-1843.
29. J. Bentham, *Jeremy Bentham's Economic Writings*, 3 vol., éd. W. Stark, George Allen and Unwin, 1952-1954. Foucault écrit : « Bentham, théoricien de droit public, était en même temps un économiste et a écrit des livres d'économie politique », *in* M. Foucault, *Naissance de la biopolitique. Cours au Collège de France. 1978-1979*, Seuil-Gallimard, 2004, p. 40.

et la définir en termes d'utilité. À partir de quoi, l'utilitarisme apparaît comme tout autre chose qu'une philosophie, tout autre chose qu'une idéologie. L'utilitarisme, c'est une technologie de gouvernement […]. »[30]

Foucault identifie Bentham comme le représentant emblématique du radicalisme anglais de la fin du XVIIIe siècle.

La lecture de *Naissance de la biopolitique* va permettre de relire *Surveiller et punir* et d'identifier, rétrospectivement, les balbutiements de la biopolitique dans le discours disciplinaire. Laval trace les hésitations de Foucault qui, d'un côté, ne parvient pas à réconcilier ses précédents travaux sur les anormaux, la médecine et la psychiatrie avec les modes disciplinaires de pouvoir, et qui, de l'autre, se pose la question de l'essaimage ou du rayonnement des disciplines qui ne rend pas compte du fonctionnement du pouvoir dans la société contemporaine[31]. Il faut attendre le cours au Collège de France « *Il faut défendre la société* » pour que les mécanismes disciplinaires parviennent à s'intégrer avec la norme de régulation, à l'intérieur de la société de normalisation[32]. Cette norme de régulation prend dans *La volonté de savoir* le nom de biopouvoir[33].

Une fois les hésitations de Foucault et la progression de sa pensée comprises, il est possible de relire *Surveiller et punir* comme portant déjà en germe la biopolitique. Ce germe se lit d'abord dans l'essaimage des mécanismes disciplinaires, qui sont de deux types : le contrôle que les établissements de discipline exercent sur l'extérieur[34] (modèle du désenfermement) et la diffusion à partir de foyers de contrôle, comme les sociétés de philanthropie, surveillant une portion du territoire divisé et quadrillé, qu'elles ont à couvrir[35] (modèle de la décomposition). Le concept d'essaimage des disciplines est nécessaire, mais imparfait pour rendre compte de la manière diffuse dont les normes régulent les conduites, car ces normes n'opèrent pas uniquement à partir d'institutions fermées, mais de manière plus englobante, par la biopolitique, c'est-à-dire par un contrôle du vivant pour accroître son utilité.

Le germe de la biopolitique dans *Surveiller et punir* se lit ensuite dans une caractérisation des disciplines qui dépasse le cadre simple du dressage des corps pour évoluer vers la maximisation de leurs capacités productrices, dans ce qui s'entend comme la conduite des conduites. Ce germe est présent de manière discrète dans certaines caractérisations du panoptisme, qui va au-delà des disciplines pour entrer dans le champ de la biopolitique. Foucault écrit : « Le Panopticon, au contraire, a un rôle d'amplification […] : il s'agit de rendre plus

---

30. M. Foucault, *Naissance de la biopolitique, op. cit.*, p. 42.
31. C. Laval, « Ce que Foucault a appris de Bentham », *op. cit.*, § 7-19.
32. M. Foucault, « *Il faut défendre la société* ». *Cours au Collège de France. 1976*, Seuil-Gallimard, 1997, p. 225.
33. M. Foucault, *La volonté de savoir*, Gallimard, 1976, p. 183.
34. M. Foucault, *Surveiller et punir, op. cit.*, p. 213.
35. *Ibid.*, p. 213-214.

fortes les forces sociales – augmenter la production, développer l'économie, répandre l'instruction, élever le niveau de la morale publique ; faire croître et multiplier. »[36]

Il a fallu attendre les analyses de Laval dans les années 2000 pour que *Surveiller et punir*, et plus particulièrement le panoptisme, se révèle à lui-même par le biais de l'analyse de *Naissance de la biopolitique*. Maintenant que les étapes interprétatives et leurs enjeux sont posés, le présent article développe cette dernière piste interprétative en s'intéressant à la place du droit dans la discipline panoptique.

II. RELIRE LE PANOPTISME À LA LUMIÈRE DU DROIT DANS L'ÈRE POST-MODERNE

À première vue, le droit n'est pas une question qui pose problème dans la structuration des ères foucaldiennes. La souveraineté se fonde sur le souverain ; et le droit public, par le concept de raison d'État, limite son pouvoir. L'ère de la biopolitique évacue le droit comme principe de limitation du pouvoir pour le remplacer par l'économie politique. Foucault écrit :

> « […] cette transformation […] fondamentale dans les rapports entre droit et pratique gouvernementale, cette émergence d'une limitation interne de la raison gouvernementale […] se situait […] autour du milieu du XVIIIe siècle. […] Cet instrument intellectuel, le type de calcul, la forme de rationalité qui permet ainsi à la raison gouvernementale de s'autolimiter, encore une fois, ce n'est pas le droit. [C'est] l'économie politique. »[37]

Selon lui, la régulation gouvernementale de l'ère biopolitique se passe en dehors du droit[38]. Ce que Foucault écrit dans *Naissance de la biopolitique* est déjà présent dans *Surveiller et punir*. En effet, cette présence se lit dans le constat : « La discipline, dans son mécanisme, est un "contre-droit". »[39] Laval a déjà indiqué que Foucault a manqué de voir combien le droit lui-même allait être affecté par la nouvelle problématique des intérêts[40]. Je souhaite poursuivre cette intuition en explorant plus avant le rôle du droit dans le fonctionnement du Panoptique.

---

36. *Ibid.*, p. 209.
37. M. Foucault, *Naissance de la biopolitique, op. cit.*, p. 15.
38. Sur ce point, v. les travaux de A. Hunt et G. Wickham, *Foucault and Law. Towards a Sociology of Law as Governance*, Pluto Press, 1994 et de B. Golder et P. Fitzpatrick, *Foucault's Law*, Routledge, 2009.
39. M. Foucault, *Surveiller et punir, op. cit.*, p. 224.
40. C. Laval, « Ce que Foucault a appris de Bentham », *op. cit.*, § 30.

A. – *Le droit chez Bentham : au-delà des cadres de la souveraineté*

Il convient d'expliquer comment Bentham concevait le droit. La citation clé à ce titre se trouve dans *Of the Limits of the Penal Branch of Jurisprudence* :

> « Une loi peut être définie comme un assemblage de signes déclaratifs d'une volonté conçue ou adoptée par le souverain dans un État, concernant la conduite à observer dans tel cas par telle personne ou classe de personnes qui sont (ou sont supposées être) assujetties à son pouvoir dans le cas en question : une telle volition repose sur l'espérance que certains événements se produiront à la suite de cette déclaration, ainsi que sur le désir que la perspective motiverait ceux dont la conduite est en question. »[41]

Un certain nombre de points sont à relever en relation avec cette citation.

La définition du droit chez Bentham déborde déjà du cadre de la souveraineté dans lequel Foucault veut cantonner le droit dans *Surveiller et punir*, mais aussi dans *Naissance de la biopolitique*.

En premier lieu, la loi trouve sa source dans une volonté, qui est celle du souverain. Le souverain n'est pas un individu, mais une fonction. Il est le nom donné à la fonction occupée par celui ou celle dont l'expression de la volonté va être obéie, pour des raisons de tradition, de charisme ou de légalisme[42] : il/elle peut être un roi héréditaire, un empereur-usurpateur ou une assemblée élue démocratiquement.

En second lieu, cette loi n'est pas à concevoir comme une relation verticale du souverain législateur vers ses sujets obéissants. Ce pouvoir vertical n'a d'existence que dans le cas des lois par conception. En ce qui concerne les lois par adoption, il s'agit de toute personne qui fait usage du droit dans sa vie professionnelle ou familiale pour régir les interactions entre les individus : entre l'employeur et l'employé, la femme et le mari, l'enfant et le parent, le consommateur et le producteur. Le droit benthamien manifeste déjà un « fonctionnement capillaire du pouvoir », qui est disciplinaire par nature et non pas prédisciplinaire.

En troisième lieu, la loi ne s'applique qu'à ceux à qui le pouvoir d'adresser des lois est reconnu et admis, ce qui présuppose des habitudes d'obéissance. La loi ne contrôle pas un territoire, mais bien plutôt des individus. En cela, le droit benthamien n'est plus l'instrument du souverain mais est déjà celui d'une nouvelle rationalité gouvernementale.

Le droit benthamien ne peut pas se résumer à la fonction du droit tel que Foucault l'entend dans l'ère de la souveraineté. Cependant, l'intérêt de l'approche benthamienne ne réside pas tant dans une définition plus extensive du droit

---

41. J. Bentham, *Of the Limits of the Penal Branch of Jurisprudence*, in *The Collected Works of Jeremy Bentham*, Oxford University Press, 2010, p. 24 (traduction de M. Bozzo-Rey dans *Le statut du principe d'utilité dans la philosophie politique de Jeremy Bentham*, Thèse de doctorat en philosophie, Université Paris Nanterre, 2007).
42. M. Weber, *Le savant et le politique* (1919), 10/18, 2002, p. 126-127.

tel qu'il est normalement conçu en théorie politique, mais dans le concept de législation indirecte qu'il convient de définir avant de pouvoir en comprendre la puissance normalisatrice. La législation indirecte redéfinit le champ et les objets d'intervention du souverain[43].

B. – *Législation indirecte et utilisation panoptique*

Bentham ne conçoit la législation indirecte que par son contraire, la législation directe. La législation directe est la loi, telle qu'elle a été définie plus haut, et cette loi, dans son fonctionnement, n'appartient déjà plus à la souveraineté. La législation indirecte est définie par Bentham toujours en référence à la législation directe. La citation suivante en est un bon exemple :

> « 7. Septième Division. Législation directe, législation indirecte. J'appelle lois directes celles qui vont directement à leur but : savoir par exemple défendre ou ordonner l'acte même, dont on a affaire quand il s'agit du droit pénal, arrêter expressément qu'un droit de propriété ou d'office sera en telles ou telles mains quand il s'agit du droit civil ou du droit constitutionnel. Toute autre façon d'agir peut être appelée indirecte. La même loi qui est directe à un égard, par rapport à tel fin, est indirecte par rapport à un autre. Division entrevue par quelques auteurs, mais non déterminée, & que personne ne s'est encore avisé de pousser à bout. Cependant elle peut être regardée comme complète. »[44]

Qu'est-ce que cette citation nous apprend ?

D'abord, qu'il peut y avoir de la législation indirecte appliquée aux branches pénales, civiles et constitutionnelles du droit. La législation indirecte est le miroir des branches de la législation directe.

Ensuite, que la législation indirecte assiste la législation directe dans la réalisation de ses objectifs, mais en utilisant des moyens indirects. Par ce qualificatif, Bentham désigne deux formes d'action : soit une action sur le complice ou le receleur (*accessory*), soit une action sur les désirs des individus pour prévenir l'émergence de désirs incompatibles avec les objectifs utilitaristes de la société qu'il veut mettre en place. Il est extrêmement important de distinguer ces deux formes d'action de la législation indirecte, car les précédents commentateurs n'en analysaient qu'une, la plus intéressante, certes, pour notre propos sur les liens entre droit et biopolitique, mais qui n'est que mineure dans la régulation sociale benthamienne[45].

---

43. C. Laval, « Ce que Foucault a appris de Bentham », *op. cit.*, § 30.
44. Manuscrit de Bentham dans le fonds de la bibliothèque de l'University College London (UC 33, 111-112). L'orthographe benthamienne a été respectée. Je remercie M. Quinn, du *Bentham Project*, de m'avoir communiqué cette citation.
45. « Bentham établit une subdivision dans la législation en distinguant la partie directe qui consiste à punir et la partie indirecte qui consiste à prévenir, "en agissant

Je nomme le premier type de mesure : la législation indirecte de type primaire. Un exemple serait de mettre en place des lois contre le recel d'objets volés, ou de pénaliser la vente d'alcool en même temps que sa consommation, de s'attaquer à la prostitution sans pénaliser la prostituée mais plutôt le client, etc. Ce type de mesure est le plus couramment développé par Bentham dans le cadre de la législation indirecte, mais ne fait pas l'objet d'une catégorie spécifique dans nos systèmes de droit, et est sous-estimé par les commentateurs.

Je nomme le second type de mesure : la législation indirecte de type secondaire. Un exemple serait de mettre en place des mesures pour que les pensionnaires des Panoptiques développent ou ne développent pas certains désirs (que les enfants de pauvres ne goûtent jamais aux sucreries, par exemple). Il s'agit de manipuler les désirs, avec des stratégies diverses, des plus incongrues aux plus élaborées, pour préformater les réflexes des individus. Le Panoptique est une entreprise complète de (re)conditionnement. C'est dans cette seconde forme, que je nomme secondaire puisqu'elle est annexe dans la discussion de Bentham sur ce mécanisme, que la législation indirecte recoupe un phénomène de régulation contemporain en pleine expansion : les *nudges*[46].

Dans sa forme secondaire, la législation indirecte correspond aux dispositifs mis en œuvre dans le Panoptique, mais qui ne sont pas identifiés comme distincts des dispositifs panoptiques. Je cite Foucault :

> « Côté laboratoire, le Panopticon peut être utilisé comme machine à faire des expériences, à modifier les comportements, à dresser ou redresser les individus. […] [O]n pourrait vérifier si […] n'importe qui peut apprendre n'importe quoi ; on pourrait suivre la "généalogie de toute idée observable" ; on pourrait élever différents enfants dans différents systèmes de pensée […]. Le Panopticon est un lieu privilégié pour rendre possible l'expérimentation sur les hommes, et pour analyser en toute certitude les transformations qu'on peut obtenir sur eux. »[47]

La similitude entre certains dispositifs mis en place dans le Panoptique et la seconde forme de législation indirecte est évidente dans l'extrait ci-dessous :

---

principalement sur les inclinations des individus afin de les détourner du mal et de leur imprimer la direction la plus utile à eux-mêmes et aux autres" » (C. Laval, « Ce que Foucault a appris de Bentham », *op. cit.*, § 30).
46. A. Brunon-Ernst, « Back to the Sources of Nudges », *The Tocqueville Review/La Revue Tocqueville*, vol. 37, n° 1, 2016, p. 99-122 ; M. Bozzo-Rey, « Enjeux et défis de stratégies d'influence obliques des comportments : le cas de la législation indirecte et des nudges », *ibid.*, p. 123-157 ; H. Itai, A. Inoue et S. Kodama, « Rethinking Nudge. Libertarian Paternalism and Classical Utilitarianism », *ibid.*, p. 81-98 ; A. Brunon-Ernst, « Nudges and the Limits of Appropriate Interference. Reading Backwards from J.S. Mill's Harm Principle to Jeremy Bentham's Indirect Legislation », *History of European Ideas*, vol. 43, n° 1, 2017, p. 53-69.
47. M. Foucault, *Surveiller et punir*, *op. cit.*, p. 205-206.

« En chacune de ses applications, [le Panoptique] permet de perfectionner l'exercice du pouvoir. Et cela de plusieurs manières. […] Parce qu'il permet d'intervenir à chaque instant et que la pression constante agit *avant même* que les fautes, les erreurs, les crimes soient commis. »[48]

Pourquoi le Panoptique est-il un lieu privilégié de l'exercice de la législation indirecte sous sa seconde forme ? Parce que le fonctionnement du Panoptique repose en grande partie sur l'espace, espace qui va être modifié, réorganisé et contrôlé pour créer des options de conduites prédéfinies. Par exemple, la circulation à l'intérieur du Panoptique permet à certaines catégories de pensionnaires de se rencontrer ou au contraire de ne pas se croiser. Dans cette utilisation de l'architecture, la législation indirecte est aux Panoptiques ce que l'architecture de choix (ou de manière plus restreinte, les *nudges* et les options par défaut qu'ils utilisent entre autres) est à notre monde contemporain. L'enjeu ici est de taille pour mieux appréhender la régulation juridique et non juridique contemporaine. Si, dans *Surveiller et punir*, Foucault pointe un ensemble de mécanismes que nous identifions ici comme propres au fonctionnement de la législation indirecte[49], il ne les comprend pas comme une catégorie séparée de contrôle. Comme l'écrit Laval :

« Si Foucault avait lu de tels passages [sur la législation indirecte chez Bentham], il aurait disposé de matériaux précieux pour sa démonstration. Bentham est bien celui qui déploie tout l'inventaire des moyens d'action sur les intérêts, qui crée le vaste répertoire des techniques pour "influencer" les représentations, pour orienter les conduites, pour "détourner le cours des désirs dangereux et diriger les inclinations vers les amusements plus conformes à l'intérêt public". »[50]

C. – *Discipline panoptique : de l'infra-droit au contre-droit*

Le Panoptique est un lieu de surveillance. Cette surveillance a un objectif productif et moral. Il s'agit de (ré)former les pensionnaires à maximiser leur utilité (afin qu'ils puissent calculer de manière optimale leur intérêt, maximiser leur productivité, contrôler leur sexualité, améliorer leur santé, être éduqués utilement, etc.). Cette surveillance repose sur un cadre légal. La loi par conception prise par le souverain/législateur pour mettre en place les maisons panoptiques est accompagnée de lois par adoption. Ces dernières sont prises par les responsables

---

48. *Ibid.*, p. 207 (je souligne).
49. Bentham avait conçu le concept de législation indirecte en 1781-1782 avant les projets panoptiques de 1788-1795. *Cf.* M. Quinn, « Jeremy Bentham, Choice-Architect. Law, Indirect Legislation and the Context of Choice », Nudge Project Research Seminar, Université Catholique de Lille, 19 juin 2015 ; M. Bozzo-Rey, A. Brunon-Ernst et M. Quinn, « Editors' Introduction », *History of European Ideas*, vol. 43, n° 1, 2017, p. 1-10.
50. C. Laval, « Ce que Foucault a appris de Bentham », *op. cit.*, § 30.

des Panoptiques, qui auront une autorité déléguée par souverain/législateur pour prendre des dispositions contraignantes, sous forme de règlements internes (et autres instruments juridiques de nature contractuelle) pour organiser la vie quotidienne des pensionnaires dans tous les détails pratiques (heures lever/coucher, tâches, punitions, recours, etc.). La législation directe est le cadre même de l'opération du Panoptique. Ce sont les règlements (lois par adoption) qui permettent la mise en œuvre du contrôle régulier au sein du Panoptique. La discipline panoptique est donc bel et bien du droit au sens benthamien, ou de l'infra-droit, si l'on préfère une classification foucaldienne.

Foucault maintient néanmoins que le concept d'infra-droit est insuffisant pour décrire les opérations panoptiques et qu'il faut bien plutôt parler de contre-droit. Il écrit :

> « En apparence les disciplines ne constituent rien de plus qu'un infra-droit. Elles semblent prolonger jusqu'au niveau infinitésimal des existences singulières, les formes générales définies par le droit ; ou encore elles apparaissent comme des manières d'apprentissage qui permettent aux individus de s'intégrer à des exigences générales. Elles continueraient le même type de droit en le changeant d'échelle, et en le rendant par-là plus minutieux et sans doute plus indulgent. Il faut plutôt voir dans les disciplines une sorte de contre-droit. »[51]

Selon Foucault, les disciplines sont un contre-droit, car elles créent un lien privé, personnel, presque intime entre les individus, des contraintes d'un autre ordre que celles créées par le droit. Si la soumission à une discipline peut être autorisée par un contrat, la discipline met en œuvre des mécanismes qui sont autres que ceux imposés par des liens contractuels[52]. Le constat que Foucault fait est convaincant. La discipline, même si elle est mise en place par le droit, comme il a été démontré précédemment, demeure, par ses mécanismes opératoires, à l'extérieur du droit.

Cependant, si on lit le fonctionnement de la discipline à la lumière de la législation indirecte, la discipline va apparaître sous un jour différent. D'abord, parce qu'il n'y a plus lieu de distinguer liens disciplinaires et liens contractuels. Ils sont à envisager dans un continuum de formes de régulations. Afin de concevoir notre monde contemporain, les lignes de faille ne doivent pas s'articuler sur des oppositions disciplines/droit, norme/individualisation, qui ignorent une caractéristique commune à la discipline, au droit et à la biopolitique qui est justement la normation des comportements à des fins de régulation (sociale, économique, etc.). La législation indirecte, en incluant dans le droit les disciplines, mais aussi d'autres modes de régulation propres à la gouvernementalité, permet de rendre compte de la diversité des approches régulatrices dans le monde contemporain[53].

---

51. Foucault, *Surveiller et punir*, *op. cit.*, p. 224.
52. *Ibid.*
53. C. Laval, « Ce que Foucault a appris de Bentham », *op. cit.*, § 30.

La différence entre Bentham et Foucault sur la conception du droit n'est pas seulement une question de classement. Elle a un impact sur la manière dont on va concevoir la régulation dans le monde contemporain. Sont-ce des pratiques isolées ou sont-ce des facettes différentes de concevoir la régulation humaine ? Pouvoir regrouper ces pratiques sous une même bannière permet de rendre compte de phénomènes de régulation contemporains, comme l'architecture de choix et les *nudges*, qui apparaissent soit dans des environnements juridiques, soit dans des environnements non juridiques[54]. Les regrouper permet ainsi d'identifier la force, la permanence et la diffusion des mécanismes de régulation communs utilisés[55].

Le droit est mis à rude épreuve dans le Panoptique. Dans la prison de Foucault, il est enfermé et réduit à n'être que l'expression d'un dispositif de contrôle de souveraineté dépassé. Dans la prison de Bentham, le droit s'entend comme système englobant de régulation. Il comprend la législation directe, qui est plus large que le droit tel que nous l'entendons, et la législation indirecte, qui recoupe des mécanismes très divers, qui vont de lois sur le proxénétisme à la mise en place d'options par défaut. Cette différence n'est pas sans importance pour notre compréhension du monde contemporain, car Foucault, en omettant d'analyser la législation indirecte (qu'il effleure sans identifier, dans *Surveiller et punir*), omet tout un pan des nouvelles formes de rationalité qu'il étudie et qui se retrouve aujourd'hui dans le manteau d'arlequin de l'architecture de choix.

---

54. A. Alemanno et A.L. Sibony (dir.), *Nudging and the Law. What Can EU Law Learn from Behavioural Sciences ?*, Hart Publishing, 2015.
55. A. Brunon-Ernst, « Le gouvernement des normes. Jeremy Bentham et les instruments de régulation post-modernes », *Archives de Philosophie*, vol. 78, n° 2, 2015, p. 309-322 ; A. Brunon-Ernst et A. Van Waeyenberge, « Effects of the Open Method of Coordination (OMC) in Research and Innovation. Indirect Legislation in EU Policy-Making ? », *Journal of Legal Pluralism and Unofficial Law*, vol. 47, n° 1, 2015, p. 1-17.

L'INDUSTRIALISATION DE LA CAPTIVITÉ

Jean-Marie Delarue
*Conseiller d'État honoraire
et premier Contrôleur général des lieux de privation de liberté*

Foucault s'est longuement interrogé sur la prison, non seulement dans le livre que nous avons aujourd'hui comme point de départ, mais dans ses cours heureusement publiés. Chacun ici se souvient des pages de *Surveiller et punir* dans lesquelles, à partir de la description précise du *Panopticon* de Bentham, se révèle un dessein du pouvoir sur les corps. On a aussi en mémoire le caractère indissociable (et à mes yeux très essentiel) entre cette approche intellectuelle et une volonté d'action (Groupe d'information sur les prisons et Comité d'action des prisonniers) : deux ans avant *Surveiller et punir*, Foucault écrit la préface du livre de son ami Serge Livrozet.

Depuis bientôt trente ans[1] existe une politique publique très importante (en crédits et en ampleur matérielle) de construction de nouvelles prisons en France, manifestée par trois programmes successifs, appelés du nombre de places pénitentiaires créées : treize mille, quatre mille, treize mille deux cents. Achevés aujourd'hui, ces programmes ont pour résultat que plus de la moitié des places[2] de prison relève de ces nouvelles constructions qui, au fil des années, ont reproduit à quelques variantes près les mêmes caractéristiques.

Nous avons donné un sens à ces programmes[3] en évoquant à leur propos « l'industrialisation de la captivité ». Il convient aujourd'hui de revenir sur ces termes pour en approfondir le sens et accorder des significations à ce mouvement qui tranche avec la période précédente ; la dernière grande période de construction remontait aux années 1850-1880 ; elle était le fruit des réflexions publiques sur « la prison républicaine »[4]. Il faut le faire avec modestie, mais lesté de la connaissance des contrôleurs du Contrôle général des lieux de privation de liberté (CGLPL) qui ont arpenté longuement les prisons, anciennes et nouvelles.

---

1. Précisément depuis la loi n° 87-432 du 22 juin 1987 relative au service public pénitentiaire, dite loi « Chalandon ».
2. On ne discutera pas ici ce terme issu évidemment d'une définition administrative incluant un nombre de personnes (et donc de lits) dans une surface de cellule donnée.
3. Dans la présentation publique du rapport du Contrôleur général des lieux de privation de liberté pour 2010.
4. R. Badinter, *La prison républicaine*, Fayard, 1992.

Cette réflexion devrait permettre de vivifier les analyses faites en 1975 et dans les années qui ont suivi.

On évoquera successivement comment se présentent ces nouvelles prisons, quelles sont les conséquences de ces nouveautés sur la vie pénitentiaire et quelle est la portée qu'on peut leur donner.

I. TRAITS DES NOUVELLES PRISONS

Les plans des architectes de 1987 et des années ultérieures n'ont pas de références doctrinales comparables à celles qui ont précédé les constructions pénitentiaires de la fin du XIXe siècle[5]. Le pouvoir insiste seulement sur la nécessité de nouvelles constructions par un syllogisme, qu'exprime le garde des Sceaux devant le Parlement : en raison de la croissance de la délinquance, la population carcérale ne fait qu'augmenter, ce qui porte atteinte tant à l'existence des détenus qu'à l'efficacité de leur réinsertion ; on ne peut – comme l'a fait Robert Badinter – libérer de manière inconsidérée, donc dangereuse pour la société, les condamnés ; les solutions alternatives étant insuffisantes, il faut donc construire de nouvelles prisons[6]. Quant à la nature de ces établissements, il est seulement indiqué de manière très générale qu'ils seront « d'un type nouveau », propre à assurer la réinsertion sociale des personnes détenues, sans davantage de précisions.

Les caractéristiques des nouvelles prisons sont donc essentiellement l'œuvre de l'administration (direction de l'administration pénitentiaire) à partir de l'enveloppe budgétaire qui lui a été allouée. Les cahiers des charges qu'elle élabore s'imposent aux grandes entreprises de bâtiment (comme Bouygues ou Eiffage), seules capables d'emprunter les crédits nécessaires à la construction. Au fil des années, ces entreprises et les consortiums financiers qui les entourent vont gagner en expérience mais aussi en exclusivité. Si l'entreprise privée a une place restreinte dans le premier programme, la loi de programmation de la justice en 2002 lui consent la possibilité d'opérer par des baux d'occupation temporaire assortis de baux emphytéotiques administratifs (AOT-BEA) de longue durée et l'ordonnance

---

5. *Cf.* les débats parlementaires qui ont conduit à l'adoption de la loi de 1875 précédés de nombreux rapports dont celui d'Alexis de Tocqueville et de Gustave de Beaumont sur le « système pénitentiaire » américain (1832 – en France, existent des prisons, mais pas de système pénitentiaire). A. de Tocqueville, *Œuvres complètes*, t. IV, *Écrits sur le système pénitentiaire en France et à l'étranger* (annotés par M. Perrot), 2 vol., Gallimard, 1984. Au cours des débats de la loi de 1987, un parlementaire félicite le garde des Sceaux de faire ce qu'aucun de ses prédécesseurs n'a fait « depuis quatre-vingt-sept ans » (*JO*, Débats A.N., 6 mai 1987).

6. Débats. Assemblée nationale, séance du 5 mai 1987, *JO*, p. 839 et s. Le garde des Sceaux n'emploie pas l'expression « système pénitentiaire », mais significativement celle d'« appareil pénitentiaire ».

du 17 juin 2004 sur les « partenariats public-privé » (PPP) permet aux constructeurs de demeurer propriétaires des locaux pendant trente ans (et d'en encaisser les revenus) avant de les rétrocéder à l'État. On se bornera ici à l'essentiel.

Le premier trait est celui de l'abandon du Panoptique.

Si la réflexion se développe à partir des riches acquis de *Surveiller et punir*, c'est assurément le caractère le plus frappant. Le Panoptique (que Bentham appelait aussi *Inspection House* – la maison du contrôle) a trouvé rapidement sa réalisation concrète en Angleterre[7] et aux États-Unis[8]. Ces réalisations ont inspiré le Panoptique à la française. Celui-ci se traduit par des bâtiments évidés en leur centre, concentrant la vie seulement le long des murs, avec des galeries sur deux ou trois étages où s'ouvrent les cellules et où circulent les surveillants qui peuvent se voir ainsi d'un étage à l'autre, comme le montre le plan ci-dessous[9].

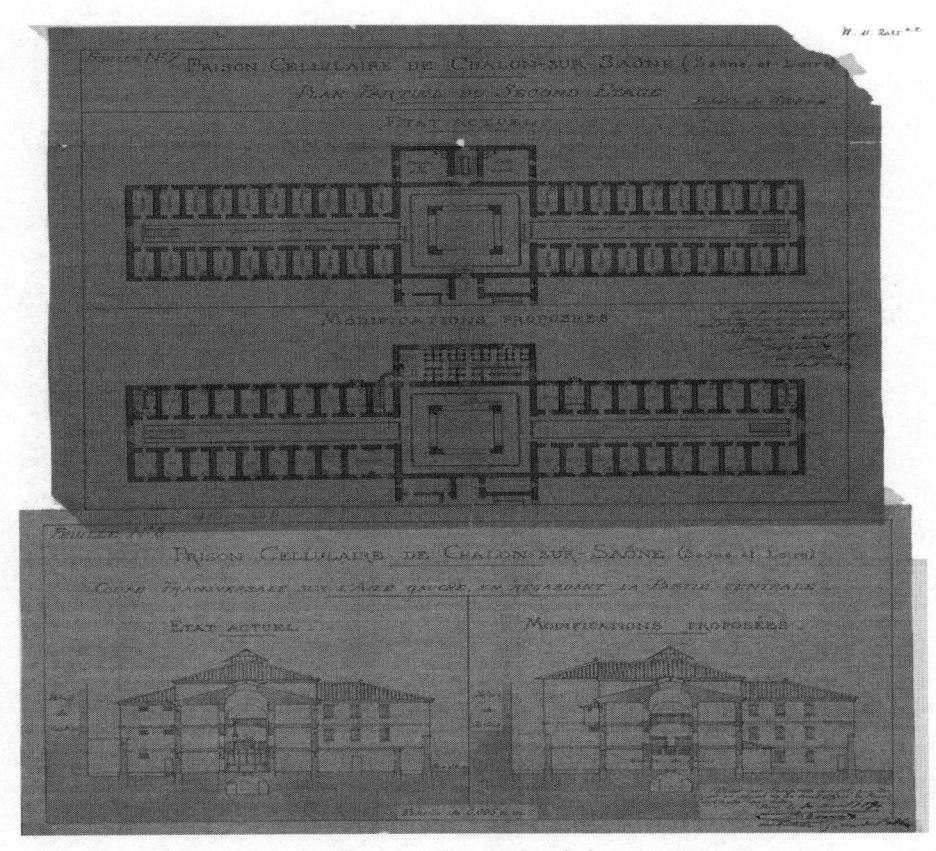

Figure 1. Plan de la maison d'arrêt de Châlon-sur-Saône (1890)

---

7. Avec la prison de Millbank en 1816 et celle de Brixton en 1819.
8. Telle la prison d'Auburn à New York en 1818 que Tocqueville étudie avec tout l'attrait de la nouveauté treize ans plus tard.
9. La maison d'arrêt de Châlon-sur-Saône a ouvert en 1849. Elle est aujourd'hui fermée.

Outre Châlon-sur-Saône, ont été ainsi construites en France notamment la Petite Roquette (1830) et la Grande Roquette (1836) sur les plans de l'architecte Louis-Hippolyte Lebas, mais aussi beaucoup d'autres maisons d'arrêt à Poitiers, Saint-Etienne, Tours, Saint-Quentin… et naturellement ces modèles – par leur volume – que sont Paris-la Santé (Vaudremer, 1867), Fresnes (Poussin, 1898) jusqu'aux Baumettes à Marseille (1939). Le modèle s'impose donc pendant plus d'un siècle.

Les plans d'aujourd'hui rompent avec ce principe. D'une part, la structure intérieure des bâtiments est « pleine » ; autrement dit les étages sont séparés comme dans une construction classique[10]. Il en résulte une multiplication de longs couloirs éclairés à la lumière artificielle (plus de verrière), les « coursives ». Le principe de séparation des étages est bien là. On ne voit ni n'entend d'un étage à l'autre. *A fortiori*, personne ne saisit du regard d'un seul tenant l'ensemble des portes de cellules. Même depuis les miradors ne sont visibles que les fenêtres des cellules (à travers desquelles d'ailleurs rien n'est perceptible en raison des grillages qui y ont été posés) et les espaces intercalaires entre bâtiments.

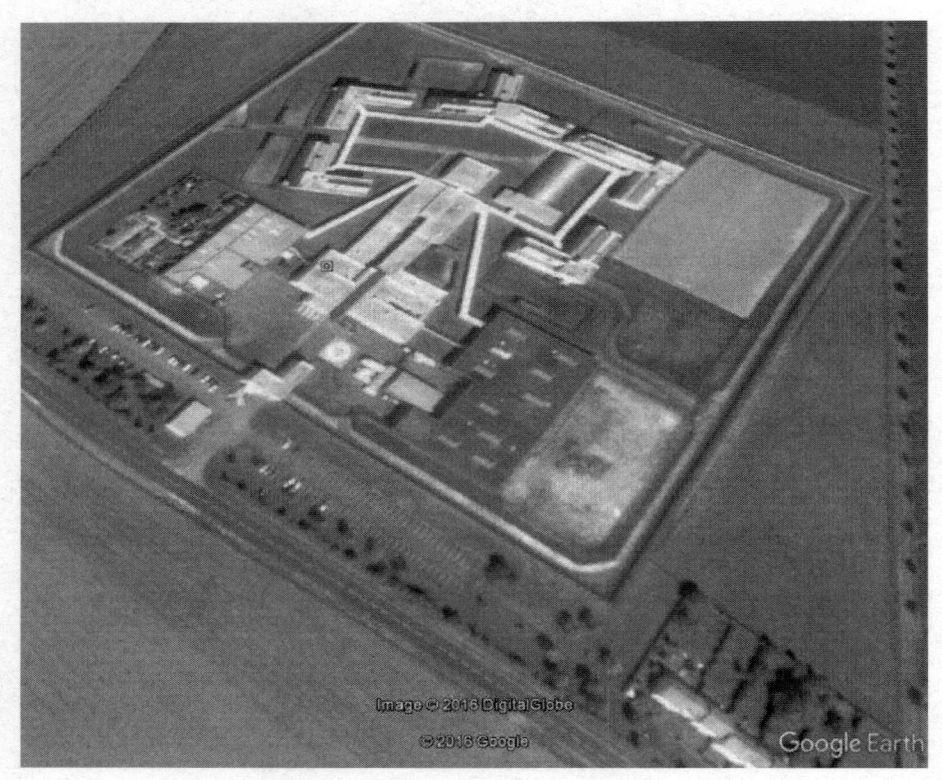

Figure 2. Le centre de détention d'Argentan (1991)

---

10. Avec ici ou là quelques nuances, le sol peut comporter par endroit une part grillagée (comme à Eysses) ou l'extrémité des couloirs peut ouvrir sur un « puits » jusqu'au rez-de-chaussée (comme à Sequedin).

D'autre part, il n'existe plus de bâtiments disposés en étoile autour d'un rond-point central, mais des bâtiments séparés, agencés dans l'espace de telle sorte que la vision d'un bâtiment à l'autre soit minimale.

Corollairement, d'autres agencements intérieurs ont été adoptés. On peut en citer trois.

En premier lieu, à l'œil humain on a cru pouvoir substituer des caméras de vidéosurveillance dans la plupart des lieux collectifs, en particulier les coursives, les cours de promenade, les parages des grilles intermédiaires et même, souvent, dans le local d'accueil des familles. Largement entamée par l'administration pénitentiaire, la pose de caméras a été encouragée par la loi du 24 novembre 2009[11] dont l'article 58 les rend obligatoires dans les prisons postérieures à cette date. Au centre pénitentiaire du Havre, par exemple, inauguré en 2010, 245 caméras sont en service. Leurs images sont renvoyées soit aux postes d'information et de circulation de chaque bâtiment, soit au poste de contrôle de la circulation (PCC) le jour, soit enfin au poste central d'information (PCI), en particulier la nuit. La durée de conservation des images apparaissait variable d'un établissement à l'autre.

En deuxième lieu, les fenêtres des cellules ont été agrandies. Elles restent barreaudées. Toutefois, depuis plusieurs années, au motif de faire obstacle au jet de détritus, notamment alimentaires, ou au « yoyotage[12] », des grillages à maille serrée (appelés caillebotis) ont été posés à l'extérieur des fenêtres, obscurcissant de manière très sensible l'intérieur.

En troisième lieu ont été multipliés les dispositifs commandés à distance, en particulier pour la sécurité des enceintes (dispositifs de barrière hyperfréquence, infrarouge, doppler) et l'ouverture des portes ou grilles, commandées électriquement depuis le PCC. Tout se passe donc comme si le Panoptique s'était technicisé, le remplacement de l'œil humain par la machine permettant de disposer autrement les constructions et leur intérieur.

Le deuxième trait est le changement de dimension des établissements.

Le nombre de grands établissements anciens, qu'on appelle parfois dans la pénitentiaire les « paquebots » (Fresnes, les Baumettes et, jusqu'à leur fermeture, Loos-lès-Lille, Paris-la Santé et Saint-Paul Saint-Joseph à Lyon) ne doit pas dissimuler la circonstance que la plupart des établissements construits au XIXe siècle sont de petite taille : de trente à cent cinquante places.

Les plans conçus après 1987 changent d'échelle. La norme fixée dans le Plan « treize mille » est de 690 places par établissement. Il en résulte que, dans les maisons d'arrêt dont le taux d'occupation moyen avoisine 140 %, sont couramment présentes neuf cents personnes[13]. Cette concentration induit des bâtiments

---

11. Loi dite « pénitentiaire ».
12. Pratique qui, on le sait, consiste à faire circuler à l'aide de filins improvisés les biens (cigarettes, stupéfiants…) d'une cellule à l'autre.
13. 690 x 1,40 = 966.

importants, chacun d'eux abritant environ deux cents personnes détenues. La densité au sol est relativement importante puisqu'aux bâtiments d'hébergement s'ajoutent (*cf.* figure 2) des ateliers, un terrain de football, parfois un gymnase. En effet les dimensions de la surface du terrain d'assiette sont strictement limitées par la portée de l'arme létale dont les surveillants disposent dans les miradors.

Le troisième trait réside dans le caractère mêlé de la nature de beaucoup d'établissements.

Coexistent en effet deux mouvements. D'une part, il a été érigé des « centres pénitentiaires », établissements composés de bâtiments à usage de maison d'arrêt (« quartiers maison d'arrêt » ou QMA), mais aussi à usage d'établissements pour peine (« quartiers centre de détention » – QCD – voire « quartiers maison centrale » – QMC, comme à Réau). On trouve fréquemment des prisons à quatre bâtiments, deux « QMA » et deux « QCD ». La spécialisation de chaque nature d'établissement s'efface, du même coup, par la nature des choses. Les personnes détenues relèvent par exemple fréquemment que le régime des « QCD », en principe moins rigoureux[14] que celui des maisons d'arrêt, tend à s'aligner sur celui des « QMA ». Dans les « vieux » centres de détention, on peut circuler librement entre la cellule et la cour de promenade ; dans les nouveaux, la latitude est limitée à une moitié de coursive, close par une grille, et l'intervention d'un surveillant est nécessaire pour aller dans la cour et en revenir.

D'autre part, des quartiers « spécialisés » sont apparus. Depuis le XIXe siècle, la séparation des sexes et des âges a conduit à la création des quartiers de femmes (relativement peu nombreux) et de quartiers de mineurs. Ont été créés tôt les quartiers disciplinaires, d'isolement et de semi-liberté. Désormais, peuvent coexister dans un établissement, outre ceux déjà mentionnés, le quartier « arrivants » et le quartier « courtes peines » ou « peines aménagées » ou encore « nouveau concept ». Surtout, la loi pénitentiaire de 2009[15], en autorisant des régimes de détention distincts, a différencié le degré de liberté, au sein de l'établissement, accordé aux personnes détenues[16] : se trouvent donc dans un même bâtiment des secteurs à « régime fermé » ou des secteurs à « régime de responsabilité ». Le comportement de chacun, apprécié par l'administration pénitentiaire, détermine le passage de l'un à l'autre.

Enfin le quatrième trait réside dans l'implantation des prisons hors des villes.

La prison du XIXe siècle (surtout la maison d'arrêt) est urbaine, sauf des établissements « phalanstériens » comme Fresnes. Elle est même située en centre ville, mitoyenne du Palais de justice, auquel un souterrain la relie parfois. Par conséquent, elle est simultanément au cœur de la société urbaine et indissociable de la justice.

---

14. En particulier pour les règles liées à la circulation des personnes dans l'établissement.
15. Article 80, réécrivant l'article 717-1 du Code de procédure pénale.
16. Selon l'idée, demeurée largement sans effet réel, du « parcours d'exécution de peine ».

Pour des motifs tirés des surfaces nécessaires, s'agissant de grands établissements, par conséquent des disponibilités et des coûts fonciers trop élevés des centres urbains, et aussi du rejet (vrai ou supposé) des élus des villes à l'idée de voir s'implanter chez eux une prison, les nouvelles constructions pénitentiaires s'installent à la campagne loin des centres. Le centre de détention d'Argentan (*cf.* figure 2) est au milieu des champs, à 4 km au sud-est de l'agglomération. Celui de Joux-la-Ville est à plus de 10 km au nord d'Avallon. Corbas, à Lyon, ou le « Centre pénitentiaire sud-francilien », à Réau, sont en limite extrême de grandes agglomérations. Le centre du Havre, sis à Saint-Aubin Routot, est à 15 km du centre ville.

II. LES INCIDENCES DES CHOIX DE CONSTRUCTION SUR LA CONDITION CARCÉRALE

Ces choix purement administratifs ont d'abord des conséquences en matière d'ordre public et de sécurité. Dans tous les textes relatifs à l'exécution des peines, l'exigence du bon ordre et de la sécurité prime sur les droits des personnes détenues. La loi pénitentiaire de 2009 confirme cette ancienne manière de voir. Son article 22 dispose en effet :

> « [...] L'exercice [des droits de la personne détenue] ne peut faire l'objet d'autres restrictions que celles résultant des contraintes inhérentes à la détention, du maintien de la sécurité et du bon ordre des établissements, de la prévention de la récidive et de la protection de l'intérêt des victimes. »

La rédaction est certes négative (« ne peut que... ») mais les motifs des restrictions sont nombreux et, surtout, leur appréciation par l'administration est purement discrétionnaire. Celle-ci possède donc un large champ d'action. C'est celui qu'elle a utilisé pour définir le cahier des charges des nouvelles prisons. Elle a tenu (et tient encore) à cet égard un double discours. Elle fait valoir, en premier lieu, que le confort des personnes détenues a été grandement amélioré. Elle se réfère fréquemment sur ce point à la présence désormais des douches en cellule, dont les occupants peuvent par conséquent avoir le libre usage sans attendre, comme dans les prisons anciennes, l'intervention d'un surveillant pour les extraire afin de les conduire dans une salle de douches collective (souvent repoussante). On pourrait déduire de cette présentation l'idée que les plans ont cherché à aligner les « standards » de vie en prison sur ceux du dehors, comme la construction des HLM des années soixante avaient haussé les standards du logement populaire, évoquant la « loi d'airain » qu'exprime Robert Badinter[17].

---

17. Selon lui, les éléments de vie en prison ne sauraient être, en vertu de la pression sociale, supérieurs en qualité à ceux des logements les moins confortables de la vie du « dehors » (*in La prison républicaine, op. cit.*).

Ce discours ne fait pas référence au fait que les douches dont il s'agit ne sont pas tout à fait comme celles que connaît le grand public[18] ; pas davantage, surtout, que les personnels ont eu tout à gagner dans cette manière de faire puisqu'ils n'ont plus en effet à organiser un « mouvement » (cellule-douches et retour) dispendieux en temps et difficile.

Il est incontestable, en second lieu, que l'objet premier des partis pris arrêtés pour les nouvelles constructions, après les mutineries des années soixante-dix (ou celles, postérieures, des anciens établissements, comme le 11 septembre 1992 à Clairvaux), est de renforcer la sécurité. Cette intention incontestable contredit l'affirmation du garde des Sceaux en 1987, évoquée précédemment, selon laquelle l'architecture des prisons du Programme « treize mille » serait mise au service d'une meilleure réinsertion.

Ce renforcement passe par la mise à distance de la personne détenue et du surveillant. En effet, le nombre de contacts entre l'une et l'autre diminue, par les dimensions des établissements, par la multiplication des parcours, par la mise « hors de vue » des personnes[19], par la mise en œuvre de systèmes passifs de sécurité. Si l'on ajoute que, en vertu de la même loi du 22 juin 1987, des personnes privées entrent en prison pour y remplir des tâches autrefois accomplies par des agents pénitentiaires, on voit bien que la relation entre ces derniers et les détenus a structurellement changé.

Les choix administratifs ont ensuite des conséquences en ce qu'ils affaiblissent les relations sociales en prison et multiplient les inconnus. Hormis le renforcement des mesures de sécurité, ardemment demandé par eux, les surveillants n'ont guère été consultés sur les nouvelles prisons. Si l'on met à part le discours de la nostalgie, non négligeable chez les professionnels, un des paradoxes des nouvelles prisons est qu'ils s'y sentent beaucoup moins en sécurité que dans la traditionnelle architecture panoptique. Lorsqu'ils se trouvent dans les coursives, ils ne sont pas vus de leurs collègues, y compris au même étage ; le surveillant de la demi-coursive d'une aile est souvent dissimulé au regard du surveillant de l'autre aile en raison de l'angle que forme un bâtiment en « V ». Certes, chaque surveillant peut donner l'alerte au moyen de son « Motorola »[20] ou de signaux d'alarme régulièrement répartis dans les couloirs. Mais la course d'un bâtiment à l'autre, le franchissement des grilles à ouvrir électriquement à la diligence du poste central, nécessitent du temps, trop de temps.

Bref, l'insécurité se renforce en même temps que s'accroît le sentiment d'inconnu. Le volume des effectifs de personnes détenues comme de professionnels fait que peu se connaissent. L'organisation du travail des surveillants leur fait changer doublement d'affectation : dans la plage horaire, en raison du glissement

---

18. On pourrait multiplier les exemples de ces « pseudos » éléments matériels. Pour n'en citer qu'un, il y a bien des terrains de football, mais les réseaux de concertina qui les entourent, placés trop bas, crèvent bien des ballons.
19. *Cf.* les vitres sans tain des postes de surveillance.
20. *Talkie-walkie* en usage.

des services de nuit et de jour ; dans le lieu d'affectation, qui peut changer chaque semaine[21]. La personne détenue ne connaît pas le surveillant, et réciproquement.

Il en résulte un caractère d'imprévisibilité dans les relations qui se nouent – ou non. Chacun ne sait pas à quoi s'attendre de la part d'un interlocuteur contraint qu'il ne connaît pas. Là encore, on s'est efforcé de pallier cette difficulté par un instrument technique[22] : ce dernier est loin d'avoir les avantages d'une relation constante.

Les choix administratifs ont donc, enfin, multiplié dans les prisons récentes attentes et frustrations. Parce qu'ils estiment la situation potentiellement dangereuse, les personnels ne stationnent pas volontiers dans les coursives des bâtiments. De fait, ils passent beaucoup de temps dans les postes de surveillance situés au rez-de-chaussée de chacun (les PIC). L'absence de fait de l'encadrement facilite ce comportement de refuge compréhensible. Ce faisant, ils se mettent dans l'incapacité de répondre aux demandes de toute nature des personnes détenues qui, dans leurs cellules, ont des besoins particuliers (demander une cigarette au voisin, savoir si une demande faite à l'administration a été satisfaite, s'inquiéter d'un parloir, éprouver un malaise physique…). « Drapeaux »[23] et tapage dans les portes restent souvent et longtemps sans réponse.

Même lorsque le surveillant vient, la satisfaction du besoin n'est pas pour autant assurée, en particulier pour les demandes nécessitant un déplacement. Le compartimentage très développé des locaux rend, en effet, aléatoire l'arrivée à bon port. Les contrôleurs du CGLPL en visite à la maison d'arrêt de Lyon-Corbas ont relevé sur une semaine les rendez-vous inscrits au carnet de « l'unité sanitaire » de consultations. Selon les jours, entre le quart et la totalité des patients ne se présentaient pas[24].

En outre, l'éloignement des centres villes rend beaucoup plus aléatoire la venue des familles à la prison, en raison des horaires incommodes des transports en commun ou des frais de taxi élevés en l'absence de transports collectifs. Il raréfie aussi la ressource des visiteurs de toute nature[25]. Corollairement, il rend plus difficile la mise en œuvre de certains aménagements de peine, comme les permissions de sortir ou le placement en semi-liberté et dissuade ainsi le juge de l'application des peines d'y recourir[26].

---

21. La périodicité de ces changements, négociée avec les organisations professionnelles, varie selon les établissements.
22. Le fichier informatique dit « Cahier électronique de liaison » (CEL), incorporé au fichier de gestion *Genesis*, est censé recueillir les observations des professionnels sur les personnes détenues. Mais, outre qu'il ne se substitue pas au dialogue, cet instrument est utilisé de manière bien fragmentaire (*cf.* les rapports de visite du CGLPL).
23. Le « drapeau » est le papier glissé dans la fente de la porte (fermée) de la cellule pour formuler une demande au personnel.
24. *Cf.* ce rapport sur le site <www.cglpl.fr> (consulté le 30 mars 2017).
25. Par exemple celle des aumôniers musulmans, peu nombreux donc débordés, et souvent mal rémunérés.
26. Ainsi a été intégré au centre pénitentiaire du Havre un centre de semi-liberté (CSL). Situé à 15 km du bassin d'emploi, il rend beaucoup plus difficile la perspective d'un emploi. Par conséquent, il demeure à moitié vide.

Cet ensemble de conséquences se traduit par un rejet massif des nouvelles prisons par le personnel et par les personnes détenues. Ce rejet se manifeste, pour le premier, par un taux de demandes de mutation en général élevé, ce qui conduit à une rotation des professionnels très rapide, accroissant ainsi les difficultés de développement dans l'établissement des nécessaires relations sociales. Il se traduit par une augmentation de l'absentéisme, souvent nettement plus élevé dans les nouvelles prisons[27]. Pour les secondes, il se traduit par l'unanimité des réactions de regret des « vieilles » prisons et par la dissipation rapide des illusions que procure l'amélioration de la vie matérielle. Outre les multiples témoignages recueillis par le Contrôle général des lieux de privation de liberté, on peut renvoyer sur ce point aux opinions recueillies en la matière par Catherine Réchard dans son film *Le Déménagement*[28].

Il existe enfin un lien entre ces nouvelles prisons et le développement du recours à la violence à l'encontre des personnels. Certes, beaucoup « d'incidents » (pour employer le langage de l'administration) ont des causes locales ; mais ces causes elles-mêmes renvoient aux modes d'existence induits par l'architecture des années 1990 et 2000. Il existe depuis plusieurs années une augmentation significative des prises d'otage en prison ; des évasions spectaculaires avec armes. Le nombre d'agressions (soigneusement répertoriées) d'agents croît également[29]. Il est d'ailleurs regrettable que les données en ces matières de l'administration pénitentiaire ne scindent pas les anciens établissements et les nouveaux. Quant au décompte des violences entre personnes détenues, on sait qu'il est notoirement sous-estimé faute de perception et de plaintes suffisantes. En tout état de cause, la recension de ces agressions n'est pas davantage répartie selon le type de prisons.

Tout se passe donc comme si, pour conjurer la violence et les désordres à la demande pressante et légitime des organisations professionnelles, l'administration avait choisi la sécurité par la mise à distance, laquelle ne saurait être la source que de difficultés supplémentaires.

III. PRÉMICES D'UNE INTERPRÉTATION

Quel sens donner à ces choix et que révèlent-ils ? Les portes que l'on va ici ouvrir sont nécessairement limitées et doivent être enrichies.

Il est nécessaire d'évoquer, en premier lieu, le thème de la modernité.

---

27. *Cf.* les données mentionnées dans les rapports de visite du CGLPL.
28. Il relate le transfert de la population pénale de la vieille maison d'arrêt Jacques Cartier de Rennes jusqu'au nouveau centre pénitentiaire de Rennes-Vezin, en mars 2010.
29. 4 122 recensées en 2014, dont 149 ont été suivies d'ITT, soit 3,6 %.

Figure 3. La maison d'arrêt de Majicavo (Mayotte)[30]

L'objet des plans de développement successifs, tous échafaudés par des gouvernements de droite, en 1987, 1996, 2002 et 2012[31], est de répondre à la délinquance par le développement de la faculté de condamner à des peines de prison. Comme le dit un député lors des débats de 1987 : « Tout le reste est littérature ». Toutefois, la construction des prisons, de manière certes subsidiaire, va permettre à l'administration pénitentiaire et à l'établissement public spécialisé du ministère de la Justice[32], constitué pour l'occasion, de tenir un discours de

---

30. La photographie extraite de la page d'accueil du site ne fait pas apparaître, à cause des pare-soleils, que les fenêtres sont barreaudées. Il faut toutefois préciser que, dans le dossier qu'elle consacre à cet établissement dans les « pages » intérieures du site Internet, l'agence fait davantage apparaître la réalité carcérale. Disponible sur le site <www.APIJ.justice.fr> (consulté le 30 mars 2017).
31. Loi du 27 mars 2012. Le changement de majorité qui a suivi quelques semaines plus tard a fait obstacle à la réalisation de ce quatrième plan. Un objectif beaucoup plus limité a été adopté ensuite. Mais un nouveau plan de constructions a toutefois été annoncé par le gouvernement en septembre 2016.
32. Dénommé aujourd'hui Agence publique pour l'immobilier de la justice (APIJ), cet établissement est le maître d'ouvrage des constructions pénitentiaires (sauf de celles construites par partenariat public-privé).

modernité. Les deux thèmes, prison et modernité, ne sont pas spontanément associés. La construction d'établissements nouveaux permet de le faire et, ce faisant, de conférer une légitimité nouvelle à ceux qui en sont responsables (et, par ricochet, sans doute aussi à la nature de leur travail). On sait la valeur qui s'attache au « moderne » dans notre société. À propos de la construction des plus récentes maisons centrales de France, Condé-sur-Sarthe et Vendin-le-Vieil, l'établissement public responsable évoque par exemple des « modèles d'innovation technologique ». Son site publie des photographies soigneusement choisies de sites pénitentiaires dont les formes et les couleurs ne dépareraient pas le catalogue d'un promoteur immobilier. Il y a sans doute là matière à rapprochement avec la manière dont pouvait apparaître, à la fin du XVIIIe siècle, le discours d'un Bentham, dont on connaît l'audace utilitariste.

On doit évoquer, en deuxième lieu, le thème de la sécurité.

Il est impossible de retracer dans le détail ici comment la sécurité, thème inconnu de la vie collective voici quarante ans, est devenue centrale dans le discours politique, d'abord des gouvernements de droite puis, désormais, des politiques des deux bords. Peut-être suffit-il de rappeler que le point de départ de l'évolution réside sans doute dans le « Rapport Peyrefitte » intitulé « Réponses à la violence » remis en juillet 1977, suivi de la loi « Sécurité et Liberté » présentée par le même Alain Peyrefitte, garde des Sceaux. La nouveauté réside naturellement dans l'association des deux concepts, symétrie[33] qui conduira, dans la loi d'orientation sur la sécurité du 21 janvier 1995, à l'affirmation selon laquelle « la sécurité est un droit fondamental et l'une des conditions de l'exercice des libertés individuelles et collectives ». Par la suite, on glissera vers la pensée que cette condition est en fait la plus importante. Puis on se débarrassera de cet aspect conditionnel : par un tour de passe-passe sémantique dont la politique n'est pas avare, en prenant la condition pour l'objet, on affirme aujourd'hui, par un pur sophisme, que « la sécurité est la première des libertés », *leitmotiv* de la droite extrême, voici vingt ans, repris à l'unisson aujourd'hui.

La prison fait partie des instruments de sécurité. Elle en tire une nouvelle légitimité. La loi pénitentiaire de 2009, dans son article 12 peu évoqué, fait des personnels de surveillance « l'une des forces [avec la police et la gendarmerie] dont dispose l'État pour assurer la sécurité intérieure ». L'évolution est rapide. Alors que le Parlement avait, à la demande de la garde des Sceaux d'alors, refusé en 2015 d'ériger ces personnels en agents de service de renseignement, la loi du 3 juin 2016 a décidé l'inverse et modifié en ce sens l'article 727-1 du Code de procédure pénale. Des grilles d'analyse sont mises à la disposition du personnel pour dépister la « radicalisation », grilles dans lesquelles, selon des organisations professionnelles, on peut mettre à peu près qui l'on veut.

---

33. Symétrie plus apparente que réelle : des esprits sans doute malins ont relevé que, dans la loi « Sécurité et Liberté », l'occurrence du premier mot était très sensiblement plus fréquente que celle du second.

La prison est donc chargée, à sa manière, de la sécurité des Français. Le centre de gravité de sa mission se déplace, pourrait-on dire, de l'intérieur (la prise en charge des personnes détenues) à l'extérieur (prévenir la mise en danger du citoyen).

Ces thèmes viennent heurter un autre courant d'idées qui a pris une importance croissante simultanément, depuis la fin des années 1970 : le respect des droits fondamentaux des personnes détenues, courant alimenté en particulier par le droit international, tel que l'expriment des juridictions, notamment la Cour européenne des droits de l'homme. La parade à ce courant, par le biais de la politique sécuritaire, est efficace. On pourrait dire que, comme les droits des personnes détenues ne peuvent être mis en œuvre que si les exigences du bon ordre le permettent, de fait, leurs droits fondamentaux ne sont assurés que si la sécurité du pays l'est aussi. Il ne manque pas de voix qui s'échinent à nous dire qu'elle ne l'est pas.

En troisième lieu, il convient de mentionner les modifications de ce qu'on appelle « la chaîne pénale », c'est-à-dire l'ensemble des procédures qui visent à identifier les auteurs d'infraction et à les punir. Trois modifications doivent être évoquées, dans un contexte où la frénésie de réforme pénale, mais d'une réforme désordonnée, sans ligne directrice apparente, est particulièrement marquée depuis, précisément, l'époque de la publication de *Surveiller et punir*.

D'abord l'objet même du traitement carcéral a évolué. Pour faire vite, l'accent est désormais moins mis sur les atteintes aux biens que sur les atteintes aux personnes. La prison ne connaît plus des condamnés qu'elle accueillait autrefois : par exemple les auteurs de vol simple, ou les étrangers à qui on reproche de méconnaître la législation sur le séjour. En revanche, elle héberge des personnes qu'elle ne connaissait pas (ou peu) : auteurs d'infractions sexuelles, de violences familiales ou même d'accidents de la route.

Ensuite ont été développées des alternatives aux poursuites pénales et des alternatives à l'incarcération. Certaines d'entre elles sont anciennes, comme le sursis simple institué en 1891. Mais elles ont été multipliées. Les peines correctionnelles, unifiées à l'époque du Code d'instruction criminelle de 1808, sont complètement diversifiées aujourd'hui[34].

Le recours aux alternatives aux poursuites est substantiel : plus de 38 % des affaires donnant lieu à poursuite du parquet en 2014. Le recours aux alternatives à l'incarcération est également significatif. L'emprisonnement ferme (en tout ou partie) représente à peine plus du cinquième des peines prononcées la même année ; les peines alternatives, 11 %. On connaît le « succès » du placement sous surveillance électronique (le « bracelet » ou PSE) : il est mis en service dans les faits en 2005 ; dix mille personnes se le voient appliqué aujourd'hui.

---

34. L'évolution est exactement inverse pour les peines criminelles, diversifiées au début du XIXe siècle, très uniformes actuellement.

Enfin, il faut relever l'accroissement du rôle du parquet, d'une part, et de la victime, d'autre part, dans le procès pénal. Le parquet règle un nombre croissant d'affaires, qu'il décide de classer sans suite, de choisir une alternative aux poursuites ou de proposer une sanction pénale au coupable, sous réserve de la seule homologation d'un juge. La victime, elle, ne voit pas ses droits limités au procès civil : elle dispose de droits croissants durant l'enquête préliminaire ou l'instruction et pendant le procès. Elle y joue un rôle très actif, souvent mis en scène par les médias.

Ces évolutions auraient pu concourir à amenuiser le rôle de la prison dans le traitement pénal. C'est le contraire qui s'est produit. On connaît le surpeuplement carcéral. Mais on sait moins qu'en quarante ans, le nombre de personnes détenues a été pratiquement multiplié par deux, notamment du fait de l'accroissement des petites peines et des très longues peines. Alors que, depuis le XIXe siècle, la part des détenus dans la population ne cessait de décroître[35], nous voici revenus en France au taux qui était celui de 1890. Tout se passe comme si ces nouveaux mécanismes avaient attrait à la chaîne pénale un nombre croissant d'individus, et non pas que des personnes condamnées à des peines d'emprisonnement soient sanctionnés de peines sous d'autres formes. Comme si la prison, dans le système pénal, restait en définitive la seule protection efficace de la population. Ce que dément naturellement le nombre élevé de récidivistes à la sortie.

Reste, en dernier lieu, à évoquer la notion, très usitée désormais, de dangerosité. Depuis une vingtaine d'années, émerge une figure du délinquant en rupture avec l'idée qu'on s'en faisait en 1945. Au lendemain de la guerre, la prison se voit assigner, outre la punition, une mission de réinsertion, parce que chaque condamné est censé porter en soi les germes d'une reconstruction possible. On a vu qu'en 1987 encore, le garde des Sceaux promettait une prison plus efficace en la matière.

Aujourd'hui, la notion de « dangerosité », introduite dans la loi française en 1994 et mentionnée depuis à de multiples reprises, en particulier après 2005, renoue, via les pays anglo-saxons, avec le positivisme italien de Lombroso : il s'agit de la conviction que des délinquants peuvent avoir une nature dangereuse, l'atavisme d'une sauvagerie primitive. Il convient, dès lors, à la fois de la dépister et d'en prévenir les effets.

On a ainsi vu apparaître progressivement, dans les pays occidentaux, le retour à l'idée que les efforts de réinsertion de certaines personnes étaient illusoires et voués à rester infructueux. Parallèlement, sont nées des procédures de mise à l'écart particulières, notamment inspirées des démarches appliquées aux personnes en souffrance mentale, en principe assorties de soins, ces derniers se révélant en réalité illusoires[36]. En outre, en particulier en Angleterre-Galles mais aussi aux

---

35. À la seule exception des années ayant suivi les deux conflits mondiaux (1918-1919 et 1944-1950).
36. *Cf.* sur ce point les deux avis publics du Contrôleur général des lieux de privation de liberté, faisant suite à la visite des locaux de la rétention de sûreté à Fresnes : *Journal officiel* des 25 février 2014 et 5 novembre 2015.

États-Unis, les citoyens sont encouragés à devenir des acteurs de la surveillance des suspects, dont les domiciles, par exemple, peuvent être identifiés et diffusés.

Ces évolutions importantes, apparemment éloignées du système pénitentiaire, ont évidemment pour conséquence de modifier le rôle de la prison. Elle n'est plus le seul élément répressif destiné à punir et à réinsérer. Elle est, de manière sans doute idéal-typique, un des éléments du parcours pénal, élément destiné à prendre, le temps de la peine, les personnes dangereuses, à les garder mais aussi à les analyser, sans épuiser la totalité des mesures requises par leur « état ». On le voit dans la propension forte de notre société à enfermer, alors que la confrontation générale à la violence physique se réduit : on fait ici référence à l'accroissement très sensible ces dernières années des admissions en soins psychiatriques sans consentement ou à la constitution d'unités fermées dans la plupart des EHPAD[37].

Dans ce contexte, « l'industrialisation de la captivité » conduit à traiter de manière sécuritaire un nombre croissant de personnes, à la fois par le biais de privatisations et de « technicisation »[38] d'une partie de la prise en charge.

Ces évolutions importantes transforment le système pénal et le dispositif pénitentiaire. Elles vont à l'encontre des convictions de ceux qui revendiquent le respect des personnes et de leur dignité. L'histoire, qu'on croyait acquise, des développements de la politique pénale de 1945 à 2000, est fortement remise en cause. La prison ne peut plus être regardée de la même manière. Sa place dans la société comme sa conception interne, que traduit son architecture, ont changé. Naturellement, ce qui en a été indiqué ici n'épuise pas le sujet. Le scepticisme des gouvernements sur l'efficacité du système carcéral, qui les conduit à multiplier les mesures de sûreté en amont et en aval de l'emprisonnement, et non plus à renforcer les mesures de réinsertion, révèle des mouvements de fond, qui restent à analyser, comme Michel Foucault l'avait fait en son temps, à la lumière des instruments d'investigation qu'il nous a laissés. On s'est borné ici à mettre en garde, à inciter à la nécessaire vigilance. L'analyse de la prison d'aujourd'hui est un sujet qui est loin d'être achevé.

---

37. Établissement d'hébergement pour personnes âgées dépendantes.
38. Qu'on songe au succès du placement sous surveillance électronique mobile, appliqué aux grands criminels (condamnés à plus de sept ans) dans le cadre de mesures de sûreté mais aussi aux personnes très âgées et éventuellement (projet annoncé en 2008) aux malades en souffrance mentale.

LA FABRIQUE DE L'INDIVIDU PRODUCTIF

Judith REVEL
Professeure de philosophie contemporaine à l'Université Paris Nanterre

On se souvient en général que *Surveiller et punir* situe la naissance de la prison au sein d'un vaste mouvement de bascule faisant passer ce qui a longtemps fonctionné comme le régime principal d'expression du pouvoir – la punition, entendue comme inscription visible des signes du pouvoir sur le corps des hommes –, à un nouveau paradigme, ou plus exactement à une nouvelle rationalité : la surveillance, c'est-à-dire le contrôle minutieux de l'espace, du temps et des attitudes des corps.

On se souvient moins que les « disciplines », c'est-à-dire toutes les opérations qui permettent précisément ce nouvel investissement des corps, constituent, selon les mots de Foucault, une « anatomie politique » : elles visent à rendre les corps d'autant plus obéissants qu'ils sont utiles, et inversement[1]. Or ce nouveau binôme docilité/utilité, s'il fonctionne dans des institutions disciplinaires dont Foucault ne cesse de reconnaître la spécificité même quand il les rapproche – la caserne, le couvent, l'école, l'hôpital, la prison… –, fonctionne tout particulièrement là où « la coercition disciplinaire établit dans le corps le lien contraignant entre une aptitude majorée et une domination accrue »[2].

La prison, certes, mais derrière le rêve d'une visibilité totale et permanente des corps, il y a aussi, dès la fin du XVIIIe siècle, la réorganisation des manufactures, qui tendent à repenser leur propre fonctionnement à partir de l'impératif émergent d'une maximalisation des « prestations productives » ; et il y aura bientôt l'usine, espace productivement utile par excellence.

Naissance de la prison, naissance de l'usine : il ne s'agit pas là de confondre les deux espaces, ni de faire de la première l'archétype de la seconde, ou de la seconde le modèle caché de la première, mais de comprendre que, des cellules à ce que Foucault nomme les « emplacements fonctionnels »[3], de la distribution des détenus dans les « bras » à celles des ouvriers sur la « ligne » de la chaîne de travail, c'est une même transformation qui s'accomplit.

C'est ce tournant que décrit en partie le livre, et qui sert en réalité de toile de fond à cette organisation spécifique de la visibilité et du contrôle dont le

---

1. M. Foucault, *Surveiller et punir. Naissance de la prison*, Gallimard, 1975, p. 139.
2. *Ibid.*, p. 140.
3. *Ibid.*, p. 145.

Panoptique benthamien sera à la fois le modèle et le rêve un peu fou. La figure du Panoptique, parce qu'elle incarne à la fois un projet général de redéfinition de la grammaire du pouvoir à partir de l'idée d'une visibilité totale et une incarnation directe de cette mutation (dont les projets de pénitenciers et les photographies de prison, au début du livre, fournissent des exemples impressionnants), a frappé bien entendu les lecteurs de *Surveiller et punir*. Elle en est devenue, en quelque sorte, le monogramme. Et si l'on a en tête les clichés des détenus mutinés de la prison de Nancy, en janvier 1972, dont Foucault avait suivi et accompagné la révolte dans le cadre du Groupe d'information sur les prisons (GIP), on se dit que, d'une certaine manière, on n'échappe à cette omni-visibilité panoptique que par le haut. Là où le regard de la surveillance s'étend horizontalement, à partir de l'axe central autour duquel s'organisent les bras de la structure pénitentiaire, là où le contrôle sur les corps se déploie dans une sorte de rayonnement longitudinal qui est à la fois celui du regard et celui de la structuration segmentaire de l'espace de répartition des cellules, il n'y a paradoxalement d'échappée possible que par le haut : sur les toits, donc, dans une verticale qui est en réalité le seul geste d'annulation de la logique panoptique.

Le Panoptique, donc, et l'énorme succès de ce que l'on a trop vite pris pour une métaphore aux vertus littéraires. Bien sûr, Foucault le dit lui-même ailleurs, le Panoptique est une fiction : il ne peut pas fonctionner, parce qu'il n'y a jamais saturation des effets de pouvoir sur les corps et les conduites, même dans le cadre de l'enfermement – surtout, peut-être, dans le cadre de l'enfermement (et ça n'est pas le moindre des paradoxes).

Plus encore, parce que, historiquement, au XVIIIe siècle comme aujourd'hui (et l'irruption du présent s'affirme toujours davantage de manière révélatrice dans la dernière partie de l'ouvrage), la prison corrige moins qu'elle ne *fabrique*. Les pages finales que *Surveiller et punir* consacre aux illégalismes sont de ce point de vue révélatrices :

> « Au constat que la prison échoue à réduire les crimes, il faut peut-être substituer l'hypothèse que la prison a fort bien réussi à *produire* la délinquance, type spécifié, forme politiquement ou économiquement moins dangereuse – à la limite utilisable – d'illégalisme ; à *produire* les délinquants, milieu apparemment marginalisé mais centralement contrôlé ; *à produire* le délinquant comme sujet pathologisé. [...] Or ce processus qui constitue la délinquance-objet fait corps avec l'opération politique qui dissocie les illégalismes et en isole la délinquance. La prison est la charnière de ces deux mécanismes ; elle leur permet de se renforcer perpétuellement l'un l'autre, d'objectiver la délinquance derrière l'infraction, de solidifier la délinquance derrière le mouvement des illégalismes. »[4]

---

4. *Ibid.*, p. 282 (je souligne).

En somme : là où la dispersion des illégalismes populaires inquiète – on songe au texte de Marx sur le vol de bois[5] –, la construction de la délinquance à la fois comme objet social et comme population contrôlable rassure.

Mais le Panoptique dit autre chose encore. On le rappelait il y a un instant : il est l'incarnation de cet étrange retournement qui fait que, là où se tenait autrefois le *spectacle* du pouvoir souverain (un pouvoir qui devait précisément *être vu* pour être puissant, mais dont la puissance tenait paradoxalement à l'invisibilité de son fondement, c'est-à-dire au « hors champ » que représentait la transcendance de son origine divine), il y a désormais des rapports de pouvoir qui, s'ils veulent s'appliquer, doivent *voir*. Là où se tenait le spectacle de la souveraineté, là où les deux corps du roi incarnaient simultanément la théâtralisation incarnée du pouvoir et le hors champ de celui-ci, émerge une nouvelle rationalité de la visibilité : ne plus être vu mais voir, ne plus attirer les regards mais pratiquer la vue comme instrument de contrôle.

Or, précisément, on aurait trop vite fait de ne pas prendre la véritable mesure de cette énorme transformation, et de réduire la naissance de la prison à un simple problème d'architecture. Derrière le retournement du regard, il y a le basculement général d'un régime qui affecte le temps autant que l'espace, et *tous* les corps – dès lors que leur utilité productive est entrevue.

À la réorganisation des manufactures et aux règlements d'usine, Foucault consacre ainsi des pages formidables : comment les disciplines ont littéralement construit la figure de l'individu productif à travers une série d'opérations qui se fondaient à la fois sur l'isolement de chaque corps mis au travail (ce que Foucault nomme le « gouvernement par l'individualisation ») et sur sa paradoxale mise en série (la disciplinarisation comme « arrangement » des corps, accouchant de l'organisation du travail elle-même et produisant une « force de travail » ayant paradoxalement annulé les singularités individuelles qui la composaient au départ).

On trouve ici la première formulation de ce que Foucault ne cessera de développer dans les années successives à la publication du livre – je pense tout particulièrement aux cours au Collège de France. Il y a, dans la rationalité de gouvernement qui émerge dans le tournant du XVIIIe au XIXe siècle, l'émergence d'une pratique de gouvernement qui se déploie désormais sur un double niveau à la fois complémentaire et clivé.

Cette double dimension du gouvernement, c'est, d'une part, celle qui affecte les corps individuels ; mais c'est, de l'autre, celle qui procède aussi à la massification de leur série dé-subjectivée. Double niveau de gouvernement, donc : celui des disciplines, qui concerne les corps individualisés, et celui de ce que Foucault nommera les biopouvoirs. Ou, pour le dire de manière légèrement différente, celui de l'étrange dé-singularisation, ou dé-subjectivation, qui préside à la construction de ce que Foucault, au rebours du langage commun, appellera

---

5. K. Marx, *La loi sur les vols de bois* (1842-1843), Éditions des Équateurs, 2013.

un « individu », et puis celui de la massification de ce qu'il nommera désormais de manière parallèle une « population ».

Fabrique de l'individu, fabrique de la population : c'est dans cette tenaille gouvernementale – chacun et tous à la fois, *omnes et singulatim* – que va se déployer, dans une étrange reprise de la « formule » que Foucault avait attribuée au pastorat chrétien[6], le maillage d'une nouvelle économie politique dont le chiasme – tous et chacun à la fois – est fondateur.

Disciplines individualisées et modélisations statistiques, valeur des « cas » et émergence du calcul par séries : il y a les pauvres et il y a désormais « la pauvreté » ; comme il y a les ouvriers et la population ouvrière (dont les deux visages symétriques – la classe ouvrière et la force de travail – donnent à voir le même procédé de massification), ou les détenus et la « population » carcérale. Les pratiques de gouvernement investissent ces deux échelles.

À ceci près que se joue, dans ce scénario que restitue *Surveiller et punir*, autre chose qu'une simple reprise de la gouvernementalité pastorale. Car il ne s'agit plus seulement de gouverner chacun et tous à la fois, ou si vous le voulez simultanément les brebis et le troupeau. Il s'agit littéralement de *construire* à la fois la brebis et le troupeau, c'est-à-dire encore une fois de *produire* l'individu et la population, d'en être la *fabrique* sociale et politique.

Cette fabrique n'est pas seulement le résultat d'un processus historique – comme on peut le trouver par exemple dans le travail magistral d'E.P. Thompson, *The Making of the English Working Class*[7], qui servait à bien des égards de sous-texte à *La société punitive*, le cours que Foucault tient au Collège de France au début de l'année 1973[8]. Cette fabrique, c'est à la lettre une *production* du pouvoir, ce que cette nouvelle gouvernementalité *invente*, à la fois comme objet propre et comme dispositif ; c'est-à-dire encore à la fois, toujours simultanément : ce *à quoi* elle s'applique – les individus, les populations –, et ce *grâce à quoi* elle s'applique, c'est-à-dire la pratique de l'individualisation et la constitution de « populations » comme *moyens* de son gouvernement.

Prendre au sérieux cette fabrique des individus et des populations, c'est interroger le type de production qu'elle engage. Dans le cas de l'usine, la réponse est paradoxalement assez simple : il s'agit d'inventer des dispositifs qui maximisent l'extraction de « prestations productives » tout en minimisant les coûts de reproduction de la force de travail comme ceux de son contrôle.

Dans le cas de la prison, c'est sans doute un peu plus compliqué, parce qu'à suivre les analyses foucaldiennes, la prison ne produit rien d'autre que

---

6. M. Foucault, « *Omnes et singulatim* : vers une critique de la raison politique » (1979), in *Dits et écrits II, 1976-1988*, Gallimard, 2001, p. 953-980.
7. E.P. Thomson, *La formation de la classe ouvrière anglaise* (1963), Seuil-Gallimard, 1988.
8. M. Foucault, *La société punitive. Cours au Collège de France. 1972-1973*, Seuil-Gallimard, 2013.

de la récidive, et échoue à transformer non seulement les comportements des individus, mais leurs vies, à susciter une resocialisation qui serait déterminante au moment de la sortie, à favoriser l'apprentissage, l'éducation, la reconstruction de soi, la formulation de projets, c'est-à-dire à préparer et à accompagner le retour à une existence non-carcérale – qui est souvent vécue comme une violence plus grande encore.

De ce point de vue-là, la prison non seulement ne produit rien, mais elle est fondamentalement improductive.

Faut-il alors supposer que c'est l'introduction du travail en prison qui permettra d'un seul coup d'affirmer sa productivité et la réabsorption de la population carcérale dans cette population, plus large encore, qui est celle des individus productifs ? Là encore, Foucault, jouant sur le double registre de l'analyse historique et de la référence au présent, est assez clair : le principe du travail, à la fois comme obligation et comme droit, est en réalité un leurre. Pas seulement parce qu'il concerne une partie absolument minoritaire de la population carcérale, mais parce qu'il laisse supposer que la prison pourrait malgré tout être un lieu productif au sens où, *a minima*, il permettrait la production de valeur économique.

En réalité, la véritable production de la prison, c'est la fabrique simultanée du délinquant et de la délinquance, c'est-à-dire le découpage, dans le réseau protéiforme et incontrôlé des illégalismes, d'une forme particulière, qu'elle met en lumière et qui, en retour, « fait prise » sur les autres illégalismes. La prison

> « contribue à mettre en place un illégalisme voyant, marqué, irréductible à un certain niveau et secrètement utile – rétif et docile à la fois ; elle dessine, isole et souligne une forme d'illégalisme qui semble résumer symboliquement toutes les autres, mais qui permet de laisser dans l'ombre celles qu'on veut ou qu'on doit tolérer. Cette forme, c'est la délinquance proprement dite. […] Sans doute la délinquance est bien une forme de l'illégalisme […] ; mais c'est un illégalisme que le "système carcéral", avec toutes ses ramifications, a investi, découpé, isolé, pénétré, organisé, enfermé dans un milieu défini, et auquel il a donné un rôle instrumental, à l'égard des autres illégalismes. En bref, si l'opposition juridique passe bien entre la légalité et la pratique illégale, l'opposition stratégique passe entre les illégalismes et la délinquance »[9].

On comprend dès lors que le livre ait retenu davantage, au moment de sa publication, l'attention des juristes et des sociologues de la pénalité que celle des philosophes – qui y voyaient un livre d'histoire – ou des historiens – qui y voyaient à l'inverse un usage débridé et méthodologiquement discutable, tout à la fois des sources archivistiques et des découpages historiques.

Cette idée foucaldienne, qui a tant fait discuter en 1975, pourrait aujourd'hui être simplement reprise, dans sa formulation originaire : quelle est la

---

9. M. Foucault, *Surveiller et punir, op. cit.*, p. 281-282.

productivité de la prison ? Encore une fois, nous savons la réponse de Foucault : économiquement, elle ne peut qu'être nulle, voire négative. Socialement, elle est là encore contre-productive. Du point de vue de la rationalité de gouvernement, elle est au contraire l'invention d'un mode de gestion dont l'objet, ou les objets, se situent paradoxalement, en dehors des enceintes, par-delà les murs : c'est l'épaisseur complexe des conduites sociales.

QUATRIÈME PARTIE

SÉCURITÉ ET SURVEILLANCE DANS LE MONDE CONTEMPORAIN

SURVEILLER ET ANTICIPER :
VERS UNE JUSTICE PÉNALE PRÉDICTIVE

Mireille Delmas-Marty
Professeure honoraire au Collège de France, Membre de l'Institut

Quand la sécurité devient dans certains discours officiels la « première des libertés », quand des responsables politiques n'hésitent pas à transposer le principe de précaution des produits dangereux aux individus qualifiés tels, il ne faut pas s'étonner si la justice pénale devient « prédictive » et l'anticipation un substitut à la punition. Le ministre de l'Intérieur a d'ailleurs présenté en 2015 le projet qui deviendra la « Loi renseignement » autour de deux mots clés : « connaissance » (concept inhérent à la notion de renseignement) et « anticipation » (processus aux contours plus vagues car sans limite repérable). Mais alors, on peut se demander jusqu'où mènera cette conception d'une justice qui, à terme, n'aurait plus de pénal que le nom de son code, le Code « pénal », étant d'ailleurs lui-même concurrencé par le nouveau code apparu en 2013 sous la dénomination de « Code de la sécurité intérieure ». Qu'en penserait l'auteur de *Surveiller et punir* ?

Il existe toujours un risque de trahison quand on prétend faire parler les morts. Et pourtant, en proposant le titre « Surveiller et anticiper : vers une justice pénale prédictive », je voulais tenter d'interroger Michel Foucault sur deux évolutions qui brouillent notre vision de la justice « pénale ».

D'abord une évolution, marquée notamment par la loi de 2008 (rétention de sûreté), que l'on pourrait qualifier d'« anthropologique » car elle détache la dangerosité de la culpabilité et la mesure de sûreté (même privative de liberté) de la peine, permettant d'enfermer une personne non pas pour les crimes qu'elle a commis, mais pour ceux qu'elle pourrait commettre. En passant de la punition à la prédiction, cette justice que l'on continue à nommer « pénale » pourrait ouvertement remettre en cause la notion proprement humaine de responsabilité au profit d'une dangerosité qui effacerait les frontières entre les humains et les non humains. Autrement dit, en substituant « anticiper » à « punir », la justice prédictive conduirait-elle à un processus de déshumanisation ?

Mais l'interrogation porte aussi sur une autre évolution, dont témoigne en France la banalisation de l'expression de « guerre contre le terrorisme », à partir des attentats de 2015-2016. En fusionnant le crime et la guerre, comme aux États-Unis après le 11 septembre 2001, une telle expression interroge sur la fonction politique de la justice pénale et plus précisément le rôle de l'État dans les nouveaux montages institutionnels. Elle nous ramène, aux « Théories et institutions pénales », cours prononcé par Michel Foucault en 1971-1972, donc avant *Surveiller et punir*, mais publié seulement en 2015[1]. Partant des structures pré étatiques médiévales, Foucault montre comment la montée en puissance des appareils d'État aboutira à un basculement des institutions pénales quand ces appareils d'État supplanteront les structures pré-étatiques et sépareront ainsi crime et guerre. Aujourd'hui, la tendance inverse de fusionner (notamment à propos du terrorisme global) guerre et crime, transformerait-elle l'État de droit, l'État limité par le droit, en un État de surveillance généralisée, puis en une surveillance totale sans État[2]. Derrière l'apparence d'un retour à la justice pré-étatique, un tel basculement annoncerait une nouvelle période (post-étatique) qui pourrait elle aussi favoriser l'anticipation, au risque d'élargir la justice prédictive à l'échelle de la planète.

I. FONCTION ANTHROPOLOGIQUE : JUSTICE PRÉDICTIVE ET DÉSHUMANISATION

Le « Nouveau Code pénal » de 1994 avait été conçu, à partir de 1981, en opposition directe à la loi de 1981, dite « Sécurité et Liberté ». D'où la réaffirmation du principe de responsabilité, la recherche de sanctions alternatives à l'emprisonnement et le refus de distinguer les mesures de sûreté des peines. Parfois mal compris, ce refus correspondait à la volonté de prendre en compte le fait que, même si elles contribuent à la défense de la société, les mesures dites de sûreté sont toujours ressenties par le condamné comme punitives, plus particulièrement quand la mesure est coercitive et restrictive, voire privative, de la liberté d'aller et venir.

La Cour européenne des droits de l'homme est claire sur ce point depuis l'affaire *Mucke c. Allemagne* de 2009. À propos d'une loi allemande, elle rappelle que « la Convention ne se prête pas à une politique de prévention générale dirigée contre une personne ou une catégorie de personnes qui se révèlent dangereuses par leur propension continue à la délinquance »[3]. Elle considère qu'en raison de sa nature privative de liberté et de sa durée illimitée, la détention de sûreté peut « tout à fait se comprendre comme une peine »[4].

Or cette loi allemande, issue de la période nazie, sera copiée par la France en 2008, afin de permettre l'incarcération d'un condamné après l'exécution de la

---

1. *Cf.* M. Foucault, *Théories et institutions pénales. Cours au Collège de France. 1971-1972*, Seuil-Gallimard, 2015.
2. M. Delmas-Marty, « Conclusions », *in* M. Touillier, *Le Code de la sécurité intérieure, trois ans après : artisan d'un nouvel ordre ou semeur de désordre ?*, Dalloz, 2016.
3. CEDH, *Mucke c. Allemagne*, n° 19359/04, 17 déc. 2009, § 82.
4. *Ibid.*, §130.

peine, pour une durée renouvelable indéfiniment par le juge, au vu d'un avis de dangerosité. Autrement dit elle renonce au principe de responsabilité. Enfermer un être humain, non pour le punir, mais pour l'empêcher de nuire, comme un animal dangereux, c'est une véritable déshumanisation. D'autant qu'en abandonnant le postulat du libre arbitre, on paralyse la présomption d'innocence, au mépris de l'article 9 de la Déclaration des droits de l'homme et du citoyen de 1789. En somme, la loi de 2008 substitue à la preuve de la culpabilité qui sous-tend le couple « responsabilité/punition », le diagnostic de dangerosité et le pronostic de récidive qui caractérisent un tout autre couple : le couple « dangerosité/mesure de sûreté ».

Entre une justice de responsabilité, punitive et strictement encadrée, et une justice de sécurité, prédictive et de nature indéterminée, l'incohérence aurait pu être corrigée par la réforme pénale de juillet 2014 dont l'objectif affiché était de « construire un droit de la peine lisible et cohérent ». Cette loi place d'ailleurs en tête du Code pénal une définition de la peine englobant désormais la nouvelle « contrainte pénale » : « Afin d'assurer la protection de la société, de prévenir la commission de nouvelles infractions et de restaurer l'équilibre social, dans le respect des intérêts de la victime, la peine a pour fonctions : 1° De sanctionner l'auteur de l'infraction, 2° De favoriser amendement, insertion ou réinsertion. »

Mais le législateur ne donne aucune précision sur le critère de la distinction entre peine et mesure de sûreté. C'est pourtant au motif de cette distinction que la loi de 2008 avait échappé à la censure du Conseil constitutionnel, malgré l'imprécision de la notion de dangerosité et l'indétermination de la durée de la mesure, manifestement contraires au principe de la légalité des délits et des peines.

On peut s'étonner, dans l'esprit humaniste affiché, et dans la perspective de lisibilité et de cohérence annoncée, que la rétention de sûreté ait été conservée. Alors même que ce texte – non rétroactif parce qu'il a été malgré tout jugé comme plus sévère – n'est pas encore appliqué, sauf au cas de non-respect d'obligations attachées à la surveillance de sûreté, tout se passe comme s'il était devenu impossible de l'abroger. Comme si la rétention de sûreté était devenue l'emblème d'une sécurité qui deviendrait la seule valeur à protection absolue, relativisant tous les autres droits humains.

Michel Foucault avait mis en lumière dans *Surveiller et punir* la superposition d'une fonction de surveillance (logique disciplinaire) à la fonction punitive (logique rétributive), mais l'une et l'autre restaient centrées sur l'individu. La fonction punitive inscrit les *marques* rituelles de la vengeance sur le corps du condamné, puis utilise des *signes* pour requalifier le sujet de droit sur la scène qui représente le châtiment ; quant à la fonction de surveillance, elle utilise les procédés du dressage qui laisse des *traces* pour assujettir l'individu à une coercition immédiate et modifier ses comportements habituels.

Certes le dressage disciplinaire évoque déjà des pratiques déshumanisantes, mais que dire de la nouvelle fonction d'anticipation qui tente de prévoir l'imprévisible, au point d'abolir toute frontière entre risques humains et non humains ?

En effet les marques, signes et traces décrits par Michel Foucault restaient propres au monde humain, alors que les procédés actuels, d'étiquetage, « de traçage », voire d'élimination, qui relèvent d'une logique prédictive, sont les mêmes pour l'individu « dangereux » que pour l'animal ou le produit dangereux. Les méthodes de prédiction ont en effet évolué, non seulement pour s'éloigner des sciences humaines et sociales et se rapprocher des pratiques assurantielles, mais encore, avec la révolution numérique, pour obéir à des « algorithmes de prédiction », mis au point pour la météorologie et les catastrophes naturelles, puis appliqués aux produits dangereux et désormais transposés au profilage des suspects.

Des traces au « traçage », l'évolution consacre la déshumanisation, au risque de parachever la transformation des prisons en déchetteries humaines. On peut y voir la suite logique de *Surveiller et punir* où l'auteur décrit la montée des dispositifs de normalisation. En somme, l'anticipation renforce la normalisation et le formatage de l'espèce humaine. Si l'on raisonne sur l'exemple du terrorisme, on observe que cette tendance à anticiper progresse en France, à travers l'extension de la définition du terrorisme, qui remonte en amont de la tentative et du commencement d'exécution, à l'association en vue de commettre l'infraction, puis à l'entreprise individuelle qui permet d'incriminer la seule intention (loi du 14 novembre 2014) ; enfin à « l'existence de raisons sérieuses de penser qu'un individu a tenté de se rendre sur le théâtre d'opérations de groupements terroristes » (loi du 3 juin 2016).

Encore faut-il rappeler que les résolutions du Conseil de sécurité des Nations Unies qualifient pour la première fois en 2001 les attentats terroristes d'actes d'« agression ». D'où l'assimilation du crime à un acte de guerre, ce qui permettra aux États-Unis, après les attentats du 11 septembre 2001, d'invoquer la légitime défense « préventive » pour justifier les frappes contre l'Irak (en 2003), puis les assassinats ciblés consistant pour le pouvoir exécutif à juger, condamner et exécuter les ennemis sans procès. Du même coup surgit le risque de remettre en question la fonction politique de la justice pénale.

II. FONCTION POLITIQUE : JUSTICE PRÉDICTIVE ET SURVEILLANCE POST-ÉTATIQUE ?

Avant *Surveiller et punir*, en 1971-1972, Foucault avait consacré un cours aux « théories et institutions pénales ». Pour la période pré-étatique, il montrait comment les institutions pénales avaient d'abord confondu crime et guerre, comme armée et police, selon deux processus liés au pouvoir donc à la fonction politique : les processus d'assujettissement et ceux d'apaisement.

Les processus d'assujettissement, qui relèvent d'un continuum associant répression et guerre, se développent à travers la circulation des biens et du savoir. Les processus d'apaisement s'organisent autour d'institutions de paix très diversifiées, que Foucault situe à quatre niveaux : les contrats de paix, trêves et baisers de paix ; l'arbitrage d'une autorité (qui incite, garantit, ou punit) ; les pactes de paix de nature plus autoritaire ; enfin l'arbitrage suprême du roi qui bloque les guerres privées. C'est alors qu'apparaît la justice pénale, dans le prolongement de cette conception du roi arbitre suprême.

En fait la justice pénale apparaît lorsque la Monarchie est assez forte pour rompre avec l'économie des institutions judiciaires du Moyen-Âge. Avec la montée en puissance de l'État, les appareils judiciaires d'État repoussent hors de la sphère de la justice tout ce qui est guerre privée : « Le judiciaire n'est plus l'instance qui contrôle la guerre privée, mais il la remplace »[5].

Ainsi sépare-t-on le domaine de la guerre – non judiciaire et non-juste (*bellium* et *injuria*) – et le domaine de la paix – judiciaire et juste (*pax* et *justicia*). Leurs fonctions sont différentes. Le droit de la guerre (combattre l'ennemi, le neutraliser voire le supprimer) se sépare alors du droit criminel ou pénal (punir le criminel, puis, par glissements successifs, surveiller et punir).

Qu'en est-il aujourd'hui ? Nous faisons l'hypothèse de la discontinuité : l'« effet 11 septembre » aurait conduit à un basculement (à l'inverse de celui décrit par Foucault) de la séparation à la fusion, voire à la confusion, entre guerre et crime. Ce basculement se traduit d'abord par l'extension de la notion d'ennemi au combattant illégal : véritable hors la loi, car ni criminel ni guerrier, il ne bénéficie ni des garanties de la procédure pénale ordinaire, ni de celles attachées au droit de la guerre. Politiquement le basculement se traduit non seulement par l'extension de la notion de légitime défense (de réactive, elle devient préventive), mais par l'extension de la notion d'agression (visant non seulement un État, mais aussi un groupe criminel armé, Al Qaïda, ou Daesch).

Ainsi se confirmerait l'idée de Foucault que l'état de guerre serait un « invariant historique » propre à toutes les sociétés. Mais la comparaison avec les sociétés pré-étatiques invite alors à préciser quels seraient les nouveaux processus d'assujettissement et où trouver des processus d'apaisement quand les institutions pénales nationales perdent leur efficacité (étant « débordées », au sens propre, par l'effacement des frontières) et quand les institutions supranationales (Cour pénale internationale et tribunaux *ad hoc*) sont contestées dans leur légitimité ?

Quels sont les nouveaux processus d'assujettissement ? Dans l'introduction de notre ouvrage *Prendre la responsabilité au sérieux*, Alain Supiot souligne que « (l)'imaginaire de la gouvernance par les nombres, qui accompagne la révolution numérique et le projet d'instauration d'un marché total a pour double effet de renverser le règne de la loi et de faire ressurgir les liens d'allégeance comme paradigme du lien de droit »[6].

---

5. M. Foucault, *Théories et institutions pénales, op. cit.*, p. 157.
6. A. Supiot et M. Delmas-Marty (dir.), *Prendre la responsabilité au sérieux*, PUF, 2015, p. 24-25.

À l'échelle nationale, les nouveaux liens d'allégeance sont plus redoutables que jamais dans une société où la politique est elle-même « ubérisée », au risque de voir disparaître les contre-pouvoirs dans un monde complexe. À l'échelle internationale, ce reflux de la *loi* au profit des *liens* éclaire les impasses actuelles, non seulement en matière de responsabilité sociale ou environnementale, mais aussi en matière pénale avec les nouvelles formes d'inféodation de certains États car la mondialisation de la surveillance privilégie les États les plus puissants, comme le montre l'exemple de la délocalisation des internements préventifs à Guantanamo, archipel américain de la torture, toile d'araignée clandestine des détentions secrètes[7].

Où trouver les nouveaux processus d'apaisement ? Il faut revenir au fonctionnement de la lutte politique autour des institutions de paix, telle que la décrit Foucault, selon une double dimension politique et économique, pouvant évoquer les nouveaux programmes dits de « déradicalisation ».

On y retrouve la notion de « lutte entre les paix », c'est-à-dire la lutte pour déterminer *qui* établira la paix ; à *qui* elle profitera ; *qui* aura le droit d'interdire telles armes ou telle forme d'attaque, en tel ou tel moment ? Aujourd'hui comme avant-hier, ces « luttes entre les paix les plus fortes viennent s'inscrire très précisément dans les structures de la [nouvelle] féodalité ».

Certes on commence à voir émerger une nouvelle conception de la citoyenneté mondiale, de plus en plus organisée, et de façon non gouvernementale (ONG). L'une des forces de ces acteurs non étatiques, que l'on peut nommer acteurs « civiques », est de s'inscrire dans la durée. Comparé avec le temps court des échéances politiques, l'engagement citoyen peut se prolonger pendant plusieurs dizaines d'années, voire une vie entière[8]. Parfois avec succès comme en témoignent, par exemple, l'adoption de la Convention d'Ottawa sur l'interdiction des mines antipersonnel, le 3 décembre 1997, ou celle du Traité sur la régulation du commerce des armes, signé le 3 juin 2013 et entré en vigueur le 24 décembre 2014, pour en réguler le transfert afin de prévenir les violations des droits de l'homme.

Il n'en reste pas moins que les rapports de force sont encore déterminants dans la sphère internationale. Ce n'est donc pas un hasard si les attentats de New York n'ont pas été jugés par un tribunal pénal international au nom du crime contre l'humanité, car il était sans doute impossible politiquement pour une super puissance comme les États-Unis de renoncer au double pouvoir de punir

---

7. *Cf.* le Rapport Dick Marty devant l'Assemblée parlementaire du Conseil de l'Europe, 12 juin 2006.
8. Sur les mines antipersonnel, *cf.* B. Stern, « La mise en œuvre de la Convention d'Ottawa sur l'élimination des mines anti-personnel », *in* H. Gherari et S. Szurek (dir.), *L'émergence de la société civile internationale. Vers la privatisation du droit international*, Pedone, 2003, p. 85-123 ; sur le commerce des armes, *cf.* B. Muracciole, *Quelles frontières pour les armes ? L'action des citoyens pour l'élaboration du traité sur le commerce des armes*, Pedone, 2016.

les criminels auteurs d'actes de terrorisme et de contre attaquer les ennemis par un acte de guerre comme le fut l'invasion de l'Irak.

On retrouve aussi l'idée que pour garantir la paix, le seigneur doit disposer de vassaux en armes et qu'à défaut, il fait appel à des mercenaires qui d'ailleurs rallument les guerres privées. Aujourd'hui encore, la privatisation des armées se fait au profit des États les plus riches mais la Cour pénale internationale, à la différence des institutions pénales nationales, n'a à sa disposition ni armée, ni police.

Autrement dit la fusion guerre et crime entraîne un basculement imparfait, d'autant plus dangereux qu'il se développe par anticipation et sans processus d'apaisement.

Et pourtant, la lutte contre le terrorisme conduit à proclamer un état de guerre qui n'est pas seulement une métaphore car il légitime à la fois en droit interne un déséquilibrage des pouvoirs au profit du pouvoir exécutif et en droit international la commission d'actes de guerre au nom d'une riposte à une agression qui vient d'un groupe criminel comme Daesch et pas (pas encore ?) d'un État. Mais un état de guerre sans frontières territoriales, sans droit de la guerre et sans procédure de paix, cela s'appelle la guerre civile mondiale permanente.

Privilégier une justice prédictive n'est donc pas seulement prendre le risque anthropologique de déshumanisation de l'individu qui s'écarte des normes, qu'il soit dénommé criminel ou ennemi mais prendre aussi le risque politique d'une transformation, de l'État de droit en un État de surveillance, puis en une surveillance totale sans contrôle des États, ou contrôlée seulement par quelques grandes puissances devenues les arbitres suprêmes de cette guerre civile permanente.

Pour conclure, le fidèle lecteur de Foucault pourra se contenter, relisant la dernière phrase de *Surveiller et punir*, d'entendre « le grondement de la bataille »[9]. À moins qu'en disciple indiscipliné, il ose prendre le pari contraire, comme si l'ampleur des risques planétaires devait provoquer un sursaut pour concevoir et appliquer une politique mondiale de protection des biens publics mondiaux, y compris la paix. En somme prendre le pari que la vulnérabilité de notre planète finira par éveiller un sentiment de responsabilité parmi les êtres humains, doués selon la Déclaration universelle des droits de l'homme, « de conscience et de raison ». Espérons en tout cas qu'ils seront suffisamment conscients pour ne prétendre ni prédire l'avenir, ni prévoir l'imprévisible, et suffisamment raisonnables pour se donner les moyens, en protégeant les biens communs, d'assurer leur destin commun.

---

9. M. Foucault, *Surveiller et punir. Naissance de la prison*, Gallimard, 1975, p. 315.

BRÈVES NOTATIONS SUR L'INSTITUTION JUDICIAIRE DANS UNE SOCIÉTÉ DE SÉCURITÉ

Jean DANET
Avocat honoraire, Maître de conférences en droit privé et sciences criminelles à l'Université de Nantes, Membre du Conseil supérieur de la Magistrature

Voici quelques modestes observations[1] d'un juriste, avocat, puis chercheur, et à ce double titre observateur de la justice pénale depuis presque quarante ans qui est amené aujourd'hui à poursuivre son observation en un lieu assez privilégié, le Conseil supérieur de la Magistrature.

Première observation sur l'arrière-plan de *Surveiller et punir* tel qu'il apparaît aujourd'hui après publication des cours *Théories et institutions pénales* et *La société punitive* : dans ce corpus, les exemples de propositions de Foucault qui font écho à notre présent sont nombreux. Nous n'en retiendrons que deux.

La crise profonde de la justice des mineurs (y compris en son versant pénal) et la relation entre cette justice et la famille est intéressante à rapprocher de ce que Foucault nous dit[2] de la famille au tournant du XIXe siècle, de « son rôle par rapport aux appareils disciplinaires, [...] de cet espèce d'épinglage des individus sur l'appareil disciplinaire » qu'elle favorise, de sa fonction « d'échangeur », « le point de jonction » dit Foucault « qui assure le passage d'un système disciplinaire à l'autre », de l'école à la caserne, de la caserne à l'usine et de l'usine à la prison aussi. La microphysique de la famille que Foucault place ici clairement du côté de la souveraineté est hétérogène au système disciplinaire mais elle en est, dit-il, un élément de solidité. De quoi nous faire réfléchir, me semble-t-il à toutes ces tentatives un peu vaines de la justice d'aujourd'hui qui consistent en une sorte de « re-familiarisation ». Ces tentatives auxquelles nous assistons depuis deux décennies notamment en pénal voudraient faire de la famille, non plus seulement le relais d'appareils disciplinaires plus ou moins en panne, une panne que Foucault observe déjà par ailleurs en 1973, mais on voudrait au surplus discipliner les parents, corriger leurs faiblesses d'éducateurs, leur apprendre à grand

---

1. Délibérément, l'auteur de ces lignes a choisi de conserver une forme proche ou en tout cas compatible avec l'oralité, celle de l'intervention au colloque dont cette publication se fait l'écho. En hommage à Michel Foucault et à ses cours au Collège de France.
2. Leçon du 28 novembre 1973.

renfort de « stages » pénaux leurs responsabilités de parents ou les rééduquer par des sanctions financières. Que la justice veuille devenir aujourd'hui l'école des parents est sans doute au regard de ce que Foucault nous dit de son passé une entreprise un peu folle. Et que dire aujourd'hui lorsqu'il est question de radicalisation de mineurs.

Second exemple : le juriste, en tout cas celui qui s'intéresse à ce qui se passe dans l'institution judiciaire, relève l'intérêt encore des notations de Foucault sur l'opposition infractions de droit commun/infractions politiques, l'intérêt de la lecture qu'il propose de cette construction du XIXe siècle et de sa fonction, bien loin des analyses de certains groupes d'extrême gauche d'alors. Son analyse rejoint d'ailleurs pour une part la méfiance de J. Vergès sur cette distinction, exposée dans son livre *De la stratégie judiciaire*. Ce débat ne s'est jamais tout à fait éteint et il n'est pas exclu qu'il revienne sur le devant de la scène avec ce qu'il suppose de retour de la notion de défense de rupture, de mise en cause de la légitimité des juges, de la loi, et y compris de la Convention européenne de sauvegarde des droits de l'homme.

Et puis, bien sûr, on doit relever le thème de la « guerre civile », présenté comme devant être au centre du cours sur *La société punitive* et peut-être au-delà mais qui sera finalement abandonné en 1973. Une guerre civile définie (au contraire de la définition de Hobbes, celle d'une guerre de tous contre tous) comme « le processus par lequel se constituent un certain nombre de collectivités nouvelles qui n'avaient pas vu le jour jusque-là »[3]. Les pages de Foucault sur cette notion de guerre civile, dont il pense en janvier 1973 qu'elle « doit être mise au cœur de toutes ces analyses de la pénalité », méritent je crois d'être relues avec attention dans le contexte d'aujourd'hui. Celui d'un état d'insécurité permanent, d'une menace terroriste et de l'ambiguïté qui s'installe à partir de là entre guerre et criminalité, avec les thématiques de l'ennemi intérieur et l'ennemi extérieur, la dialectique entre loups solitaires, notion bien vite abandonnée pour celle de réseaux, des réseaux suspectés partout jusqu'à la découverte, nous dit-on de gardiens de prison radicalisés, notion qui fait vaciller le monde carcéral sur lui-même, en brouillant totalement les places habituellement assignées aux uns et aux autres. Cette définition de la guerre civile nous met, me semble-t-il, en garde contre des analyses et des réactions législatives qui pourraient être performatives. Celles qui érigeraient des « collectivités nouvelles » par les catégories mêmes de la pénalité et qui justifieraient au surplus contre elles un droit d'exception. À l'instar d'ailleurs de Gunther Jakobs, ce vieux professeur de droit allemand qui prétend justifier un droit pénal de l'ennemi, un droit qui n'est plus seulement d'exception mais qui n'accorde aux ennemis aucun droit parce que l'ennemi serait reconnaissable.

Deuxième observation. Le corpus aujourd'hui complet des cours au Collège de France conduit le juriste à relire autrement *Surveiller et punir* notamment

---

3. Leçon du 10 janvier 1973.

sur la place de l'économie de pouvoir d'une société disciplinaire et ce qu'il en reste. Je crois qu'avec le recul nous pouvons y voir plus clair sur les temporalités selon lesquelles le droit se métamorphose sous l'effet précisément des lentes évolutions des économies de pouvoir, depuis la souveraineté, jusqu'à la société disciplinaire et ensuite le biopouvoir qui s'incarne aujourd'hui dans la nébuleuse du néolibéralisme. D'autant que Foucault ne présente pas ces économies de pouvoir comme une succession mais plutôt comme une stratification où la dernière devient dominante sans que les précédentes ne disparaissent tout à fait. Ainsi d'ailleurs pouvait-il, sur la question précise de la pénalité évoquer cette stratification des peines et des sens donnés à la peine.

Aujourd'hui encore, quarante ans plus tard, on peut repérer, à la marge, des logiques de pénalité qui relèveraient plutôt d'une hybridation entre deux économies de pouvoir, celle de la société de souveraineté et celle de la société disciplinaire.

Ainsi, après l'abolition de la peine de mort, la question de l'élimination a resurgi de nouveau et de façon très rustique pourrait-on dire afin de répondre à des formes de dangerosité estimées extrêmes et pensées par les politiques comme des états permanents et définitifs. Ce fut la naissance de la peine de perpétuité réelle. Nous n'en sommes pas débarrassés et récemment encore, sous la gauche, le champ d'application de cette perpétuité réelle a été élargi. Peine d'élimination définitive assortie, juste pour faire plaisir à la Cour européenne des droits de l'homme, d'un minuscule espoir d'une éventuelle sortie après trente ans d'exécution au minimum. Voici un substitut de la peine de mort et surtout une peine de désespoir total. Il s'agit de surveiller et punir mais sans le prétexte d'un éventuel amendement, d'une possible correction. Son horizon n'est que par exception celui d'une sortie qui plus est au seuil de la vieillesse dans le meilleur des cas. C'est une peine qui tue à petit feu, dernier reste amodié du pouvoir de vie ou de mort, avec la prison comme opérateur d'exécution. Hybridation entre le pouvoir de punir de mort et l'économie de la discipline carcérale.

Au-delà de cette situation marginale, il est vrai, l'évolution depuis 1975 en France de la pénalité, du droit pénal et de la procédure pénale a totalement confirmé l'analyse de Foucault[4], à savoir l'intrication de l'institution judiciaire et de l'institution médicale dans le dispositif de normalisation. Et nous avons ainsi assisté depuis trente ans à l'extension sans précédent en France des mécanismes d'évaluation de la dangerosité avant jugement, en phase d'exécution de peine – elles commandent alors la remise en liberté – et, enfin, de nouvelles évaluations après exécution de la peine pour apprécier la nécessité de mesures de sureté. Le tout dans un pays qui était resté pour partie à l'écart de la Défense sociale et des dispositifs installés dans les années trente dans des pays comme la Belgique et l'Allemagne.

À la suite de cette extension des mécanismes d'évaluation de la dangerosité *ante et post sententiam*, on en arrive au point où le procès pénal relatif à la

---

4. Leçon du 8 janvier 1975 *in fine*.

culpabilité, quand elle est débattue, n'est plus qu'un point de passage obligé d'un processus judiciaire qui, pour le reste, s'intéresse d'abord, tant avant qu'après la déclaration de culpabilité, au sujet et au risque qu'il constitue pour la sécurité d'autrui, à la « réponse » (peine ou mesure de sûreté) qu'il appelle.

D'où la nécessité actée par la loi, au grand dam des juristes classiques, de « juger » les fous, en tout cas de faire statuer l'institution judiciaire sur les mesures de sûreté qu'appelle le malade mental délinquant ou non. Nous sommes donc allés ici au bout du processus analysé par Foucault et quand il a fallu concevoir un contrôle de l'institution psychiatrique, c'est au juge judiciaire qu'on l'a confié et même à un juge pénal, le juge de la liberté et de la détention.

Avec, en arrière de tout ce processus, un positivisme résolu d'une partie de l'opinion qui n'est pas loin de penser que le juge et l'expert ont une obligation de résultat dans l'appréciation qu'ils ont à porter sur la dangerosité du mis en cause ou du condamné. Je dis prudemment d'une « partie de l'opinion » parce que j'observe que la fameuse rétention de sûreté qui doit venir tirer la conséquence de cette dangerosité en continuant de priver de liberté celui qui a exécuté sa peine ne fait pas l'unanimité : les jurés en appel n'ont pas voulu l'appliquer à Tony Meilhon.

En 2007, en tout cas, avec la surveillance et la rétention de sûreté, voici que la dangerosité est désormais pensée non plus comme un état, permanent et définitif, mais plutôt sur le modèle médical de la pathologie chronique, avec ses crises et ses périodes de rémission. Elle est pensée comme une pathologie à surveiller constamment y compris après la peine, et sur le long terme, toute la vie s'il le faut et qui justifie d'aménager par la loi des allers-retours entre la liberté sous surveillance et la privation de liberté, des allers retours entre surveillance et rétention de sûreté.

Ce fut un vrai tournant dans le droit positif. Mais on a eu tort de croire que ce fut une innovation. On a eu tout à fait tort d'écrire sans précaution que ce dispositif de privation de liberté fondé sur la seule dangerosité n'avait jamais été pensé jusque-là par les juristes français. En 1959, la fine fleur de la doctrine française, l'École de la Défense sociale nouvelle, avec à sa tête Marc Ancel avait été séduite par les sirènes de la prédictivité et avait publié un ouvrage collectif qui s'achevait par un avant-projet de loi qui est le frère jumeau de la loi de 2007. Il s'inspirait bien sûr des législations allemandes et belges qui, dès les années trente, avaient intégré ce paradigme de la dangerosité. La généalogie, au sens foucaldien, de la loi de 2007 passe par-là n'en déplaise à la doxa ou aux bonnes âmes humanistes.

Troisième observation. Quelques années après la parution de *Surveiller et punir*, Foucault entreprend d'explorer de 1976 à 1979, dans ses cours, les questions de biopouvoir, les questions de sécurité, avec ensuite l'analyse de la variante allemande du néolibéralisme. Hormis le nombre de ceux qui avaient la chance de suivre ces cours, les autres, les jeunes lecteurs de *Surveiller et punir*, les juristes qui découvraient avec jubilation la force des analyses de Foucault sur la prison n'en étaient pas là. Et même si les cours avaient été publiés à cette époque, je ne suis pas bien certain qu'ils se seraient sentis très concernés par les nouvelles lignes de fuite de la pensée foucaldienne tous occupés qu'ils étaient à mesurer la portée de l'analyse de l'économie de pouvoir disciplinaire sur la justice pénale.

Et pourtant, ce que Foucault aborde dans ses cours de 1976 à 1979 allait bientôt intéresser le pénaliste. En quoi ? Cela concernait le pénaliste pour une première raison toute simple que Foucault livre explicitement[5] : la police est à la fois un appareil de discipline et un appareil d'État. La norme de régulation de « la population » prise en tant que telle, au sens que lui donne Foucault, cette norme intéresse non seulement des appareils infra-étatiques (assurance, etc.) mais aussi les appareils d'État, la police en tout premier lieu.

Elle la concerne dans l'exemple tout simple cité par Foucault du Code de la route et de son application, de ses finalités, de ses objectifs. Elle est aussi au cœur de ce droit pénal technique – on pourrait dire aussi du droit pénal économique – qui, sous la forme de la loi pénale, va en réalité avoir pour objectif de réguler certaines activités jusque dans le moindre détail avec l'édiction d'une foule de petits délits qui sanctionnent le non-respect de la norme. Ces textes pénaux qui intéressaient sous toutes sortes de formes la sécurité de l'automobiliste, du consommateur, du salarié, visaient en réalité non pas tant à obtenir le respect absolu de la norme par tous avec recherche de tous les infracteurs et à la clé une sanction pénale pour chaque délit, mais plutôt à réguler, à normaliser le comportement global de « la population ».

Seulement voilà, du côté de la justice et aussi des politiques, il faut bien le dire, on a pensé que ces textes pénaux il fallait bien les appliquer. Autrement dit, du côté de la justice et de la police, faute d'avoir perçu ce que Foucault avait compris, on a fait comme on avait toujours fait. On a cru que toutes ces infractions devaient recevoir une réponse classique. Au moment où les appareils disciplinaires rencontraient en leur sein des résistances, quand l'école, l'usine, l'armée de conscription réduisaient leurs ambitions en termes de discipline des corps et ont même parfois baissé pavillon, quand la famille était bien moins qu'avant l'échangeur des appareils disciplinaires, quand la pénalisation s'est accrue tous azimuts, la police réactive n'a pas su faire autre chose qu'accabler la justice pénale de ces dossiers à trois sous. Et là, disons-le clairement, on a frisé l'embolie. La justice pénale avait bien du mal à traiter tous les dossiers. Les procureurs classaient sans suite des pourcentages élevés de dossiers pourtant « poursuivables ».

Comme un vent répressif assez fort s'était mis à souffler et que le politique voulait qu'une réponse soit donnée à toute infraction « poursuivable », il a fallu bousculer les procédures, inventer au plus vite. Ce fut le second volet de cette biopolitique, son volet processuel qui s'est traduit par la création de toute une série de nouvelles procédures alternatives aux poursuites ou non. Ce fut une

---

5. Leçon du 17 mars 1976.

mutation importante de tous les points de contact entre, d'une part, les dispositifs de sécurité et de surveillance pensés dans le cadre des biopolitiques et, d'autre part, la justice pénale et ses procédures.

De sorte qu'au fond le problème essentiel de l'institution judiciaire depuis environ trente ans n'est pas la répression des grands crimes, ni en tant que telle la prison qui est l'affaire de la direction de l'administration pénitentiaire et des ministres, pas plus que cette intrication avec la psychiatrie dont elle s'accommode assez bien, avec tout juste à la marge quelques frottements, quelques ajustements à opérer. Ce qui fut et demeure plus difficile à penser, ce sont les interactions entre d'une part, l'organisation séculaire de la justice, ses pratiques classiques inchangées parfois depuis un bon siècle, sa conception du droit telle que la *doxa* des facultés l'enseigne encore, et d'autre part, ce qui était en train d'advenir : l'extension d'une nouvelle économie de pouvoir à toutes les sphères de l'État et bientôt à la justice elle-même. Longtemps la justice a pensé que ce qu'on appelait le *new public management* ne la concernait évidemment pas. Elle avait tort.

Ces nouvelles procédures dans lesquels les plus avisés voyaient en réalité de nouveaux *process* dont l'efficacité devait être évaluée comme on le ferait de *process* industriels ont permis d'endiguer à peu près une première vague : la déferlante du petit pénal de ces années 1990 et 2000. Mais elle s'est effectuée au prix d'une mutation dont la justice pénale se croyait à l'abri.

Au moment où dans les facultés de droit ou à l'École nationale de la magistrature on lisait encore *Surveiller et punir* comme un ouvrage sulfureux, à une époque où il était exclu de citer Foucault si on voulait réussir à l'agrégation de droit privé et de sciences criminelles, c'est la leçon du 21 mars 1979 qu'il aurait fallu donner à lire à toute la magistrature et à la doctrine car elle expliquait assez bien ce que l'institution judiciaire allait vivre. Ce que les magistrats et greffiers allaient vivre.

Car ce sont bien les fondamentaux d'une nouvelle économie de pouvoir que la justice pénale va affronter à compter des années 1990 et 2000 : le traitement efficient des flux, la mise en concurrence des procédures que chaque parquet doit utiliser au mieux en fonction de ses besoins et de ses ressources humaines, l'efficacité et le coût de la peine, le coût de la politique pénale, la question de l'articulation des parquets avec la police, avec les élus, les préfets, l'articulation des politiques pénales entre elles et avec les autres politiques publiques, la distance que créent les nouvelles fonctions des procureurs de plus en plus branchés sur les politiques de régulation des flux avec le juge qui, lui, en est resté à la logique juridico-disciplinaire.

Au point qu'une tension s'est alors installée dans la magistrature française qui persiste et en inquiète plus d'un. Des magistrats du siège en viennent à souhaiter que les métiers de juges et de procureurs soient nettement séparés, ce qui va à l'encontre du principe de l'unité du corps, principe fondamental de la justice en France. Grâce à Foucault, il est permis de penser qu'au-delà des motifs apparents avancés par les uns et les autres, le parquet a basculé dans une économie de pouvoir à laquelle certains juges voudraient résister.

Car ce que les magistrats et les avocats n'ont pas vu venir et à quoi certains sont encore réticents, c'est l'irruption d'une procédure pénale et d'un management très inspiré du néolibéralisme qui bouscule toute l'institution. C'est avec cela qu'on a reconstruit la justice pénale dans les années 1990 et 2000.

Et aujourd'hui encore une partie des magistrats et des avocats s'interroge : est-elle bien acceptable, au regard de l'égalité devant la loi, cette concurrence des procédures instituée par le législateur et qui laisse au procureur le choix de poursuivre ou de ne pas poursuivre, de donner telle ou telle réponse à un délit en fonction des indicateurs de délinquance que lui donne la police sur son territoire, du coût des procédures et de ses indicateurs de célérité ? Sont-elles bien conformes à l'idée de « notre » justice pénale ces procédures fondées sur l'assentiment à une procédure accélérée, avec peine négociée et acceptée ? Où est passé le rituel disent les uns ? Justice au rabais disent les autres[6]. Comment accepter que l'action des juges soit mise en statistiques, appréciée sur des indicateurs de productivité ?

D'autres disent au contraire : débarrassez-nous de ce faux pénal, dépénalisons tout ce qui doit être régulé par d'autres moyens que le pénal, vive la transaction pénale, y compris dans le monde des affaires, allons plus loin et plus fin dans l'évaluation de notre action, construisons d'autres procédures, développons la médiation, recherchons systématiquement l'adhésion de la petite et moyenne délinquance à la réponse qui ne doit pas être nécessairement une sanction au sens classique du terme. Que le délinquant devienne l'entrepreneur de sa propre peine. Que la police se charge de traiter et de transiger sur les infractions routières.

Nous ne sommes à l'évidence pas au bout de ces débats sur la conversion de la justice au néolibéralisme. Avec aussi en arrière-fond bien sûr, les questions relatives au traitement différentiel des divers types d'illégalismes. Et sur ce point précis, la relecture de *Surveiller et punir* avec ce qui se passe à la fin de l'ancien droit est toujours intéressante.

Mais il faut bien comprendre l'importance de cette mutation qui a d'abord concerné le parquet et qui touche aujourd'hui l'ensemble de la justice (siège et parquet, civil et pénal). C'est la plus formidable accélération qu'elle ait connue. La justice avait permis de faire entrer la peine dans la société disciplinaire mais elle était restée quant à elle, de par son organisation, sa relation au travail, à la hiérarchie, au temps, dans le champ de la société de souveraineté. La voilà qui passe en moins de quarante ans d'une organisation assez proche au fond de la justice d'ancien droit au *new public management*. On lui demande de gérer les flux, de prioriser les contentieux, d'adapter ses *process*, de savoir se défendre dans les dialogues de gestion pour arracher quelques ressources humaines supplémentaires, si rares. On exige des magistrats une mobilité, une adaptabilité, on exige

---

6. *Cf.* notre recherche, *La réponse pénale. Dix ans de traitement des délits*, Presses universitaires de Rennes, 2013.

des chefs de juridiction un management avisé, une attention aux risques psychosociaux, une juste répartition de la charge de travail, etc. L'efficience est le maître mot dans un ministère au budget famélique, mais où la recherche de la qualité est annoncée comme essentielle à raison de ce que la justice serait aussi un service public. Tout indépendant qu'il soit, le juge est aussi en charge de poursuivre tous ces objectifs de bonne gestion. Le procureur a la charge, quant à lui, d'utiliser au mieux les procédures à sa disposition pour exécuter les politiques pénales décidées par le ministère. Chacun est comptable de son activité juridictionnelle en termes de résultats quantitatifs et qualitatifs. La justice n'est pas rattrapée par l'organisation du travail en vigueur au temps de la société disciplinaire, elle ne l'aura jamais vraiment connue. Elle est rattrapée par un mode d'organisation du travail qui fait peser sur chacun la responsabilité de satisfaire aux objectifs qu'il sera censé avoir défini et accepté en bonne intelligence avec sa hiérarchie. Une toute autre culture professionnelle s'installe.

Quatrième observation. Là où la difficulté est encore plus grande c'est quand on touche à l'interaction police/justice. Car c'est là que se manifestent le plus, à mon sens, les bouleversements qu'a connus la justice pénale et que les cours de Michel Foucault de 1976 à 1979 annoncent. Ce pourquoi les juristes n'auraient pas dû s'arrêter à la lecture de *Surveiller et punir*.

La police a changé, c'est peu de le dire.

La police judiciaire d'abord qui *via* les technologies nouvelles a conquis une totale autonomie dans la conception et le déploiement de l'enquête, au point que le magistrat n'a plus lieu d'en être le directeur d'enquête parce qu'à la limite, il est au plan technique parfois dépassé. Il en devient du coup le contrôleur. Il se doit de contrôler le respect par la police judiciaire des principes de la procédure pénale sous l'œil expert et vigilant des juges de Strasbourg. Ce qui, disons-le, pour les juges d'instruction et les chambres de l'instruction s'est avéré dans le passé un vrai rôle de composition quand précisément certains d'entre eux avaient tout juste assimilé les implications de la nouvelle procédure contradictoire.

Mais peut-on contrôler efficacement la police judiciaire au travers d'un contrôle de ses seules enquêtes si elle ne vous est pas rattachée au plan institutionnel ? Si ses moyens, si les carrières sont décidées au ministère de l'Intérieur ? Question lancinante au sein de l'institution que celle du contrôle, avec ou sans rattachement de la police judiciaire à la magistrature.

Et puis lorsqu'on touche à l'articulation entre tous les mécanismes de surveillance, notamment de surveillance de police administrative avec la justice pénale, on aborde un domaine encore plus difficile. Comment penser l'équilibre entre la sécurité et les libertés ? Quelles limites à la surveillance, quels contrôles et par qui ? La récente loi sur le renseignement et les critiques qui ont suivi la décision du Conseil constitutionnel en fournit évidemment un parfait exemple. Où l'on voit bien que le contrôle de proportionnalité auquel procède le juge, fut-il constitutionnel, entre les libertés individuelles et la surveillance ne s'effectue pas sur des « universels » pour emprunter à Foucault, mais dans un contexte qui pèse sur lui comme une chape de plomb.

On pourrait faire de cette loi sur le renseignement et de cette décision du Conseil constitutionnel tout un commentaire en se contentant de les confronter aux cours de Foucault. Par exemple sur la question du rôle du juge judiciaire dont certains estiment qu'il est le seul authentique protecteur des libertés individuelles, tandis que d'autres au contraire pensent qu'il faut confier ce rôle au tribunal administratif. Ce que Foucault nous dit de l'histoire de cette spécificité française dans l'un de ses cours se retrouve aujourd'hui au cœur du débat.

Et puis en ayant lu les cours de 1976 à 1979, on sent bien que la question n'est pas, n'est plus tant celle de la protection de la vie privée, mais de ce que des auteurs[7] appellent nos rapports avec une sorte de double statistique. Et il est vrai que les législations de protection de la vie privée et des données à caractère personnel « se sont essentiellement efforcées d'ériger, autour de l'individu, une série de "barrières" aux tonalités essentiellement défensives et restrictives »[8]. Et qu'au-delà du recueil aux fins de renseignements de données personnelles, c'est bien « la population » au sens foucaldien qui est en cause lorsque ce sont les boîtes noires algorithmiques qui sont à l'œuvre. D'où d'ailleurs la difficulté chez nos concitoyens comme chez le juge constitutionnel à en penser les dangers.

Voilà très schématiquement, de manière trop allusive sans doute, quelques-unes des observations rapides qui n'avaient d'autre objectif que de montrer à quel point les cours de Foucault, et notamment ceux consacrés à la sécurité, à la biopolitique, tout comme *Surveiller et punir*, peuvent aider le juriste à démêler quelques-unes des évolutions contemporaines de l'institution judiciaire. Une institution qui, plus qu'une autre sans doute, renvoie encore à un appareil de pouvoir, celui de la souveraineté. Une institution qui se pense encore comme une institution « régalienne », mais qui fut investie – oh combien ! – par le pouvoir disciplinaire au travers de l'évolution de la pénalité, l'histoire de la prison. Et puis une institution qui, sans que les mécanismes des pouvoirs juridico-disciplinaires ne disparaissent totalement, est de plus en plus travaillée, depuis trente ans environ, par un biopouvoir, et repensée à partir d'un schéma néolibéral.

Depuis *Surveiller et punir* jusqu'aux cours au Collège de France, l'institution judiciaire a encore beaucoup à retirer et à apprendre de Foucault sur elle-même.

---

7. A. Rouvroy et T. Berns, « Gouvernementalité algorithmique et perspectives d'émancipation. Le disparate comme condition d'individuation par la relation ? », *Réseaux*, n° 177, 2013, p. 163-196.
8. *Ibid.*

SURVEILLER ET PUNIR AUX FRONTIÈRES DE L'EUROPE

Luca D'Ambrosio
Chercheur postdoctoral au Collège de France

Dans son immense production scientifique, Michel Foucault ne s'est jamais saisi directement de la question des frontières et de l'immigration. Cela trouve sans doute une justification dans le contexte politique dans lequel le philosophe a développé son œuvre : comme le politiste William Walters le souligne, pendant les années 1970 les frontières et leur sécurisation n'étaient pas le sujet politique et scientifique qu'ils sont aujourd'hui, notamment en Europe et en Amérique du Nord. À cette époque, les frontières « ne représentaient pas encore ce méta-sujet susceptible de condenser un ensemble complexe d'enjeux politiques, tels que la globalisation économique, le déclin de la souveraineté, la lutte contre le terrorisme international et la criminalité transnationale, le contrôle des flux migratoires »[1]. Mais les raisons du « désintérêt » scientifique[2] de Foucault pour le phénomène migratoire relèvent également de l'objet de son œuvre. Dans les travaux sur la *discipline des corps,* Foucault s'intéresse aux rapports de pouvoir qui structurent la pénalité, à ses minutieuses technologies et savoirs qui permettent d'ajuster la multiplicité des hommes à la multiplication des appareils de production[3]. L'horizon géographique et institutionnel de cette analyse est cependant celui de la « ville », emblème d'un premier capitalisme encore enclavé. Les travaux successifs sur le *gouvernement des populations,* que Foucault relie à la naissance de la biopolitique, rendent compte du désenclavement du système de production capitaliste par l'intensification de la circulation des hommes, des biens et des services[4]. Ici, la

---

1. W. Walters, « Foucault and Frontiers. Notes on the Birth of the Humanitarian Border », *in* U. Bröckling, S. Krasman et T. Lemke (dir.), *Governmentality. Current Issues and Future Challenges*, Routledge, 2011, p. 138-164.
2. Le philosophe n'a pas fait manquer son soutien militant et politique aux *boat people* vietnamiens dès 1979. Le soutien aux *boat people*, précisait le philosophe, a un caractère politique : « Nous sommes tous des gouvernés, et à ce titre, solidaires ». *Cf.* M. Potte-Bonneville, « Les nouvelles frontières de l'intolérable », *Vacarme*, 2004.
3. M. Foucault, *Théories et institutions pénales. Cours au Collège de France. 1971-1972*, Seuil-Gallimard, 2015 ; *La société punitive. Cours au Collège de France. 1972-1973*, Seuil-Gallimard, 2013 ; *Surveiller et punir. Naissance de la prison*, Gallimard, 1975.
4. M. Foucault, « *Il faut défendre la société* ». *Cours au Collège de France. 1976*, Seuil-Gallimard, 1997 ; *Sécurité, territoire, population. Cours au Collège de France. 1977-1978*,

question du territoire et de ses techniques de production a dès lors toute sa place, mais comme l'explique le géographe Stuart Ellen, elle est évoquée pour être systématiquement « écartée et marginalisée »[5].

Et pourtant, la boîte à outils de Foucault a été progressivement utilisée par les sciences humaines et sociales afin de décrypter les transformations qui traversent les champs des frontières et des migrations dans le contexte de la globalisation économique : « gouvernementalité », « contrôle » et « biopouvoir » sont certainement les concepts les plus exploités dans ce domaine[6]. Il nous semble néanmoins, et c'est l'hypothèse que nous souhaiterions étayer dans cette contribution, que la façon d'écrire et de penser le pouvoir de punir par Michel Foucault peut elle aussi contribuer à la compréhension des politiques d'immigration et d'asile qui se mettent actuellement en œuvre au sein de l'Union européenne[7]. Pour deux raisons essentielles autour desquelles nous allons aussi structurer notre propos. Une première raison tient au fait que, depuis désormais une vingtaine d'années, les mécanismes punitifs ont été placés au cœur des politiques migratoires européennes, conduisant ainsi à un nouveau « grand enfermement », celui des migrants[8] (I). Face à cette évolution, et c'est la deuxième raison à la base de notre propos, l'approche foucaldienne de la peine présente une force heuristique particulière : nous invitant à ne pas centrer l'étude des mécanismes punitifs sur leurs seuls effets « répressifs »[9], cette approche permet d'analyser le processus de transformation des frontières en front de fabrication de délinquance sous l'angle de sa « dimension productive » (II).

Seuil-Gallimard, 2004 ; *Naissance de la biopolitique. Cours au Collège de France. 1978-1979*, Seuil-Gallimard, 2004.
5. S. Elden, « Governmentality, Calculation, Territory », *Environment and Planning D. Society and Space*, vol. 25, n° 3, 2007, p. 562-580.
6. Pour un panorama de cette copieuse littérature, *cf.* W. Walters, « Reflections on Migration and Governmentality », *Movements. Journal für Kritische Migrations- und grenzregimeforschung*, vol. 1, n° 1, 2015, p. 1.
7. *Cf.* « Foucault, migrazioni e confini », *materiali foucaultiani*, vol. 2, n° 3, 2013, p. 149-213 (avec une « Nota introduttiva » par L. Cremonesi, O. Irrera, D. Lorenzini, M. Tazzioli).
8. Face à la tendance croissante d'utiliser les termes « refugié » et « migrant » de manière interchangeable, il nous semble utile de rappeler que ces deux termes renvoient à deux statuts juridiques différents. Les « refugiés » sont des personnes qui fuient des conflits armés ou des persécutions : ils sont protégés par le droit international, notamment par la Convention de 1951 relative aux réfugiés et son Protocole de 1967. Les « migrants » quittent leur pays non pas en raison d'une menace directe de persécution ou de mort, mais surtout afin d'améliorer leur vie en trouvant du travail, et dans certains cas, pour des motifs d'éducation, de regroupement familial ou pour d'autres raisons : ils sont soumis aux lois et aux procédures du pays où ils arrivent.
9. M. Foucault, *Surveiller et punir, op. cit.*, p. 31.

I. LE « GRAND ENFERMEMENT » DES MIGRANTS

Deux dynamiques normatives, autonomes mais enchevêtrées, sont à l'origine du « grand enfermement »[10] des migrants qui parcourt l'Europe, de ses frontières jusqu'au cœur de ses prisons : la pénalisation et l'européisation des politiques d'immigration.

Au début des années 1970, plusieurs États européens à tradition d'immigration ont commencé à mobiliser leur arsenal pénal afin de limiter et de contrôler l'immigration. Dans certains États, tels que le Royaume-Uni, l'Allemagne et la Belgique, l'infraction d'entrée et séjour irréguliers a été assortie d'une peine d'emprisonnement. Dans d'autres États, comme la France où en matière d'immigration un volet pénal existait depuis longtemps, les peines envisagées ont été durcies. Dans les pays d'Europe du Sud, devenus entre-temps pays d'immigration, le même processus apparaît au tournant des années 2000. Le résultat est que dans la plupart des pays de l'Union européenne l'entrée et le séjour irréguliers sont désormais des infractions pénales assorties, soit d'une peine d'emprisonnement, soit d'une amende, soit des deux. À ces peines s'ajoute l'expulsion qui peut être elle aussi prononcée par le juge pénal[11]. Par ailleurs, la pénalisation de l'immigration dépasse l'auteur de l'infraction d'entrée et séjour irréguliers : elle concerne également ceux, citoyens et étrangers, qui prêtent leur aide à l'entrée et au séjour irréguliers. Trafiquants d'êtres humains, mais aussi citoyens qui secourent ou hébergent des migrants sans aucun profit, peuvent ainsi être frappés par des peines d'emprisonnement très lourdes[12].

---

10. Cette expression fait écho à celle de « grand renfermement » que Foucault a explorée en *Histoire de la folie à l'âge classique*, Gallimard, 1972 à propos des asiles. En dépit des parallèles (*cf.* aussi M. Foucault, « Le grand enfermement » (1972), *in Dits et écrits I, 1954-1975*, Gallimard, 2001, p. 1164-1174), ces deux lieux clos d'enfermement répondent selon le philosophe à des schémas radicalement distincts : celui, religieux, de l'expulsion, qui vise à purifier la ville, et celui militaire du quadrillage, qui vise à la contrôler. Ces deux institutions disciplinaires demeurent néanmoins « solidaires ». Il en est de même pour les notions d'exclusion et d'inclusion, définies assez efficacement par François Bouillant (*Michel Foucault et les prisons*, PUF, 2003, p. 28) comme des « notions épistémologiquement et historiquement suspectes, mais transversales et commodes pour fondre en une nébuleuse tentaculaire les obsessions d'une époque ». L'expression « grand renfermement des étrangers » est utilisée à propos de la surpopulation carcérale par F. Brion, « Cellules avec vue sur la démocratie », *Cultures et Conflits*, nos 94-95-96, 2014.
11. European Union Agency for Fundamental Rights, *Criminalisation of Migrants in an Irregular Situation and of Persons Engaging with Them*, Rapport et Annexe, 2014.
12. L'infraction d'aide à l'entrée ou au séjour irrégulier est connue aussi sous le nom de « délit de solidarité » : cette qualification met en exergue les excès de son application, comme le témoigne l'odieuse pratique développée dans plusieurs pays européens, dont notamment la France.

Ce mouvement de durcissement du traitement pénal de l'immigration s'est réalisé parallèlement à l'européisation de la politique d'immigration et d'asile, qui a débuté avec l'adoption du Traité d'Amsterdam en 1999. À l'échelon européen, la politique d'immigration et d'asile a commencé très vite à prendre aussi une tournure sécuritaire : à partir de 2004, l'immigration illégale a été considérée, à l'instar du terrorisme international et de la criminalité organisée, comme l'un des phénomènes transfrontaliers constituant une menace pour les citoyens européens[13]. Sur ces bases programmatiques, l'Union européenne a dès lors construit sa politique de lutte contre l'immigration irrégulière autour de deux piliers : contrôle des frontières extérieures de l'Union et expulsion des ressortissants de pays tiers en situation irrégulière. Tandis que le contrôle des frontières extérieures demeure prioritairement dans la sphère des attributions souveraines des États membres, qui peuvent toutefois se prévaloir de l'action policière et militaire de l'agence européenne Frontex, la procédure d'expulsion des étrangers en situation irrégulière fait l'objet depuis 2008 d'un instrument d'harmonisation dit « directive retour »[14]. Cette directive a eu certainement le mérite d'encadrer et d'harmoniser les procédures nationales d'expulsion. Elle a toutefois contribué à banaliser le recours à la rétention administrative à l'encontre des migrants : la « directive retour » fixe en effet les conditions juridiques et matérielles de la rétention, mais chaque règle est accompagnée d'exceptions qui en diluent le contenu. Ainsi, la rétention administrative s'effectue « en règle générale dans des centres de rétention spécialisés ». Mais, dès lors que cela n'est pas possible, elle peut s'effectuer aussi « dans des centres pénitentiaires ». La durée maximale ne peut pas dépasser les 6 mois. Mais, dès lors que la procédure d'éloignement se complique, la rétention peut être prolongée pour une période de 12 mois supplémentaires, arrivant ainsi à une durée totale de 18 mois[15]. Enfin, la rétention des mineurs non accompagnés et des familles ne peut être décidée qu'en « dernier ressort », en demeurant pour autant autorisée.

---

13. *Cf.* les documents programmatiques pour la mise en œuvre de l'espace de liberté, sécurité et justice au sein de l'Union européenne : Programme de La Haye de 2004 et Programme de Stockholm de 2009. L'on retrouve dans ce dernier l'approche sécuritaire et identitaire de l'immigration inspirant le Pacte pour l'immigration et l'asile, adopté en 2008 sous la présidence française de l'Union.
14. Directive 2008/115/CE du Parlement européen et du Conseil du 16 décembre 2008 relative aux normes et procédures communes applicables dans les États membres au retour des ressortissants de pays tiers en séjour irrégulier.
15. C'est une durée qui dépasse la durée moyenne des peines d'emprisonnement prévues dans les États membres de l'Union européenne. Dans les États membres, la durée maximale de la rétention administrative est très variable : par exemple en France, la durée maximale est fixée à 45 jours tandis qu'en Italie elle est de 18 mois. *Cf.* récemment sur la question de la privatisation des centres de retention, l'étude réalisée par Lydie Arbogast pour Migreurop, *La détention des migrants dans l'Union européenne : un business florissant*, 2016 (disponible en ligne sur le site <http://www.migreurop.org/article2761.html?lang=fr>, consulté le 30 mars 2017).

Si l'on suit la suggestion de Foucault selon laquelle l'art de gouverner est un art « d'utiliser des tactiques plutôt que des lois »[16], on peut affirmer que dans l'espace juridique européen deux tactiques punitives principales structurent la lutte contre l'immigration irrégulière : une « tactique de l'expulsion » et une « tactique de l'emprisonnement ». Ces deux tactiques sont censées s'articuler selon un ordre de priorité défini par la jurisprudence de la Cour de Justice de l'Union européenne : l'expulsion des étrangers en situation irrégulière a en effet la priorité sur leur emprisonnement. Ainsi les États doivent d'abord procéder à l'éloignement des étrangers en situation irrégulière et, seulement en cas d'échec, ils peuvent procéder à leur emprisonnement[17]. Mais cette lecture est sans doute insuffisante car, à l'instar du droit national et du droit de l'Union européenne, ces deux tactiques ont tendance à se superposer et à s'entremêler. D'un côté, on le sait, la prison contemporaine est devenue une forme brutale d'expulsion de la société, un lieu de neutralisation aveugle, de simple accumulation de corps dans des conditions inhumaines, un « emprisonnement en tant qu'expulsion » pour reprendre l'expression de Saskia Sassen[18]. De l'autre côté, l'emprisonnement structure l'expulsion des étrangers en situation irrégulière donnant à cette procédure une évidente coloration punitive. De surcroît, l'enfermement a acquis une fonction centrale dans le cadre même de la procédure d'accueil des réfugiés et des autres sujets non-expulsables, entreposés aux frontières de l'Europe dans les *hotspots* ou dans d'autres « pièges humanitaires »[19], ainsi que dans les zones de transit[20].

C'est pourquoi, il nous semble plus approprié d'affirmer que, dans l'espace juridique européen, une seule tactique punitive s'impose en matière d'immigration

---

16. M. Foucault, « Naissance de la biopolitique » (1979), *in Dits et écrits II, 1976-1988*, Gallimard, 2001, p. 818-825.
17. *Cf.* les affaires *El Dridi*, *Achughbabian*, *Sagor* et *Celaj*, jugées par la Cour de Justice de l'Union européenne.
18. S. Sassen, *Expulsions*, Gallimard, 2016, p. 89. Pour une analyse foucaldienne du fléau de la surpopulation carcérale, *cf.* F. Brion, « Cellules avec vue sur la démocratie », *op. cit.*, p. 135.
19. C'est l'expression utilisée par M. Tazzioli, « Who is (in) danger(ous) ? Criminalizzazione dei rifugiati e *délit de solidarité* », disponible en ligne sur le site <http://www.euronomade.info/?p=8897> (consulté le 30 mars 2017) ; *cf.* aussi du même auteur « Gli Hotspots di Lesbo e la temporalità accelerata della frontiera dopo l'accordo UE-Turchia », également disponible en ligne sur le site <http://www.euronomade.info/?p=7146> (consulté le 30 mars 2017).
20. À l'heure où nous terminons de rédiger ce texte, le Parlement hongrois a voté en faveur de la mise en détention automatique de tous les demandeurs d'asile présents dans le pays. Il convient de souligner que des directives ont été adoptées en 2013 en matière d'accueil des demandeurs d'asile (« Directive procédure » et « Directive accueil ») : ces instruments laissent toutefois les États libres de définir les motifs ainsi que la durée de la rétention des demandeurs d'asile. Sur ce dernier point, le droit européen se limite à prescrire qu'« un demandeur d'asile n'est placé en rétention que pour une durée la plus brève possible ».

et d'asile : celle du « grand enfermement » des migrants. Il s'agit d'une stratégie multiforme, évolutive et expansive qui – par le biais d'une spirale folle de surveillance, de rétention administrative et de détention pénitentiaire – a pour effet de superposer la figure du migrant – puis celle du réfugié – à celle du délinquant, et celle du sujet vulnérable à celle du sujet dangereux. Une fois esquissés les causes et les effets d'une telle stratégie, il reste à savoir si l'approche de la pénalité développée par Foucault nous permet d'en éclairer les spécificités.

II. DES FRONTIÈRES « PRODUCTIVES » ?

Le « grand enfermement » des migrants est traditionnellement compris par les juristes, et notamment par les spécialistes du droit pénal, comme l'expression d'un mouvement plus large d'expansion et de durcissement du droit de punir qui caractérise les sociétés occidentales[21]. Ce mouvement s'est accompagné d'une rupture majeure dans le champ pénal : la réémergence de la notion de *dangerosité*[22]. Cette notion, à l'intersection de la psychiatrie et de la criminologie, avait déjà assuré un rôle de premier plan dans les élaborations théoriques du XIXe siècle visant l'affranchissement par rapport au droit pénal classique. Après une marginalisation progressive, sous l'influence notamment des courants humanistes du droit pénal qui se sont imposés après la Deuxième Guerre mondiale, la notion de dangerosité réapparaît à la fin du XXe siècle mais sous une forme nouvelle, que l'on pourrait qualifier de « normative » : la dangerosité ne renvoie plus (seulement) à un état psychique d'un sujet non imputable. Elle renvoie à l'appartenance d'un sujet à une catégorie de personnes considérées comme des porteurs de risques (toxicomanes, multirécidivistes, radicalisés, etc.) : la dangerosité serait ainsi devenue « une qualité de l'être »[23]. La peine perd, quant à elle, toute fonction réconciliatrice à la faveur d'une neutralisation brutale et d'une rétribution aveugle. Le mouvement de criminalisation des migrants peut être considéré comme l'une des expressions de ce « droit pénal de la dangerosité » : le migrant est en effet puni pour ce qu'il est ou pour ce que la société présume

---

21. *Cf.* également les analyses sociologiques de Didier Fassin (*Punir. Une passion contemporaine*, Seuil, 2017) et de Loïc Wacquant (*Punir les pauvres. Le nouveau gouvernement de l'insécurité sociale*, Agone, 2004). *Cf.* aussi la littérature sur ledit « populisme pénal » désignant la tendance des législateurs contemporains à élargir ou à durcir la réponse répressive contre les « illégalismes populaires », mettant en avant la dimension symbolique (et électoraliste) du droit pénal sur son efficacité : D. Salas, *La volonté de punir. Essais sur le populisme pénal*, Hachette, 2005 ; J. Pratt, *Penal Populism*, Routledge, 2007.
22. *Cf.* not., dans la littérature française, M. Delmas-Marty, *Libertés et sûreté dans un monde dangereux*, Seuil, 2010 ; et dans une perspective de droit comparé, G. Giudicelli-Delage et Ch. Lazerges, *La dangerosité saisie par le droit pénal*, PUF, 2011.
23. G. Giudicelli-Delage, « Un monde (simplement) habitable », *in* G. Giudicelli-Delage et Ch. Lazerges, *La dangerosité saisie par le droit pénal, op. cit.*, p. 281.

qu'il est, à savoir l'autre, le nuisible, le marginal, le prédateur, le violeur, le terroriste ; celui qui profite de notre système social, qui vole notre travail, qui porte atteinte à notre identité culturelle et religieuse[24]. Mais l'auteur de *Surveiller et punir* nous invite à dépasser l'approche strictement juridique et à appréhender le grand enfermement des migrants comme une « technique ayant sa spécificité dans le champ plus général des autres procédés de pouvoir »[25]. Il s'agit dès lors de prendre cette tactique punitive, ainsi que les mouvements de politique criminelle qu'elle structure, « moins comme une conséquence des théories juridiques que comme un chapitre de l'anatomie politique »[26] : cette démarche permet ainsi de dégager deux relations qui se révèlent particulièrement éclairantes afin de décrypter le mouvement de criminalisation des migrants.

Il s'agit premièrement de la relation que les méthodes punitives ont historiquement entretenue avec la mobilité des individus indisciplinés. L'analyse de cette relation constitue sans doute un élément central du « moment punitif » de la pensée de Foucault[27]. Dans les deux premiers cours de 1973 sur la *Société punitive*, consacrés au repérage historique de l'apparition du criminel comme « ennemi de la société », le philosophe cite l'une des premières analyses économiques de la délinquance conduites au XVIIIe siècle par le physiocrate Guillaume-François Le Trosne portant « sur les vagabonds et les mendiants »[28]. L'intérêt de Foucault pour cet ouvrage découle du changement de perspective à l'égard du fondement criminologique de l'infraction de vagabondage. À la différence des analyses « classiques », le vagabondage n'est pas considéré comme une propension psychologique de l'individu (*le vagabond*) qui conduirait ce dernier à commettre un crime, mais comme « la matrice générale du crime, qui contient éminemment toutes les autres formes de délinquance, à titre non pas de virtualités, mais d'éléments qui la constituent et la composent »[29]. Le vagabondage peut dès lors être compris comme un type d'existence commune d'un groupe social, celui *des vagabonds* : ceux-ci méritent en effet d'être punis pour le seul fait « de se déplacer, de ne pas être fixés à une terre, de ne pas être déterminés par un travail (…), de ne pas avoir de localisation géographique à l'intérieur d'une communauté déterminée »[30]. À travers cette analyse

---

24. Nous nous permettons de renvoyer à notre contribution, « De l'incapacitation à l'exclusion ? Dangerosité et droit pénal en Italie », *in* G. Giudicelli-Delage et Ch. Lazerges, *La dangerosité saisie par le droit pénal, op. cit.*, p. 167. Il convient de rappeler que Michel Foucault n'était guère insensible à la question de la dangerosité et des écueils d'une justice pénale qui met trop en avant sa fonction de prévention. *Cf.* not. « L'évolution de la notion d'"individu dangereux" dans la psychiatrie légale du XIXe siècle » (1978), *in Dits et écrits II, op. cit.*, p. 443-464.
25. M. Foucault, *Surveiller et punir, op. cit.*, p. 31.
26. *Ibid.*, p. 37.
27. *Cf.* aussi « Foucault, migrazioni e confini », *op. cit.*, p. 153.
28. M. Foucault, *La société punitive, op. cit.*, not. les leçons des 10 et 17 janvier 1973.
29. *Ibid.*, p. 46.
30. *Ibid.*, p. 48.

du vagabondage Foucault cherche à valider l'hypothèse selon laquelle la réponse punitive est réorientée en fonction des mutations contemporaines du système productif. L'émergence du capitalisme inciterait en effet à abandonner le régime d'exclusion – l'expulsion des vagabonds de la cité – qui avait été envisagé dans la plupart des *vagrant laws* adoptées dans les pays européens depuis le XIVe siècle. Il apparaissait en effet plus « utile » pour le système productif d'obliger les vagabonds au travail forcé : en effet, le vagabond est, selon Trosne, « une bête féroce qu'on ne peut apprivoiser [...] ; qu'on ne parvient à dompter qu'en la mettant à la chaîne »[31]. Ce déplacement du traitement punitif des vagabonds, qui sera intégré dans les codifications pénales des XVIIIe et XIXe siècles, permet ainsi au philosophe de démontrer que l'« illégalisation » et l'« immobilisation » des populations indisciplinées (qui pourraient aujourd'hui être qualifiés de « dangereuses ») sont inscrites dans la constitution du droit pénal « moderne ».

La relation entre les méthodes punitives et les mécanismes de production est sans doute un deuxième élément du propos foucaldien qui permet de saisir les spécificités de la criminalisation des migrants et de leur enfermement. Il s'agit d'un point central que le philosophe développe dans *Surveiller et punir* : s'appuyant sur les thèses développées par Georg Ruche et Otto Kirchheimer, Foucault souligne en effet qu'un système économique favorisant l'accumulation du capital ne peut pas être dissocié « d'un système de pouvoir commandant l'accumulation des hommes »[32]. Interrogeant les fondateurs de l'analyse économique de la peine et engageant sa confrontation avec Marx sur le terrain des pratiques punitives, Foucault propose d'interpréter l'affirmation du pouvoir et des institutions disciplinaires au prisme de l'émergence du système capitaliste : dans ce système, il ne serait plus question de « gaspiller » des corps humains au travers de rituels symboliques de punition ; ceux-ci doivent être – et c'est la fonction des institutions disciplinaires – rendus « dociles » et « exploitables ». Ainsi, les institutions pénales modernes auraient joué un rôle décisif dans la transformation des classes dangereuses en force de travail disciplinée et dans l'affirmation et la consolidation d'un système de production fondé sur la fabrique et sur l'exploitation du travail salarié[33].

L'analyse foucaldienne permet dès lors de relever une continuité entre les pratiques contemporaines de criminalisation et d'enfermement des migrants et celles, pénales et para-pénales, utilisées dans le passé pour discipliner et contrôler cette « chrysalide de toute espèce de criminel » que fut le vagabondage[34].

---

31. *Ibid.*, p. 51.
32. M. Foucault, *Surveiller et punir, op. cit.*, p. 257.
33. Sur le courant dit d'économie politique de la peine, *cf.* not. D. Garland, *Punishment and Modern Society*, The University of Chicago Press, 1990, p. 123 ; *adde* A. De Giorgi, *Re-Thinking the Political Economy of Punishment*, Ashgate, 2006.
34. Selon la célèbre expression du juriste américain Christopher Tiedeman. *Cf.* aussi B. Anderson, *Us and Them ? The Dangerous Politics of Immigration Control*, Oxford University Press, 2013.

L'analyse juridique semble confirmer cette continuité : comme le souligne Fabienne Brion, en Belgique la rétention administrative des étrangers en situation irrégulière a été introduite précisément quelques mois après l'abrogation de la loi qui, depuis le XIXe siècle, organisait la répression du vagabondage et de la mendicité[35]. Voici que le droit pénal, après avoir été mobilisé pour gouverner les mouvements non autorisés des vagabonds et des mendiants qui se déplaçaient des campagnes vers les villes, serait encore une fois mobilisé pour discipliner, gouverner, contrôler, retenir et immobiliser les masses de migrants « illégalisés » qui se déplacent du sud vers le nord du monde : le grand enfermement des migrants pourrait ainsi être compris comme la version contemporaine d'une pratique punitive fonctionnelle au gouvernement des populations que le capitalisme a historiquement et dangereusement mis en mouvement. Il y aurait ainsi une *résonnance* entre les conditions de « migrant », de « vagabond » et d'« ouvrier ». Comme l'explique le criminologue Dario Melossi, le vagabond et l'ouvrier ont été deux figures jumelles de la modernité : à la fin de leur voyage, ces deux figures étaient en effet attendues par deux institutions également jumelles, à savoir la galère et la fabrique[36]. Du premier capitalisme, à son évolution fordiste, puis post-fordiste et globalisée, le contexte aurait évolué[37]. Mais pas la fonction stratégique des pratiques punitives et de l'enfermement. C'est ainsi que les pratiques contemporaines d'illégalisation et d'immobilisation des migrants agiraient de manière symbiotique pour garantir la production d'une force de travail vulnérable et exploitable dans les secteurs de la production qui ne peuvent pas être délocalisés ailleurs (travail domestique, BTP, cuisine et d'autres formes de travail non qualifié) : pour cette « armée de réserve industrielle », confinée dans le sud du monde, n'importe quelle condition d'exploitation – légale ou illégale – au travail sera en effet « préférable » à la menace d'être détenu ou expulsé vers son pays d'origine[38].

En guise de conclusion, on peut affirmer que *Surveiller et punir*, et plus largement les travaux de Michel Foucault sur la discipline des corps, permettent d'inscrire la lutte pour le contrôle de la mobilité humaine dans la généalogie du capitalisme moderne. Dans cette perspective, la transformation des

---

35. F. Brion, « Cellules avec vue sur la démocratie », *op. cit.*, p. 137.
36. D. Melossi, « In a Peaceful Life », *Punishment and Society*, vol. 5, n° 4, 2003, p. 372 ; *adde* D. Melossi et M. Pavarini, « Carcere e fabbrica : alle origini del sistema penitenziario, 16°/19° secolo », Il Mulino, 1977. Dans *Le Capital*, Marx qualifie le « vagabond » de père de l'« ouvrier ».
37. A. De Giorgi, « Immigration Control, Post-Fordism, and Less Egibility », *Punishment and Society*, vol. 12, n° 2, 2010, p. 150.
38. *Ibid.*, p. 201. Il s'agit des effets du principe « *less eligibility* » déjà théorisés par Georg Ruche dans le domaine pénal. Il convient de souligner que l'Italie a récemment adopté une loi qui vise à favoriser l'intégration des demandeurs d'asile par le biais de travaux sociaux non rétribués.

frontières en « front » de production de délinquance et le grand enfermement des migrants ne seraient que l'expression contemporaine d'une stratégie inscrite dans la constitution du droit pénal moderne.

Une stratégie « non intentionnelle », certes[39], mais tragiquement réelle.

---

39. Pour une critique de l'approche foucaldienne éminemment « stratégique » et « non intentionnelle » des pratiques pénales, *cf.* D. Garland, *Punishment and Modern Society*, *op. cit.*, p. 201 ; *adde* F. Brion, « Cellule avec vue sur la démocratie », *op. cit.*, p. 190.

AVEC ET APRÈS *SURVEILLER ET PUNIR*. DE LA DISCIPLINE À L'EXPOSITION

Bernard E. Harcourt
*Professeur de droit et sciences politiques à Columbia University (New York)
et Directeur d'études à l'EHESS*

Le grand livre de Michel Foucault sur les prisons nous a ouvert la possibilité de mener une nouvelle analyse des relations de pouvoir dans la société contemporaine. Alors que Hobbes nous avait présenté le modèle classique de la souveraineté, *Surveiller et punir* nous met face à un tout autre modèle, celui de la « microphysique du pouvoir ». Pourtant, s'il est encore précieux du point de vue de la méthode d'analyse, le diagnostic porté par Foucault sur le pouvoir disciplinaire il y a plus de quarante ans n'illumine pas entièrement les mécanismes de pouvoir à l'œuvre après la révolution numérique.

Nous vivons aujourd'hui dans une nouvelle ère sociale, professionnelle, personnelle et politique, faite de SMS et de courriels, de photos numériques et de *PDF*, d'appels *Skype*, de *posts Facebook*, de *tweets*, de recherches *Google* et *Bings*, de *pings* et de *Snapchats*, de *Flickr*, de *Vimeo* et *Vine*, d'*Instagram*, de vidéos *YouTube* et *Daily Motion*, de *webcams*. C'est un nouveau monde qui nous séduit et nous désarme, dans et par lequel nous nous exposons avec tous nos désirs et plaisirs, toutes nos passions et craintes. Plutôt qu'être surveillés ou disciplinés, nous sommes avant tout séduits et incités à nous exhiber. Mais bien sûr, incorporée à ces nouveaux outils, on trouve toute une technologie de « transparence virtuelle » qui permet l'incessante extraction de données, le profilage numérique, la reconnaissance faciale, les recommandations *Amazon*, les offres *eBay*, les algorithmes de *Google*, et la surveillance de la *National Security Agency* (NSA). Ainsi, dans ce nouveau monde, nous-mêmes, nos désirs les plus intimes aussi bien que toutes nos activités quotidiennes sont exposés, inévitablement, aux capacités technologiques du marché, de l'État, de nos voisins.

C'est pourquoi le terme de « surveillance » n'est sans doute pas entièrement satisfaisant, aujourd'hui, pour décrire les mécanismes de pouvoir qui s'exercent sur nos vies. Le concept a été forgé par Michel Foucault dans son cours au Collège de France de 1973 sur *La société punitive*, à travers une certaine inversion de la notion de spectacle. Contrairement à son contemporain Guy Debord, qui avait décrit notre société dans les termes d'« une société du spectacle », Foucault nous montre comment les modernes ont inventé la surveillance panoptique : « Voilà précisément ce qui est arrivé à l'époque moderne », nous dit-il dans sa leçon du 14 mars 1973, « le renversement du spectacle dans la surveillance »[1].

Or, cette opposition entre spectacle et surveillance a certainement été conçue de manière trop rigide : comme W.J.T. Mitchell le soutient dans « The Spectacle Today », ces deux notions ne devraient pas être comprises comme mutuellement exclusives. Au contraire, le spectacle et la surveillance mériteraient d'être considérés comme deux « forces dialectiques dans l'exercice du pouvoir et de la résistance au pouvoir »[2].

Cependant, j'aimerais aller encore plus loin. Les deux formes du spectacle et de la surveillance sont en effet éclipsées à présent par une troisième : l'« exposition », ou l'« exhibition ». Aujourd'hui, nous ne sommes pas *contraints* à révéler nos désirs les plus intimes. Il n'y a pas dans nos maisons de télécran qu'il serait impossible d'éteindre, ni cette image d'« un bâtiment ovale avec des fenêtres rectangulaires et une petite tour en face », ressemblant à un Panoptique, fixé au mur du dernier refuge de Winston et Julia dans le roman d'Orwell, *1984*. Nous ne sommes pas détenus contre notre volonté à l'intérieur d'une cellule, sur la ligne de vision omniprésente d'un gardien se trouvant dans la tour centrale.

Non, nous ne sommes plus *contrôlés* en ce sens : en revanche, nous nous *exposons*, volontairement, avec tout notre amour et notre passion. La relation est maintenant inversée : nous, sujets numériques, nous nous offrons au regard des autres heureusement, délibérément, dans une folle frénésie de divulgation. Nous exposons nos secrets les plus intimes, dans le jeu, dans l'amour, dans le désir, dans la consommation, dans le social et le politique. Même ceux d'entre nous qui ne participent pas au monde des médias sociaux n'ont pas d'autre choix que de partager leurs vies intimes et leurs idées politiques dans des SMS, des *e-mails* et des conversations *Skype* – conscients que, ce faisant, ils sont en train de s'« exposer ». Tout est maintenant numérisé afin d'analyser plus facilement, partager, transférer, copier et envoyer dans le monde entier, à nos proches, nos enfants, parents, frères et sœurs, à nos partenaires, nos camarades, collègues et rivaux, nos pensées et nos désirs les plus personnels. Nous écrivons des notes d'amour et des commentaires politiques, nous partageons nos photos intimes et nos blagues, nous nous affichons à l'écran dans des formes virtuelles spectaculaires, en espérant le plus souvent être vu, être « aimé », en souhaitant nous sentir « connecté », ou plus simplement parce que c'est le seul moyen de communiquer aujourd'hui. Pour la plupart d'entre nous, notre existence numérique est devenue notre vie. Nous avons besoin d'être constamment « branché » pour nous sentir pleinement vivant – pour être humain, trop humain.

Guy Debord a parlé de la « société du spectacle ». Michel Foucault a inversé la logique et s'est concentré plutôt sur les caractéristiques panoptiques de notre

---

1. M. Foucault, *La société punitive. Cours au Collège de France. 1972-1973*, Seuil-Gallimard, 2013, p. 25.
2. W. J. T. Mitchell, « The Spectacle Today », *Public Culture*, vol. 20, n° 3, p. 573-581.

société, qu'il appelait « société punitive ». Gilles Deleuze est allé plus loin en annonçant l'émergence d'une « société de contrôle ». Mais il me semble qu'aujourd'hui nous vivons plutôt dans une société de l'exposition et de l'exhibition. Nous vivons dans ce que je qualifierais de « société expositoire ».

Pour en avoir une belle illustration, il suffirait de regarder de près les nouvelles méthodes de « déradicalisation » qui constituent, à l'heure actuelle, une fenêtre, une ouverture sur la nouvelle manière dont le pouvoir circule et fonctionne dans nos sociétés numériques.

Aux États-Unis, l'administration de Barack Obama a lancé, en 2016, un nouveau programme pour déradicaliser les jeunes. Cela fait partie des missions d'un nouveau Centre dans le département d'État chargé des Affaires étrangères, le *Center for Global Engagement* – le « Centre pour l'engagement global ». Créé le 14 mars 2016, ce Centre va être financé à hauteur d'environ 20 millions $US. Comment cette déradicalisation va-t-elle s'opérer ? Le nouveau Centre, nous explique-t-on, va cibler les jeunes les plus vulnérables ou influençables, soupçonnés de radicalisation facile, et leur envoyer, de la part de tierces personnes, des informations destinées à les dissuader de rejoindre l'État islamique. Dans les mots d'une journaliste, c'est « une campagne furtive de messagerie anti-État islamique, livrée par procuration, ciblée sur les individus qui seraient à risque d'être des extrémistes, de la même manière qu'Amazon ou Google nous envoient des suggestions de consommation basées sur notre historique de navigation en ligne »[3]. La technique, donc : *Google* et *Amazon*. Il y a bien sûr plusieurs étapes de cette stratégie, mais chacune d'elles est modelée sur les techniques de recommandation les plus avancées d'*Amazon*, de *NetFlix*, de *Google*.

Tout d'abord, les cibles doivent être identifiées, et le seront en utilisant leurs traces numériques sur les médias sociaux, leurs recherches *Google*, leurs achats en ligne, leurs applications *smartphone*, ce qu'ils lisent sur leurs portables, les jeux qu'ils téléchargent, etc. Grâce à ces traces numériques, le Centre pourra alors identifier, dans un premier temps, les jeunes les plus susceptibles d'être radicalisés.

Dans un deuxième temps, il faut du contenu, du *content*, de l'information – mais de la « bonne » information. Il va donc falloir améliorer le contenu des autres, pour les rendre plus efficaces. C'est pourquoi le nouveau Centre fournira une assistance, un soutien financier, des conseils, et toute forme d'aide à des tiers qui semblent en mesure de produire un contenu approprié. L'idée ici est d'« offrir à des ONG locales, à des chefs régionaux, à des imams modérés, à de bons militants, un soutien financier invisible et une expertise technique pour rendre leurs vidéos, leurs sites web ou leurs émissions radio plus professionnels – avec une apparence plus séduisante et un son plus professionnel, pour qu'ils distribuent

---

3. K. Dozier, « Anti-ISIS-Propaganda Czar's Ninja War Plan. We Were Never Here », *The Daily Beast*, 15 mars 2016, URL : <http://www.thedailybeast.com/articles/2016/03/15/obama-s-new-anti-isis-czar-wants-to-use-algorithms-to-target-jihadis.html> (consulté le 31 mars 2017, traduction de l'auteur).

mieux leur message »[4]. Dans ces efforts, le Centre s'inspirera des initiatives du secteur privé, en utilisant les meilleures pratiques des industries de la publicité et des médias sociaux. Ainsi, sa porte-parole indique-t-elle que *Facebook* a déjà partagé ses meilleures ressources en termes de recherche avec le Centre et d'autres responsables de l'administration Obama, en montrant quels sont les facteurs qui aident à amplifier ce contre-discours et à lui donner plus de chances de succès, à travers l'amélioration du « format » du contenu (en général, il est préférable de partager des photos et des vidéos au lieu d'un texte simple) et du « ton » du contenu (les formes les plus réussies de contre-discours sont celles qui sont constructives, la satire et l'humour étant plus efficaces que les attaques directes)[5].

Enfin, le Centre dirigera ce contenu « amélioré » vers les individus ciblés. C'est dans ce contexte de « livraison du contenu » que l'analyse de la réception de ce dernier deviendra cruciale : est-ce que les individus ciblés ouvrent le lien, lisent l'article, écoutent l'émission ? C'est là qu'entrera en jeu l'analyste des *Big Data*. Le Centre, nous dit-on, « se servira d'entreprises privées qui analyseront toutes les traces numériques des utilisateurs d'Internet », à la fois pour cibler mais aussi, et de manière encore plus importante, pour vérifier que le ciblage fonctionne – comme le font d'ailleurs les grands détaillants qui cherchent de nouveaux acheteurs et qui essayent de déterminer si ceux qui sont ciblés ouvrent ou non les messages publicitaires dirigés vers eux.

Ce faisant, naturellement, le nouveau Centre effacera toutes les étiquettes « Made in USA » : comme ils l'expliquent, ils ne vont pas transmettre des « messages américains avec les sceaux du gouvernement américain, mais plutôt amplifier des voix modérées crédibles dans la région et dans toute la société civile ». L'objectif principal, c'est d'identifier les voix les plus légitimes et de faire tout le possible « pour élever ces voix sans laisser entendre qu'il s'agit d'un message provenant des États-Unis »[6].

On est donc face à une stratégie complexe de :

1) Dissimulation : il ne faut pas que la cible sache qu'on est en train de la cibler.

2) Prédiction : il faut identifier les personnes les plus vulnérables sur la base de traces numériques.

3) Amélioration : il faut améliorer le contenu des autres, utiliser des photos et des vidéos plutôt que du texte simple.

4) Propagande : il faut cibler ces nouvelles informations pour façonner la subjectivité.

La propagande n'est certes pas une nouveauté. Mais les techniques, les stratégies, les modes d'emploi sont totalement inédits. Et ils fonctionnent d'une

---

4. *Ibid.*
5. *Ibid.*
6. *Ibid.*

manière entièrement différente de la « discipline » ou même de la « sécurité », précisément parce que ces nouvelles méthodes dépendent de *nous* – de nos loisirs, de nos plaisirs, de nos jouissances, de nos addictions. Elles s'appuient sur le fait que nous, *tous*, et presque tout le temps, jouons avec nos mobiles et nos tablettes, lisons nos e-mails, regardons *Facebook*, vérifions *Snapchat*. Et que nous partageons nos informations, librement, volontairement, à tout moment ou presque – par nos GPS, nos SMS, nos *Instagram* –, et tout cela avec le plus grand plaisir.

La question qui se pose, alors, est la suivante : comment comprendre la logique, la rationalité d'une initiative comme le *Center for Global Engagement* ? Comment circule le pouvoir à l'ère numérique ? Parce que, finalement, aucun des outils conceptuels qui nous sont familiers – ceux qui ont été les plus utiles jusqu'à maintenant – ne fonctionne. « État de surveillance » ? *1984* d'Orwell ? Le Panoptique ? Non, aucune de ces métaphores n'est pleinement adaptée, même s'il y a des éléments dans chacune qui semblent justes.

Pour commencer, nous ne sommes pas confrontés *seulement* à un *État* de surveillance, mais plutôt à un amalgame tentaculaire de l'État, des médias sociaux, des détaillants, etc. C'est un mélange et une articulation complexe d'agences du renseignement, de la Silicon Valley, de sociétés multinationales, de *Facebook*, *Microsoft*, etc. Bref, une concentration oligarchique qui défie tout réductionnisme. Le président Dwight Eisenhower nous avait mis en garde, il y a plusieurs décennies, contre le « complexe militaro-industriel » ; James Bamford, il y a presque dix ans, contre « l'empire de la surveillance industrielle ». Mais les acteurs de cette nouvelle oligarchie sont aujourd'hui trop nombreux et trop diversifiés pour être compris en un seul néologisme.

Deuxièmement, le mécanisme *central* de ce nouvel appareil n'est pas la discipline ou la contrainte ou les opérations strictement carcérales qui sont au cœur du Panoptique, mais plutôt le désir. Sans doute le roman d'Orwell, *1984*, était-il prophétique à bien des égards ; mais il n'a pas saisi la dimension la plus importante, à savoir, le rôle que le désir peut jouer dans notre propre contrôle. C'est précisément dans le contraste entre les nombreux aspects du roman qui sont tellement visionnaires et ce point aveugle que la métaphore de *1984* devient révélatrice. Car ce contraste met en lumière et fait très clairement ressortir le mécanisme central de notre propre présent dystopique : nos fantaisies, nos prédilections, nos désirs les plus simples.

Je ne veux pas, bien entendu, « réduire » l'élément punitif clairement connoté par le terme de « surveillance ». L'État, au sens strict, utilisera ces renseignements incriminants pour punir. Le Département de police de la ville de New York (NYPD) a maintenant sa propre unité de médias sociaux et suit les messages *Facebook* des gangsters présumés. Nous le savons. Nous suivons et nous tuons des gens en fonction, aussi, de leurs traces numériques.

En ce sens, comme Foucault l'avait suggéré, ces différents paradigmes de pouvoir s'entrelacent. Notre nouveau monde numérique ne constitue pas une rupture radicale. Il y a encore des éléments de spectacle, naturellement.

Les *selfies* de Kim Kardashian sont destinés à être spectaculaires – et à devenir viraux. Et ces stratégies réussissent souvent. Le premier *selfie* du vice-président Joe Biden avec le président Obama, que Biden a posté sur son compte *Instagram*, a presque immédiatement obtenu plus de 60 000 *likes* : un public virtuel qui remplirait un stade de football. Quand nous nous exposons, nous entrons dans l'arène, virtuellement, et nous le faisons souvent avec l'espoir d'être aussi visibles dans notre pavillon de verre que nous le sommes dans l'amphithéâtre.

Le pouvoir souverain n'a pas non plus été abandonné. L'utilisation de métadonnées pour localiser et assassiner des cibles au Pakistan, au Yémen, en Somalie, et pour guider des missiles-drones, démontre amplement comment les formes classiques d'exercice des pouvoirs juridique et policier sont adaptées à l'ère numérique – comme le montrent efficacement les travaux de Grégoire Chamayou. Il faut bien se rappeler des propos du général Michael Hayden : « Nous tuons des gens sur la base de leurs métadonnées. »

En effet, le pouvoir juridique s'exerce encore aujourd'hui, et cela avec ou sans le numérique. Je suis confronté à cette réalité tous les jours, dans les cas de peine de mort que je suis en Alabama. Du reste, j'ai reçu hier soir (par e-mail, en PDF) la réponse de l'État de l'Alabama à ma pétition à la Cour suprême des États-Unis pour mon client Doyle Hamm, condamné à mourir bientôt – lui qui est dans les couloirs de la mort depuis 1987. Oui, le pouvoir juridique s'exerce bien avec ou sans le numérique.

Et il y a évidemment aussi une très grande dose de surveillance aujourd'hui. Nous sommes surveillés pratiquement par tout le monde, de la NSA à notre voisin avec un « paquet sniffer » qui renifle notre wifi. Pratiquement tout le monde essaie de surveiller et d'enregistrer nos *tweets*, SMS et messages, les applications que nous téléchargeons, notre navigation sur Internet, ce que nous lisons, avec qui nous parlons, bref, toutes nos activités sont capturées et analysées afin de mieux nous cibler, de mieux nous tenter – et de mieux nous punir, le cas échéant. L'ambition de Bentham n'est pas entièrement distincte de notre condition numérique actuelle : les deux partagent le rêve du savoir total. Mais symétries et asymétries jouent sur des plans différents. Foucault nous rappelle que « Bentham dans sa première version du *Panopticon* avait imaginé aussi une surveillance acoustique, par des tuyaux menant des cellules à la tour centrale »[7]. Bentham a apparemment abandonné cette idée parce que la surveillance acoustique n'aurait pas été asymétrique et aurait donc permis aux individus dans les cellules d'écouter ce qui se passait dans la tour centrale. Julius, par contre, a donné une suite à ce projet en essayant de développer un système d'écoute asymétrique. Aujourd'hui, il n'y a plus autant d'inquiétude ou de peur à l'égard de la symétrie : nous nous sentons beaucoup plus à l'aise à nous exposer et à regarder les autres (même si les asymétries survivent, comme en témoigne le système de surveillance anglais, *Optic Nerve*).

---

7. M. Foucault, *Surveiller et punir. Naissance de la prison*, Gallimard, 1975, p. 203.

Il y a également un élément de pouvoir sécuritaire dans nos sociétés contemporaines, surtout si l'on considère l'extraction massive des métadonnées de *populations* entières ; mais, là aussi, les choses sont quelque peu différentes. Les coûts, en particulier. Nous sommes entrés dans l'ère de la publicité sans coûts, entièrement *discount*. La surveillance n'est pas chère. PRISM coûte seulement 20 millions $US. Et ça ne coûte pratiquement rien, maintenant, de diffuser de grandes quantités de nos informations privées ; le seul coût, en effet, c'est la perte de notre *privacy*. L'information elle-même est tellement précieuse qu'elle est devenue l'une des ressources primaires dans les sociétés occidentales contemporaines ; pourtant, nous donnons presque toutes nos informations gratuitement. Le plus souvent, nous le faisons sans réfléchir, nous n'avons pas le choix, nous ne le savons parfois même pas. Nous sommes devenus nos propres administrateurs et publicistes, en diffusant régulièrement nos informations les plus privées. Nous passons notre temps à partager nos données personnelles en ligne, par le téléchargement ou l'impression, ou par courriel, nous transmettons nos informations financières, nous devenons nos propres agents de voyage et employés de banque. Nous introduisons nos données privées dans des sites comme *Orbitz* et *Travelocity*, nous partageons nos calendriers avec *Hotwire* et *Hotels.com*, nous donnons nos informations personnelles à des magasins en ligne comme *Amazon* et *Zappos*. L'ère numérique a donné naissance à toute une nouvelle forme de la valeur, dans laquelle les clients eux-mêmes participent au processus de travail et contribuent au profit de l'entreprise, tout en produisant simultanément leur propre surveillance – une sorte de plus-value inimaginable en d'autres temps.

Non, il ne s'agit pas d'une rupture radicale. Il y a toujours aujourd'hui des éléments de spectacle, de surveillance et de sécurité. Mais à ceux-ci, il faut ajouter un élément dominant d'exposition, d'exhibition. Nous vivons dans un pavillon de verre. Et ce dont nous avons besoin, finalement, c'est de mieux comprendre la puissance de cette transparence virtuelle.

Il serait possible d'analyser ces nouvelles formes d'assujettissement et de subjectivation – le marketing ciblé de la part du gouvernement et nos propres expositions de nous-mêmes, notre propre « subjectivation » –, afin d'analyser la proximité de ces exercices sur soi et sur les autres, à travers un engagement avec l'ouvrage de Judith Butler, *Giving an Account of Oneself*, et les cours de Foucault au Collège de France aussi bien que son militantisme au sein du Groupe d'information sur les prisons.

I. L'ASSUJETTISSEMENT CONCURRENTIEL, TOTAL ET COMPLET

En premier lieu, donc, regardons d'un peu plus près cet assujettissement de la part du *Center for Global Engagement*, car il est polyvalent : *concurrentiel*, *total* et *complet*. Le premier élément qu'il est important de souligner, c'est que tout ce dispositif se fonde sur une reconnaissance de la malléabilité complète de la subjectivité. Qu'une jeune femme se radicalise ou ne se radicalise pas, on le voit bien ici, dépend en large partie des informations qu'elle reçoit, des stimuli auxquels elle est exposée. Cela fait bien entendu penser à Gary Becker, au néolibéralisme et à la discussion de Foucault, dans *Naissance de la biopolitique*, à propos de la question de la malléabilité des individus[8].

Deuxième élément : ce dispositif est né au sein d'une logique de la concurrence. Le *Center for Global Engagement* agit pour « contre-agir », il est une « contre-mesure ». Le nouveau chef du Centre, Michael Lumpkin, explique qu'il doit « émuler la façon dont l'État islamique agit auprès de ses propres adeptes ». Avec l'État islamique, « habituellement, ça commence sur *Twitter*, puis on passe à *Facebook*, puis à *Instagram*, et finalement on arrive à *Telegram* ou à une autre plateforme cryptée. Ils font ce que fait *Amazon*. Ils ciblent des informations sélectionnées pour un individu en fonction de sa réceptivité. Nous devons faire la même chose »[9], conclut Lumpkin. En fait, Lumpkin pense en termes de désavantage concurrentiel : les États-Unis sont en retard, « face à un adversaire agile et adaptatif, sans contraintes par rapport à la vérité ou à l'éthique ». Les États-Unis, par contre, sont largués, « nagent dans la bureaucratie et utilisent une technologie dépassée »[10]. Le Centre doit se rattraper dans ce domaine de l'assujettissement, en utilisant les meilleurs outils de *Facebook*, *Amazon*, *Instagram*, *NetFlix* et *Google*, en utilisant les nouvelles méthodes de publicité numérique, la technologie la plus à jour. Mais il faut bien le noter : les États-Unis se rattrapent.

Plus important encore, on se trouve dans un milieu, dans un contexte où il n'y a que de l'assujettissement – que ce soit l'État islamique ou *Amazon*, ou *Facebook*. C'est pourquoi les conservateurs aux États-Unis rouspètent contre Facebook qui envoie trop de nouvelles des médias gauchisants. C'est le nouveau scandale : *Facebook* n'est pas neutre.

Tout ceci prouve bien qu'aujourd'hui il y a consensus autour du fait qu'il n'existe pas de « pré-subjectivité ». Le « sujet » n'existe pas avant *Facebook*, *Amazon* et *Google*. Il n'y a plus que de l'assujettissement concurrentiel. Nous sommes donc bombardés de tous les côtés, il n'y a pas d'espace neutre, et donc il ne peut y avoir de subjectivation sans assujettissement. Car, avec ce dispositif numérique, nous sommes au cœur même de l'assujettissement (le gouvernement et les médias sociaux qui essayent de nous façonner) *et* de la subjectivation (par le biais de notre *exposition* ou *présentation de nous-mêmes*, de notre « *giving an account of ourselves* »). Le problème qui se pose est alors le suivant : y a-t-il une différence réelle entre ces deux processus ? Cela m'amène à mon deuxième point.

---

8. *Cf.* M. Foucault, *Naissance de la biopolitique. Cours au Collège de France. 1978-1979*, Seuil-Gallimard, 2004.
9. K. Dozier, *op. cit.*, note 3.
10. *Ibid.*

II. LA PRÉSENTATION DE SOI EST ENTIÈREMENT INTÉGRÉE DANS ET ENTREMÊLÉE AVEC CE DISPOSITIF NUMÉRIQUE D'ASSUJETTISSEMENT

Là, nous pouvons rejoindre les propos de Judith Butler. Le point de départ, c'est que notre propre subjectivation ne peut pas se penser comme antérieure ou « pure » : elle est entièrement « trempée » dans et par cet assujettissement. En ce qui concerne cette présentation de soi, nous sommes donc « exposés » (et j'utilise ici le terme de Butler, pas le mien, terme qu'elle reprend en dialogue avec le livre de Adriana Cavarero, *Relating Narratives*) : nous sommes entièrement « exposés à l'autre dans notre vulnérabilité et dans notre singularité »[11]. Nous nous exposons nous-mêmes, non seulement dans le sens que je donne à ce terme dans *Exposed*[12], mais aussi parce que nous montrons nos vulnérabilités et faiblesses : nous nous montrons avec toutes nos blessures et nos échecs. Butler écrit : « L'exposition, tout comme l'opération de la norme, constitue la condition de ma propre émergence comme un être réfléchissant, un être avec une mémoire, qui pourrait se penser comme ayant une histoire à raconter. »[13]

Cette présentation de soi, cette exposition, mélange pourtant l'auto-expression et la réponse aux autres. Parfois nous sommes *obligés* de nous présenter ; ce fut certainement le cas de Pierre Rivière au XIXe siècle, ou de Mohamedou Slahi à Guantanamo bien plus récemment, à qui on a demandé d'écrire – ou mieux, dont l'avocat lui a demandé d'écrire son histoire pour l'aider, pour son *habeas corpus*. Il l'a forcé, enfin, Mohamedou Slahi se sentait forcé.

Mais l'injonction, la demande d'écriture, de re-présentation, fait quelque chose à l'écriture elle-même, à ce « rendre compte de soi-même ». Ces intrusions juridiques – ou bien médicales, psychiatriques ou psychanalytiques – nous affectent. Elles *fabriquent* la forme même de notre présentation. Elles façonnent notre subjectivité, elles nous « subjectivisent », et cela non seulement dans ces moments d'auto-présentation juridique ou médicale, mais partout, tout le temps, parce que ces représentations influencent nos autres présentations de nous-mêmes.

Les multiples expositions de soi – le travail sur soi, le souci de soi, parfois sous contrainte (ou ressenti comme tel), parfois volontaire, la plupart du temps quelque part entre les deux – sont entrelacées et s'entrelacent avec nos autres assujettissements (celui du *Center for Global Engagement*, par exemple). Bref, sans une trajectoire éthique ou altruiste ou progressiste, on se retrouve en fait face à une *subjectivation assujettie*, ou plutôt asservie, ou à ce qu'on pourrait appeler « absujection » ou « absujugation », ou exposition « assubjectivée ».

---

11. J. Butler, *Giving an Account of Oneself*, Fordham University Press, 2005, p. 31.
12. B.E. Harcourt, *Exposed. Desire and Disobedience in the Digital Age*, Harvard University Press, 2015.
13. J. Butler, *Giving an Account of Oneself*, op. cit., p. 39.

Autant de barbarismes. Ce qui m'amène à un troisième et dernier point à propos des doubles résistances : la résistance à l'assujettissement et les techniques de soi.

III. LES DOUBLES RÉSISTANCES

Dans cet acte de se présenter, de parler à la première personne, et dans les actes de résistance à l'assujettissement, il est en effet possible d'observer une certaine articulation entre deux formes de résistance : d'un côté, la résistance à l'assujettissement et, de l'autre, les formes de subjectivation, les techniques de soi. Il me semble qu'on peut identifier, dans la praxis de Foucault des années 1970, lors de sa « résistance » la plus marquée aux effets du pouvoir carcéral, à la fois des actes de résistance à la prison et des techniques de soi. On le voit bien dans une certaine combinaison de la résistance style « intolérable » des années 1970 et de la résistance sur le modèle de la vie cynique qu'il étudiera en 1984 dans *Le courage de la vérité*.

Comme je l'ai montré ailleurs, à travers une lecture croisée, l'engagement militant de Foucault au sein du GIP et la théorisation de *La société punitive* s'influencent l'un l'autre[14]. Ici, j'aimerais développer un autre élément important de l'engagement de Foucault au sein du GIP, en lien avec les questions du discours franc, du mode de vie et de l'esthétique de l'existence. Ce sont des thèmes et des concepts que Foucault élabore dans ses cours au Collège de France des années 1980, bien entendu, mais je les « entends » déjà dans la façon dont les membres du GIP concevaient leur engagement et je pense qu'ils sont étroitement liés à la discussion foucaldienne du cynisme ancien, du mode de vie des cyniques, de leur « attitude critique », qui est développée dans *Le courage de la vérité*.

La philosophie critique en tant que mode de vie : c'est ce qui caractérise les cyniques. La pratique cynique consiste en un mode de vie particulier, inextricablement lié – d'après Foucault – à un certain type de dire-vrai, à une certaine forme éthique de la *parrêsia*. Le dire-vrai, bien sûr, n'est en aucune manière un trait *exclusif* des cyniques, mais ceux-ci se définissent en large partie par leur dire-vrai : « Le cynique est constamment caractérisé comme l'homme de la *parrêsia*, l'homme du dire-vrai. »[15] On peut même affirmer que le cynique représente le parrèsiaste dont le discours de vérité se caractérise par l'« insolence » : c'est le terme que Foucault commence à utiliser en relation avec le dire-vrai cynique.

La vie militante des cyniques : c'est le modèle de la lutte, du conflit, de la bataille qui se trouvait aussi dans la pensée et dans la praxis de Foucault au début

---

14. B.E. Harcourt, « A Dialectic of Theory and Practice », *Carceral Notebooks*, vol. 12, 2016, p. 19-29.
15. M. Foucault, *Le courage de la vérité. Cours au Collège de France. 1984*, Seuil-Gallimard, 2009, p. 153.

des années 1970. Chez les cyniques, cela donne lieu à un genre de militantisme radical, qui coïncide avec un mode de vie. C'est une « militance philosophique », une militance « en milieu ouvert » qui s'adresse absolument « à tout le monde » et qui

> « prétend s'attaquer non pas simplement à tel ou tel vice ou défaut ou opinion que pourrait avoir tel ou tel individu, mais également aux conventions, aux lois, aux institutions qui, elles-mêmes, reposent sur les vices, les défauts, les faiblesses, les opinions que le genre humain partage en général. C'est donc une militance qui prétend changer le monde, beaucoup plus qu'une militance qui chercherait simplement à fournir à ses adeptes les moyens de parvenir à une vie heureuse. [...] [Il y a], dans ce militantisme, une forme particulière : un militantisme ouvert, universel, agressif, un militantisme dans le monde, contre le monde. C'est cela, je crois, qui constitue la singularité de [la] souveraineté cynique. »[16]

Les techniques de soi cyniques sont au fondement de ce militantisme. Pourtant, je pense qu'il y a plusieurs analogies entre celui-ci et la pratique du GIP. En ce sens – et voici mon troisième point –, dans l'engagement de Foucault des années 1970, on trouve à la fois une résistance à l'assujettissement « intolérable » et une résistance qui s'appuie sur des techniques de soi, sur des pratiques de subjectivation. On pourrait explorer cette articulation en se penchant sur différents aspects du GIP, de l'adresse postale (l'adresse personnelle de Foucault, son appartement dans le XVe arrondissement, signe que Foucault s'y investit à fond, avec toute sa vie, qu'il ne semble pas faire de distinction entre son engagement politique et son mode de vie) aux régimes discursifs des textes du GIP. Tous les mots et le langage que Foucault utilisera pour décrire les cyniques en 1984 sont déjà exprimés dans ces textes des années 1970 : intolérable, indigne, scandale, l'importance du dire-vrai des autres – et là je pense surtout au rôle du discours à la première personne, au « Je » de la psychiatre de la prison de Toul qui, contre le code de la prison, parle de ce qu'elle a vu. « Cette voix qui dit "Je", une voix formidable parce qu'elle prétendait dire la vérité », écrit Foucault. Et le langage même de Foucault est souvent celui de l'« insolence intolérable ».

En fin de compte, on peut dire que l'ensemble de l'entreprise du GIP ressemble à l'enseignement de Diogène dans la maison de Xéniade : pour éliminer la dépendance de ceux qui sont dépendants (dans ce cas, les enfants de Xéniade), pour les rendre autonomes, indépendants, pour les introduire à la « pratique autarcique », il faut un « apprentissage d'endurance, de combat, [un] apprentissage sous la forme d'une armature donnée pour l'existence, qui caractérise l'enseignement cynique »[17]. On retrouve tout cela dans la stratégie et l'intervention du GIP, par exemple dans un communiqué de janvier 1972, écrit probablement par Foucault, au moment même où il était en train de donner son cours sur *Théories et institutions pénales*.

---

16. *Ibid.*, p. 262.
17. *Ibid.*, p. 190.

Le GIP y déclare (en réponse à des bruits qui couraient selon lesquels il avait désavoué la révolte des prisonniers de Nancy) :

> « Le GIP n'a rien à désavouer des formes d'action collectives que les prisonniers sont amenés à décider pour soutenir ou exprimer leurs revendications. Le GIP estime que les prisonniers sont bien assez grands. Le GIP n'est pas un tribunal intellectuel qui jugerait du bien-fondé de ces actions, pas plus qu'il n'est, comme le voudrait le ministère, un groupe subversif qui les inspirerait du dehors. Dès sa fondation, le GIP s'est proposé, non pas de parler pour les prisonniers ou en leur nom, mais de faire en sorte que les prisonniers et leurs familles puissent enfin parler eux-mêmes. »[18]

En aidant les prisonniers à se faire entendre, en ouvrant pour eux la possibilité de créer leur propre organisation d'action collective, l'effort du GIP a été celui de promouvoir un mode de vie orienté vers l'indépendance, l'autonomie, la simplicité et l'autarcie.

En conclusion, on discerne ici une articulation de la résistance à l'assujettissement sur des formes de subjectivation, des techniques de soi. Ce qui confirme sans doute l'intuition d'une imbrication des deux éléments – assujettissement et subjectivation – dans l'expérience contemporaine du pouvoir numérique, très différent, bien sûr, du pouvoir disciplinaire, mais qu'il nous est possible de rendre visible, lisible et intelligible seulement grâce au grand livre de Foucault, *Surveiller et punir*.

---

18. Cit. *in* Ph. Artières, L. Quéro et M. Zancarini-Fournel, *Le Groupe d'information sur les prisons. Archives d'une lutte, 1970-1972*, IMEC, 2003, p. 193.

SUR LES SOCIÉTÉS DE CIBLAGE

Grégoire Chamayou
Chargé de recherche CNRS,
Institut d'histoire de la pensée classique, ENS Lyon

« Dans cette simulation, dit la voix off, on voit la silhouette d'un modèle d'avion qui vacille à travers l'image jusqu'à ce qu'elle se superpose à l'objet recherché. La silhouette se comporte comme une idée préconçue qui chercherait à coïncider avec la réalité. »[1] Le cinéaste Harun Farocki donnait ainsi à voir, en 2003, dans son film *Guerre à distance*, les dernières avancées des technologies de ciblage militaire. Une silhouette schématique balayait l'écran en quête d'une correspondance entre les lignes de son tracé et les contours des phénomènes capturés par l'imagerie vidéo. Lorsque les lignes du schème et celles de l'objet entraient en coïncidence, la cible était acquise.

Voici à présent l'extrait d'un autre film, un clip promotionnel réalisé en 2013 par la firme américaine Aptima : « Tous les jours, nous serine un narrateur à voix de basse, les comportements humains forment des motifs [patterns]. [...] Pour découvrir ces motifs, pour distinguer entre l'innocent et le dangereux, entre le pertinent et le non-pertinent, Aptima a développé une méthode appelée "solutions pour la reconnaissance des motifs". [...] Nos algorithmes de reconnaissance comportementale cherchent des connexions et des relations entre des activités dans l'espace et dans le temps. »[2] Une forme schématique apparaît là encore à l'écran en se surimposant aux pixels pour y repérer son double, mais il ne s'agit plus de la forme d'un objet, du contour statique d'une chose. Ce qui est à présent schématisé à des fins de ciblage, ce sont des réseaux de relations et des séquences d'actions, des traits comportementaux déployés dans l'espace-temps.

Alors que Farocki nous proposait un film-essai, à la fois beau et subtil, la firme militaro-industrielle ne sait pas sortir du registre de la propagande publicitaire, grossière dans sa forme, exagérée dans ses annonces. Ce second clip a tout de même une vertu : illustrer de façon limpide ce que Foucault appelait une « utopie-programme »[3],

---

1. H. Farocki, *Erkennen und Verfolgen* (« Guerre à distance »), Harun Farocki Filmproduktion, 2003.
2. Aptima, *Pattern Recognition Solutions*, 2013, URL : <https://vimeo.com/51233861> (consulté le 20 février 2017).
3. M. Foucault, « L'œil du pouvoir » (1977), *in Dits et écrits II, 1976-1988*, Gallimard, 2001, p. 202.

nous présenter de façon saillante, en l'occurrence, l'une des principales dystopies-programmes du renseignement contemporain.

Il s'agit, dans les deux cas, d'automatiser la reconnaissance des cibles en mobilisant ce que Farocki appelle des images opérationnelles, c'est-à-dire des images dont la fonction est moins « de représenter un objet que de servir à des opérations »[4] – la première de ces opérations étant de discerner certains motifs caractéristiques dans un *divers de la perception* qui se présente ici sous l'aspect d'immenses agrégats de données collectées par des machines.

Ce que nous montre Farocki, ce sont les technologies militaires des années 1990, celles développées dans le sillage de la première guerre du Golfe. Le second extrait, plus tardif, nous fournit un aperçu des technologies de la guerre contre-insurrectionnelle du XXIe siècle. Dans le premier moment, on cherchait à automatiser la reconnaissance d'objets, de solides en trois dimensions, avions ou tanks ; dans la seconde phase, on rêve d'étendre ce genre d'identification informatisée aux agissements humains. Entre les années 1990 et aujourd'hui, les technologies de ciblage ont étendu leurs ambitions : de l'identification automatique du contour des choses à la reconnaissance algorithmique du comportement des hommes, du ciblage d'objets perdus dans un paysage à celui d'individus enfouis dans des populations.

Je voudrais ici dégager quelques-unes des caractéristiques de ces nouveaux dispositifs de ciblage, et ceci à partir de deux questions simples : sur quelle méthode se fondent-ils ? Quelle ontologie impliquent-ils ?

I. ASPECTS MÉTHODOLOGIQUES

Concernant d'abord la méthode, on peut dégager plusieurs principes directeurs qui animent ces projets d'automatisation du ciblage des comportements.

Le premier principe, correspondant à un idéal impossible de *collecte totale*, se traduit en pratique par une politique de *collecte massive* de données. Plutôt que de se focaliser sur des individus ou des groupes connus et les suivre, faire l'inverse : partir du tout ou de la masse pour redescendre vers les individualités. Commencer par recueillir le maximum de données disponibles sur l'activité de populations entières pour faire ensuite apparaître, par criblage, des suspects. C'est la fameuse formule de l'ancien directeur de la NSA Keith Alexander : « Collectons toute la botte de foin, […] collectez tout, indexez et archivez »[5].

---

4. H. Farocki, « Phantom Images », *Public*, 2004, p. 17.
5. E. Nakashima et J. Warrick, « For NSA Chief, Terrorist Threat Drives Passion to "Collect It All" », *Washington Post*, 14 juill. 2013. *Cf.* aussi K. Alexander, M. Ennis, R.L. Grossman, J. Heath, R. Richardson, G. Tarbox et E. Sumner, « Automating Markup of Intelligence Community Data : A Primer », *Defense Intelligence Journal*, vol. 12, n° 2, 2003, p. 84.

Or, ceci constitue, il faut le souligner, une rupture récente dans la méthodologie traditionnelle du renseignement. Pour ne donner qu'un exemple, voici une citation qui exprime bien l'état du consensus antérieur : « On ne peut pas commencer par collecter pêle-mêle tous les faits, avertissait Roger Hilsman en 1952, car alors on croulerait bien vite sous une montagne de faits, dont la plupart n'auraient pas la moindre pertinence »[6]. Ce problème, celui de la surcharge informationnelle, est plus que jamais d'actualité. C'est aujourd'hui l'une des principales contradictions de ces dispositifs : tension aiguë entre capacités de collecte étendues et capacités d'analyse bornées.

Le second grand principe de méthode est celui du *repérage de signatures*. L'un des espoirs originaires qui anime cette méthodologie est de pouvoir repérer, par *datamining*[7], dans une masse de données enregistrées, des « signatures » comportementales, des traits caractéristiques de profils d'activité prédéfinis. Cette notion de signature a une généalogie intéressante dans le champ du renseignement. Au début de la Guerre froide, afin de traquer les sous-marins soviétiques, l'*US Navy* avait mis en place un vaste réseau de microphones sous-marins dans les océans. Les ondes sonores captées par ces hydrophones étaient transmises par câble à des stations côtières où des machines, sortes d'électrocardiogrammes géants, les transcrivaient en graphes sur de grands rouleaux de papier. Les « techniciens des océans » qui les déchiffraient étaient capables de « discerner les subtiles nuances de signaux sonores dont l'intensité, la coloration, les formes ou les ombrés font toute la différence entre un banc de poissons et un sous-marin vus par lofargramme interposé »[8]. Les bruits des moteurs des sous-marins se traduisaient par des signes caractéristiques tracés sur le papier, des « signatures » trahissant leur présence. On saisit la métaphore : là comme ailleurs, l'identité s'atteste par certains traits inscrits sur du papier.

Ceux qui ont imaginé les dispositifs actuels de surveillance de masse au début des années 2000 évoquaient explicitement ce modèle par l'analogie suivante : de même que les sous-marins laissaient des signatures acoustiques dans l'océan, de même, disait l'amiral Poindexter, les terroristes « laissent nécessairement des signatures dans l'espace informationnel »[9], ou, si l'on préfère, dans l'océan de l'information. Or, sans rentrer ici dans les détails, il faut noter que ce postulat est très fragile, ne serait-ce que parce que la plasticité des tactiques humaines n'a rien à voir avec la constance mécanique d'un moteur soviétique.

---

6. R. Hilsman, Jr., « Intelligence and Policy-Making in Foreign Affairs », *World Politics*, vol. 5, n° 1, 1952.
7. *Datamining* : forage ou prospection de données. Le terme désigne un ensemble de méthodes informatiques visant à extraire du savoir pertinent à partir de masses de données brutes.
8. G.E. Weir, « The American Sound Surveillance System. Using the Ocean to Hunt Soviet Submarines, 1950-1961 », *International Journal of Naval History*, vol. 5, n° 2, 2006. Le lofargramme est le graphique que tracent ces machines, appelées LOFAR pour *Low Frequency Analysis and Recording*.
9. « Remarks as prepared for delivery by Dr. John Poindexter, Director, Information Awareness Office of DARPA, at DARPATech 2002 Conference », Anaheim, 2 août 2002.

Le troisième principe de méthode consiste à se servir de *l'activité comme substitut à l'identité*. En guise d'illustration, voici une image tirée d'un article sur la « reconnaissance des comportements hostiles » par systèmes de capteurs :

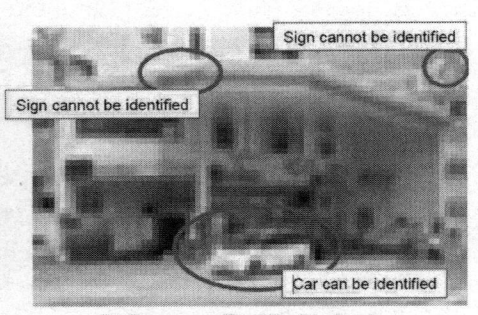

(a) Image with 1500x1000 pixels   (b) Image with 80x43 pixels

Figure 1. Images d'une station-service Shell au format Bitmap avec des résolutions différentes[10]

Comment reconnaît-on une station-service ? Comment peut-on apprendre à une machine à reconnaître des entités de ce type ? Dans le premier cas (figure a), la chose est facile car l'identité du lieu est écrite en toutes lettres au fronton du bâtiment. Au demeurant, l'édifice présente un aspect typique qui permettrait de l'identifier par reconnaissance optique.

Mais que se passe-t-il dans le second cas (figure b), lorsque l'identification visuelle des signes et des formes caractéristiques devient impossible ? Ce qui est ici proposé, c'est une sorte d'expérience de pensée : comment peut-on identifier une entité si l'on met entre parenthèses sa morphologie, si l'on ne se fonde plus, pour son identification, sur la reconnaissance de ses formes géométriques ou de ses signes permanents ?

Ce que l'on peut faire alors, c'est redéfinir la station-service par le faisceau d'activités spatio-temporelles associées spécifiquement à ce type de lieux : par exemple, vu du ciel, un motif rythmique caractéristique de séries de véhicules qui s'y dirigent, marquent un arrêt d'une même durée moyenne et repartent. Le motif, le « pattern » d'activité sert alors de « proxy » ou de substitut à l'identité. À défaut de forme, c'est le comportement qui devient signe. Le contour est supplanté par le rythme.

Or, ce qui peut être fait avec une station-service peut être aussi fait avec des individus, car, énonce-t-on, si l'adversaire « ne peut plus être identifié par ce qu'il *est*, il peut en revanche l'être par ce qu'il *fait* »[11] : « Dans des environnements où il

---

10. G. Levchuk, O. Mendoza-Schrock et W. Shebilske, « Adversarial Behavior Recognition from Layered and Persistent Sensing System », *in Proceedings of SPIE Defense and Security Symposium*, Orlando, 2009, p. 4.
11. R.J. Wood, C.A. McPherson et J.M. Irvine, « Video Track Screening Using Syntactic Activity-Based Methods », AIPR Workshop, IEEE, 2012, p. 1.

n'existe aucune différence visuelle entre ami et ennemi, c'est par leurs actions que les ennemis se rendent visibles »[12]. Ce principe est au fondement de la nouvelle doctrine du « renseignement fondé sur l'activité »[13], élaborée depuis le début de la décennie 2010 sous l'égide de la sœur siamoise mais encore méconnue de la *National Security Agency* (NSA), la *National Geospatial-Intelligence Agency* (NGA)[14].

Le quatrième principe de méthode est ce qu'on appelle « l'analyse des formes de vie » (« pattern of life analysis »). Nous avons toutes et tous une forme ou un motif de vie. Vos activités quotidiennes sont répétitives, votre comportement a ses régularités : vous vous levez sensiblement, vous empruntez régulièrement le même itinéraire pour aller au travail ou ailleurs. Vous rencontrez fréquemment les mêmes amis dans les mêmes endroits. Si on vous surveille, on peut noter tous vos déplacements et établir une carte de vos parcours familiers. On peut également, en épluchant vos relevés téléphoniques, déterminer quels sont vos liens personnels, cartographier votre réseau social. On peut ainsi tracer la carte de votre forme ou de votre motif de vie. Pour représenter ce à quoi cela correspond, il faut imaginer la fusion d'un calendrier, d'une carte et d'un répertoire : triple cartographie des lieux, des liens et du temps.

Le géographe Derek Gregory a décrit cette méthodologie de façon très évocatrice comme « une sorte de rythmanalyse militarisée, et même comme une géographie du temps, armée jusqu'aux dents », fondée sur l'usage de programmes qui « fusionnent et visualisent des données géo-spatiales et temporelles que le renseignement collecte à partir de sources multiples ("en combinant le où, le quand et le qui"), en les disposant dans un cadre tridimensionnel qui reprend les diagrammes standards de la chronogéographie développée par le géographe suédois Torsten Hägerstrand dans les années 1960 et 1970 »[15].

L'idée fondamentale de la chronogéographie était que l'on pouvait rendre compte des vies humaines en les traitant comme des trajectoires dans l'espace-temps. Cela impliquait entre autres choses d'inventer des cartes d'un nouveau genre, des cartes qui intégreraient le temps à l'espace. Hägerstrand en résumait ainsi les postulats : « Dans l'espace-temps, l'individu décrit une trajectoire [...]. Le concept de trajectoire de vie (ou de trajectoire intermédiaire, comme par exemple

---

12. E.C. Tse, « Activity Based Intelligence Challenges », *IMSC Retreat*, 7 mars 2013.
13. « *Activity Based Intelligence* » ou ABI. Les grands axes de cette méthodologie émergente furent posés en 2010 dans une série de documents stratégiques confidentiels rédigés par Robert Arbetter, un ancien cadre de la NGA devenu « Directeur pour les concepts de collection et les stratégies » auprès du sous-secrétaire d'État à la Défense en charge du Renseignement.
14. La NGA ou Agence Nationale Géospatiale est l'agence de renseignement américaine chargée de la collecte et de l'analyse de l'imagerie, par contraste avec la NSA, historiquement centrée sur les signaux électromagnétiques.
15. D. Gregory, « From a View to a Kill. Drones and Late Modern War », *Theory, Culture & Society*, vol. 28, n° 6, 2011, p. 195 et 208.

la trajectoire d'une journée, la trajectoire d'une semaine, etc.) peut aisément être exposé graphiquement à condition de replier l'espace tridimensionnel sur [...] une île plate à deux dimensions, et d'introduire un axe perpendiculaire afin de représenter le temps. »[16]

Voici un exemple de ce genre de représentation tridimensionnelle, encore rudimentaire. Sur une carte en relief ont été fichées des tiges verticales sur lesquelles on enroule un fil qui figure l'itinéraire d'un individu au cours d'une période donnée :

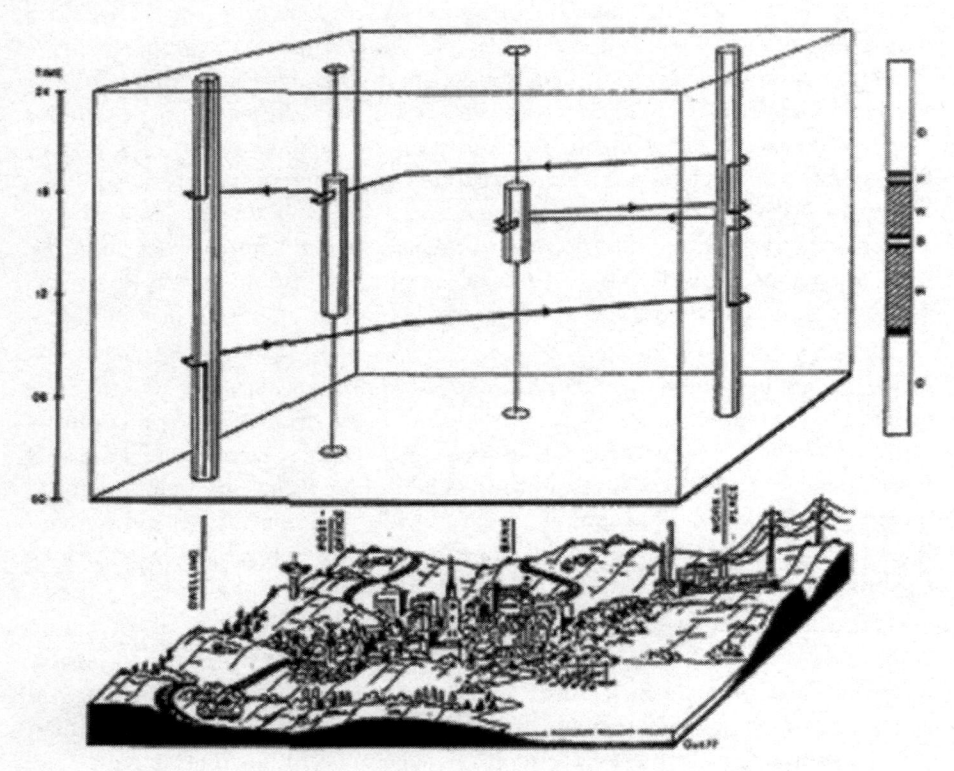

Figure 2. Modélisation chrono-géographique des activités d'un individu[17]

---

16. T. Hägerstrand, « What About People in Regional Science ? », *Papers of the Regional Science Association*, vol. 24, n° 1, 1970, p. 10.
17. Tiré de B. Lenntorp, « A Time-Geographic Simulation Model of Individual Activity Programmes », *in* T. Carlstein, D. Parkes et N. Thrift (dir.), *Human Activity and Time Geography*, Edward Arnold, 1978, p. 162-180.

Les analystes du renseignement se servent aujourd'hui du même genre d'instrument cartographique, en version informatisée, intégré à de puissants systèmes d'information géographique, pour conduire des études d'« analyse géo-visuelle » et faire apparaître des « formes de vie ».

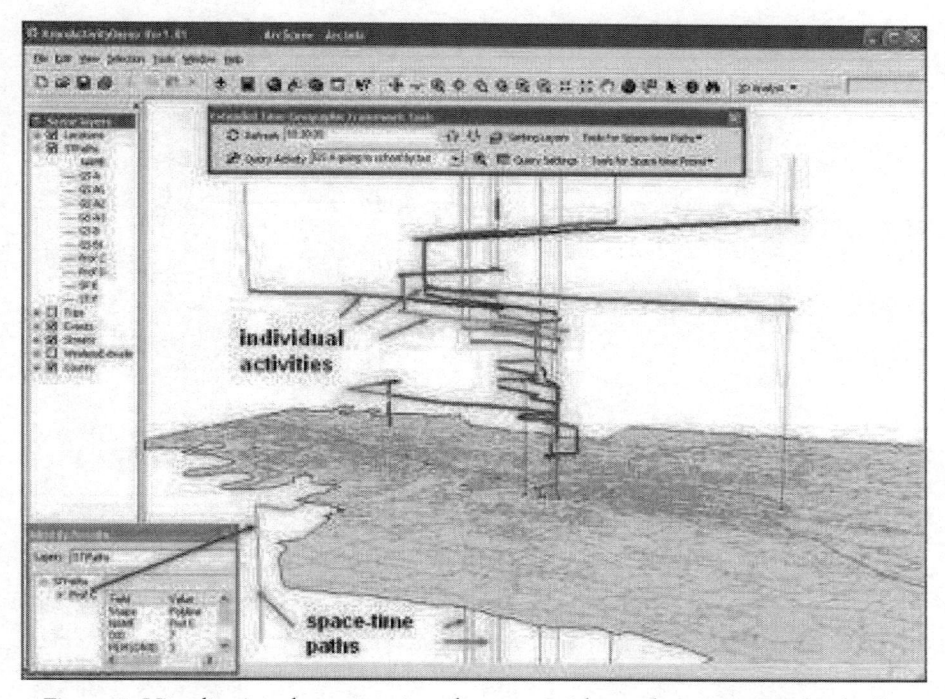

Figure 3. Visualisation des trajectoires chrono-spatiales et des activités individuelles dans le logiciel ArcGIS[18]

Mais ce qui peut être fait pour le suivi d'un individu particulier peut aussi, dans le contexte d'une collecte massive de données, être étendu à des régions et à des populations entières placées sous surveillance. Voici par exemple une carte générée par un module de « renseignement fondé sur l'activité » développé par Lockheed Martin et testé sur les trajets de taxis d'une ville américaine :

---

18. Capture d'écran d'un graphe chronospatial obtenu avec le module de visualisation 3D ArcScene du logiciel ArcGIS de la société américaine ESRI.

209

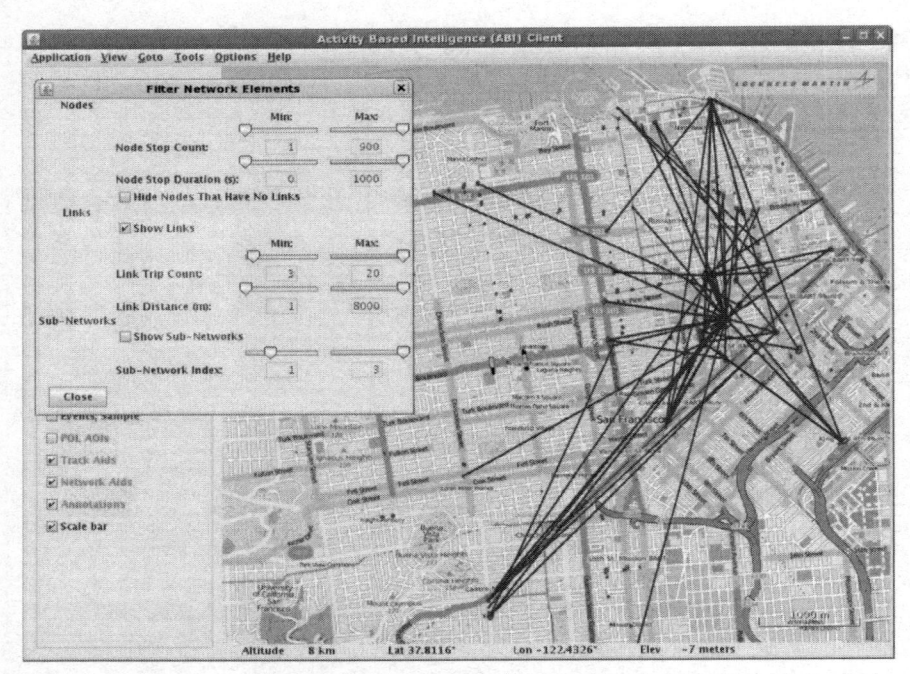

Figure 4. Réseau spatial et « nodes » (nœuds) détectés dans les données de circulation d'une flotte de taxis[19]

Cette méthodologie se fonde entre autres choses sur un usage du *datamining* appliqué à des trajectoires de mouvements afin de découvrir, au sein de gigantesques pelotes de trajets, des « motifs périodiques » ou des « signatures » correspondant à des segments d'habitudes caractéristiques. Les traits de trajets régulièrement empruntés s'épaississent alors progressivement à l'écran.

Mais ce qui vaut pour des courses de taxis peut bien sûr s'appliquer à d'autres objets, dont les trajets quotidiens de villageois irakiens scrutés par la caméra d'un drone :

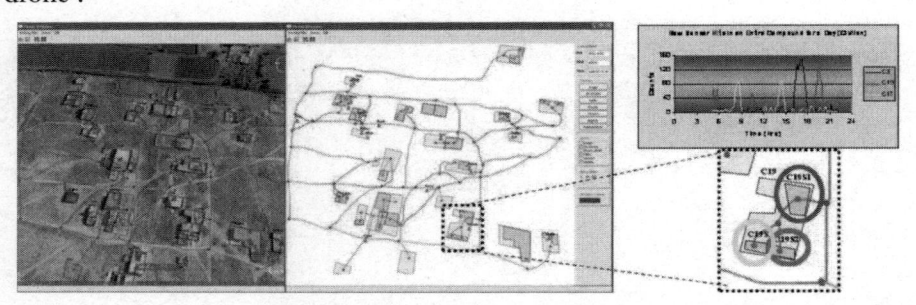

Figure 5. Analyse des déplacements piétonniers près d'Al Mahmudiyah, en Irak[20]

---

19. R. Rimey, J. Record, D. Keefe, L. Kennedy et C. Cramer, « Network Exploitation Using WAMI Tracks », *Defense Transformation and Net-Centric Systems*, Orlando, 27-28 avr. 2011.
20. *Ibid.*

Au-delà de la capture d'activités individuelles, on vise ici autre chose : l'extraction progressive de *schèmes* d'activité, de formes de vies d'une population donnée – des motifs sur le fond desquels vont ensuite pouvoir se découper, par contraste, des formes de vies suspectes, à cibler[21].

II. PROCESSUS D'INDIVIDUATION

Pour formuler la seconde grande question que je souhaiterais aborder, je partirai d'une autre remarque de Derek Gregory : l'usage actuel de « divers moyens électroniques pour identifier, traquer et localiser » des cibles peut s'interpréter comme un processus de « production technique d'individus comme artefacts et algorithmes »[22]. Sa thèse, constructiviste, est que les dispositifs de ciblage fabriquent ou constituent des individus-cibles. S'il a raison de pointer, ici à l'œuvre, un certain mode d'individuation, une question demeure : comment peut-on le caractériser conceptuellement ?

Une première piste de réponse possible, mais je crois insuffisante, consisterait à dire que ces dispositifs de ciblage, en reprenant à la chronogéographie sa méthode, ont par là-même hérité du mode d'individuation qui était le sien.

Mais ce mode d'individuation, quel est-il ? La chronogéographie naît d'un refus de la prédominance des méthodes strictement statistiques en sciences sociales. Lorsque l'on se contente de décrire la réalité sociale par des agrégats de grands nombres, tels que fournis par exemple par un recensement, regrettait Hägerstrand, « on considère la population comme étant faite de "dividuels" plutôt que d'individus »[23]. Des agrégats statistiques tels que le PIB ou les tranches de revenus ne nous donnent pas accès à un savoir primaire sur des individus, mais seulement, de façon indirecte, à des êtres statistiques que l'on reconstruit comme des fractions d'un nombre global. La chronogéographie prétendait au contraire repartir des individus tels qu'ils existent de façon continue en tant que points physiques affectés de trajectoires spatio-temporelles. La conviction était qu'entre le travail du biographe et celui du statisticien, « il y a une zone entre chien et loup à explorer, où l'idée fondamentale est que les gens conservent leur identité dans le temps [...] et que les agrégats de comportements n'échappent pas non plus à la règle »[24]. En d'autres

---

21. Je ne développe pas ici les implications de ce type de ciblage, notamment dans ce qu'on appelle les « frappes de signature » où l'on prend la décision de tuer sur la base d'une identité générique présumée à partir de la « reconnaissance » d'une forme de vie, avec les conséquences que l'on peut deviner. *Cf.* G. Chamayou, « Dans la tête de la NSA », *Le crieur*, n° 1, 2015, p. 20-40.
22. URL : <https://geographicalimaginations.com/2013/10/31/boundless-informant-and-the-everyware-war/> (consulté le 20 février 2017).
23. T. Hägerstrand, « What About People in Regional Science ? », *op. cit.*, p. 9.
24. *Ibid.*

termes, comme le résume le géographe Nigel Thrift, la chronogéographie partait d'un principe méthodologique d'« indivisibilité de l'être humain »[25]. Ce qui était alors proposé aux sciences sociales, c'était de rebâtir des agrégats de données à partir de la granularité insécable d'individus dont la « corporéité vivante » pouvait être schématiquement saisie par des trajectoires traçables et mesurables dans l'espace-temps. Autrement dit, on se fondait sur une ontologie à la fois physicaliste et atomistique d'une individualité réduite à ses coordonnées spatio-temporelles[26].

Bien sûr, il est frappant que, pour exprimer cette idée, Hägerstrand ait recouru à un vocabulaire que Deleuze emploie à son tour plus de vingt ans plus tard afin de caractériser ce qu'il appelle les « sociétés de contrôle » : « On ne se trouve plus, diagnostique le philosophe, devant le couple masse-individu. Les individus sont devenus des "dividuels", et les masses, des échantillons, des données. »[27] D'un côté, il y aurait les sociétés de discipline, structurées par un rapport entre individu et masse, et, de l'autre, des sociétés de contrôle, articulées sur le couple dividuel/base de données. D'un côté, des institutions d'enfermement, de l'autre, des dispositifs de contrôle déployés dans des milieux ouverts. D'un côté, la signature et le matricule pris comme signes de l'individualité disciplinaire, de l'autre, le chiffre et le mot de passe pris comme sésames pour les portiques du contrôle...

Ce que dit Hägerstrand, au début des années 1970, sur le mode d'une prescription de méthode, c'est en substance qu'il faut passer du dividuel à l'individuel, c'est-à-dire remplacer, au titre d'élément de base du savoir des sciences sociales, la dividualité statistique par l'individualité chronospatiale. Ce que dit Deleuze au début des années 1990, mais sur le mode cette fois d'un diagnostic historique et politique, c'est que nous serions en train de passer, au moins partiellement, d'anciennes formes de pouvoir centrées sur l'individualité à de nouvelles, dont l'objet serait le « dividuel ».

À partir de là, la question est de savoir ce qui se produit dans ce schéma lorsque, comme c'est le cas aujourd'hui, on assiste au développement de formes de pouvoir fondées sur des méthodes de capture chronogéographiques dont on a vu qu'elles produisent au contraire leurs objets comme des atomes individuels. En première approximation, on pourrait interpréter cela comme une inversion, comme une sorte de retour à l'individualité, mais je crois que ce serait une réponse incomplète. Car en même temps, l'individualité chronospatiale ne correspond qu'à une première strate d'opérations : on a bien effectivement, à ce premier niveau, capture de singularités évènementielles, singularités qui sont mises en série selon des itinéraires biographiques individuels qui servent d'unités de base, mais l'objet propre de ces dispositifs, la cible, elle, se constitue à un second niveau. Elle se constitue comme telle à partir du moment où s'établit une correspondance entre ce

---

25. N. Thrift, *An Introduction to Time Geography*, Institute of British Geographers, 1977, p. 6.
26. *Ibid.*
27. G. Deleuze, « Post-scriptum sur les sociétés de contrôle », in *Pourparlers. 1972-1990*, Les Éditions de Minuit, 1990, p. 244.

premier tracé singulier et un motif générique qui est, lui, le produit d'une opération d'abstraction et de corrélation statistique, c'est-à-dire le produit d'une composition de matière dividuelle. De même, si ces dispositifs de ciblage se focalisent bien sur la recherche de « signatures » – c'est-à-dire, à en croire Deleuze, l'un des signes de prédilection de la discipline –, ils ne conçoivent cependant plus ces signatures comme des « matricules individuels », mais plutôt comme des codes dividuels extraits de bases de données, de ces mêmes bases de données qui pour Deleuze étaient l'un des éléments du contrôle. Bref, je crois que le mode d'individuation qui anime les dispositifs contemporains de ciblage ne se laisse subsumer sous aucune des deux grandes catégories proposées par Deleuze, qu'il ne correspond ni vraiment à l'individualisation de la discipline, ni vraiment à la « dividualisation » du contrôle.

De quoi s'agit-il alors ? Pour essayer de le montrer, je voudrais revenir sur cette distinction dividuel/individuel. L'une des sources de ce couple conceptuel nous renvoie à Paul Klee, aux recherches sur la forme qu'il avait entreprises dans l'entre-deux-guerres. La distinction se schématisait pour lui de la façon suivante :

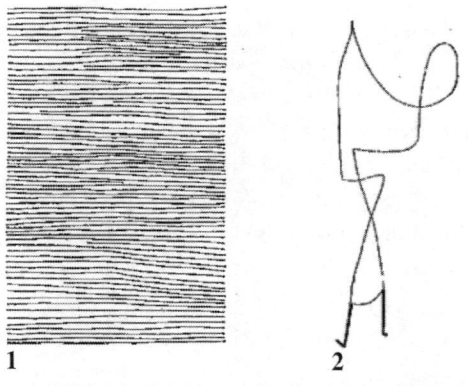

Figure 6. Dividuel (1) et individuel (2) selon Klee[28]

L'individuel s'illustre par une figure linéaire, celle d'un corps (figure 2). Elle se définit négativement comme ce dont on ne peut retrancher une partie sans détruire le tout, sans le rendre méconnaissable. En ce sens, l'individuel est d'abord un indivisible : sa division aurait pour effet, par mutilation, d'en détruire l'unité organique constitutive. Le dividuel se signale au contraire par sa divisibilité. Divisez ou découpez les lignes de la figure 1, retranchez-en une ou plusieurs, le motif ne se dissoudra pas pour autant. Il demeurera malgré sa partition. C'est la différence entre le motif d'une tapisserie, aux rythmes répétitifs, et le dessin de la forme organique d'un corps.

---

28. P. Klee, « Formal Analysis of 1935/3 : Grid Dance », in *Notebooks, Volume 2. The Nature of Nature*, Lund Humphries, 1973, p. 284 (ces figures explicatives sont en fait dues à l'éditeur du volume, Jürg Spiller).

Mais Klee ajoutait quelque chose à ce premier schéma. Il n'y a pas seulement dividuel et individuel, il y a aussi une tierce figure. Ce qu'il appelait « synthèse dividuel-individuel »[29], dont voici l'image :

Figure 7. La « danse de la grille » selon Klee[30]

Dividuel et individuel ne s'opposent pas nécessairement, ils peuvent aussi se combiner. Cette troisième figure synthétique se produit lorsque « certaines activités engendrent des structures formelles définies qui, de façon observable, deviennent des individus »[31], c'est-à-dire lorsque « les caractères structurels s'assemblent rythmiquement en une totalité individuelle »[32]. La trame dividuelle mouvementée sur laquelle la figure linéaire de l'individualité se découpe en même temps qu'elle en définit le contour externe prend alors l'aspect d'une « grille dansante ».

Or, je crois que c'est à quelque chose de ce type que l'on a à faire ici. L'objet que produit le pouvoir contemporain de ciblage n'est ni l'individu pris comme élément dans une masse, ni le dividuel pris comme chiffre dans une base de données, mais autre chose, une tierce figure qui synthétise les deux précédentes, à savoir : des individualités-trajectoires identifiées par dividualité statistique sur fond d'une trame d'activités où elles se découpent, se spécifient dans le temps comme des unités signifiantes.

La production de cette forme d'individualité-là ne relève pas de la discipline, pas non plus du contrôle, mais du *ciblage* dans ses formes les plus contemporaines. Que celui-ci soit policier, militaire ou marchand, il partage les mêmes traits formels. Une hypothèse probable est qu'au-delà des sociétés de discipline ou de contrôle, nous entrions à présent en outre, sans que ces deux modalités ne disparaissent pour autant, dans des *sociétés ciblées*.

---

29. *Ibid.*, p. 63.
30. *Ibid.*, p. 285.
31. *Ibid.*, p. 247.
32. *Ibid.*, p. 234.

En conclusion, ma conviction est qu'on a là à faire à un certain type de *dispositif*. Si le champ militaire, avec l'aspect hyperbolique qui le caractérise, nous permet de le saisir avec clarté, celui-ci ne s'y limite pas. Au contraire, de nombreux signes indiquent une tendance émergente à la prolifération de dispositifs de ciblages dans d'autres sphères de la vie sociale, que ce soit sur le mode de la transposition directe de technologies d'origine militaire, de leur importation policière par exemple, ou selon des logiques de développements parallèles de rationalités similaires dans d'autres secteurs et à d'autres fins – c'est le cas du marketing ciblé.

Pour faire la critique de ce genre de dispositif, outre les évidents aspects juridique et éthico-politique, il y aurait je crois aussi un important travail d'ordre épistémologique à développer. Un tel chantier pourrait suivre au moins deux grandes directions. La première, dans la veine de Georges Canguilhem, s'interrogerait sur le type de norme sur lequel les pouvoirs de ciblage fondent leurs prétentions. Et puis il y en aurait une seconde, dans une inspiration disons kantienne, en un sens très large, qui mettrait en question la faculté de connaître constituée par ce genre de méthode et d'instruments, et qui en pointerait les bornes constitutives. Or, en la matière, je crois que l'on gagnerait à relire les débats internes à la géographie humaine de la fin du XXe siècle, et notamment les critiques formulées, dans cette discipline même, à l'encontre de la chronogéographie.

L'une des objections que le géographe matérialiste David Harvey adressait à Hägerstrand était que ce genre de méthode ne pouvait saisir que des liens schématiques, et que sa limite fondamentale était de se rendre parfaitement incapable d'interroger la *genèse* des phénomènes dont elle ne capture que le sillage. La chronogéographie, expliquait Harvey, « ne fait aucune tentative pour comprendre pourquoi certaines relations sociales en viennent à dominer les autres, ou comment une certaine signification se voit assigner à des lieux, à des espaces, à l'histoire et au temps. Or, fort malheureusement, rassembler des masses de données empiriques au sujet de biographies spatiotemporelles ne saurait apporter le moindre début de réponse à ces questions »[33].

Cet avertissement est capital, car il engage le projet même des sciences sociales, aujourd'hui surtout, à l'heure même où un « antiterrorisme » indigent se propose de s'annexer partiellement leurs savoirs à des fins sécuritaires tout en répudiant pour le reste leur vocation fondamentale. Pour la géographe féministe Anne Buttimer, la chronogéographie, du fait de son schématisme désincarné, n'exposait au fond qu'une « danse macabre »[34]. Elle était sans doute loin de se douter à quel point elle avait raison.

---

33. D. Harvey, *The Condition of Postmodernity*, Blackwell, 1989, p. 211.
34. A. Buttimer, *Geography and the Human Spirit*, John Hopkins University Press, 1993, p. 47. Cette formule est citée par D. Gregory, « Interventions in the Historical Geography of Modernity. Social Theory, Spatiality and the Politics of Representation », *in* J. Duncan et D. Ley, *Place/Culture/Representation*, Routledge, 1993, p. 308.

TABLE DES MATIÈRES

Avant-propos
Isabelle Fouchard et Daniele Lorenzini 9

Préface
Adeline Hazan 13

PREMIÈRE PARTIE
MICHEL FOUCAULT, LES DISCIPLINES, LA PRISON

La société disciplinaire : généalogie d'un concept
Daniele Lorenzini 21
    I. Répression 23
    II. Exclusion 25
    III. Transgression 27

Foucault *versus* Kirchheimer et Rusche. Deux approches critiques de la peine
Isabelle Aubert 31

La technologie politique du corps et l'effet idéologique
Orazio Irrera 45
    I. La technologie de l'âme 47
    II. L'effet idéologique 49
    III. La matérialité de l'idéologie 51
    IV. Les appareils d'État et la technologie politique du corps 53
    Conclusion : langage théorique et conséquences politiques 56

Surveillance et individualité
Piergiorgio Donatelli 57

DEUXIÈME PARTIE
LE DROIT À L'ÉPREUVE DE LA PRISON

Des luttes collectives au combat contentieux. Pour l'amélioration des conditions de détention
Delphine BÖESEL 67

   I. Historique des luttes et état du droit à l'époque 67

   II. Émergence et résultats des luttes juridiques 69

   III. Actions et réactions de l'administration 71

Le panoptisme inversé : quand les politiques pénitentiaires se trouvent elles-mêmes sous surveillance judiciaire
Gaëtan CLIQUENNOIS 73

   I. Le droit et les organisations internationales et européennes comme sources et moteurs principaux du panoptisme inversé 74

     A. – La création par voie conventionnelle d'un contrôle international et européen croissant 75

     B. – La jurisprudence européenne : le monitoring de la condition carcérale 77

     C. – L'inscription des activités des associations et leur participation à l'érection d'un panoptisme inversé dans le cadre des organisations internationales 78

   II. Le panoptisme inversé comme contrôle de la substance de l'enfermement et des politiques pénales et pénitentiaires 82

     A. – Le contrôle des politiques pénales et pénitentiaires par la CEDH : les arrêts pilotes 82

     B. – Les obligations substantielles et procédurales 83

   Conclusion 87

L'œil et le verbe. Anatomies du pouvoir en milieu carcéral
Corentin DURAND 89

   I. Pouvoir de l'œil 90

   II. Pouvoir du verbe 93

   III. Technologies du verbe 94

   Conclusion 95

Actualité de l'analytique du pouvoir
Guy CASADAMONT 97
  I. Une histoire de la subjectivité 97
  II. Une des leçons de *Surveiller et punir*... 98
  III. Résistances au pouvoir... 99
  IV. Sur le débat Foucault/Althusser.. 100

TROISIÈME PARTIE
LA CONDITION CARCÉRALE EN PERSPECTIVE(S)

Surveiller et punir, une maladie contagieuse
Cyrille CANETTI 105
  I. Évolution des soins en milieu carcéral... 105
  II. Le glissement de la mission soignante vers la mission d'expert 106
  III. L'évolution législative, l'attrait pour la criminologie et la prévention de la récidive... 107
  IV. La dérive des pratiques ou la médecine contaminée 108
  V. Dotation de protection d'urgence et cellule de protection d'urgence... 109
  VI. La lutte contre le trafic médicamenteux et la distribution médicamenteuse.. 111
  VII. Le recours à la force pénitentiaire à des fins thérapeutiques 112
  VIII. La prise en charge des personnes détenues en milieu libre 113
  Conclusion.. 113

La faille entre le pénal et le pénitentiaire. Remarques sur *La société punitive*
Paolo NAPOLI 115

Le droit à l'épreuve du Panoptique
Anne BRUNON-ERNST 123
  I. Les métamorphoses d'une exégèse 124
  A. – L'enfer du Panoptique.. 124
  B. – Le Panoptique, atelier du bonheur 126
  C. – Au-delà de la discipline : la régulation biopolitique 128
  II. Relire le panoptisme à la lumière du droit dans l'ère post-moderne... 131
  A. – Le droit chez Bentham : au-delà des cadres de la souveraineté ... 132
  B. – Législation indirecte et utilisation panoptique 133
  C. – Discipline panoptique : de l'infra-droit au contre-droit 135

L'industrialisation de la captivité
Jean-Marie DELARUE 139

    I. Traits des nouvelles prisons... 140

    II. Les incidences des choix de construction sur la condition carcérale... 145

    III. Prémices d'une interprétation 148

La fabrique de l'individu productif
Judith REVEL 155

QUATRIÈME PARTIE
SÉCURITÉ ET SURVEILLANCE
DANS LE MONDE CONTEMPORAIN

Surveiller et anticiper : vers une justice pénale prédictive
Mireille DELMAS-MARTY 163

    I. Fonction anthropologique : justice prédictive et déshumanisation 164

    II. Fonction politique : justice prédictive et surveillance post-étatique ?... 166

Brèves notations sur l'institution judiciaire dans une société de sécurité
Jean DANET 171

Surveiller et punir aux frontières de l'Europe
Luca D'AMBROSIO 181

    I. Le « grand enfermement » des migrants 183

    II. Des frontières « productives » ? 186

Avec et après *Surveiller et punir*. De la discipline à l'exposition
Bernard E. HARCOURT 191

    I. L'assujettissement concurrentiel, total et complet 197

    II. La présentation de soi est entièrement intégrée dans et entremêlée avec ce dispositif numérique d'assujettissement 199

    III. Les doubles résistances 200

Sur les sociétés de ciblage
Grégoire CHAMAYOU 203

    I. Aspects méthodologiques 204

    II. Processus d'individuation 211